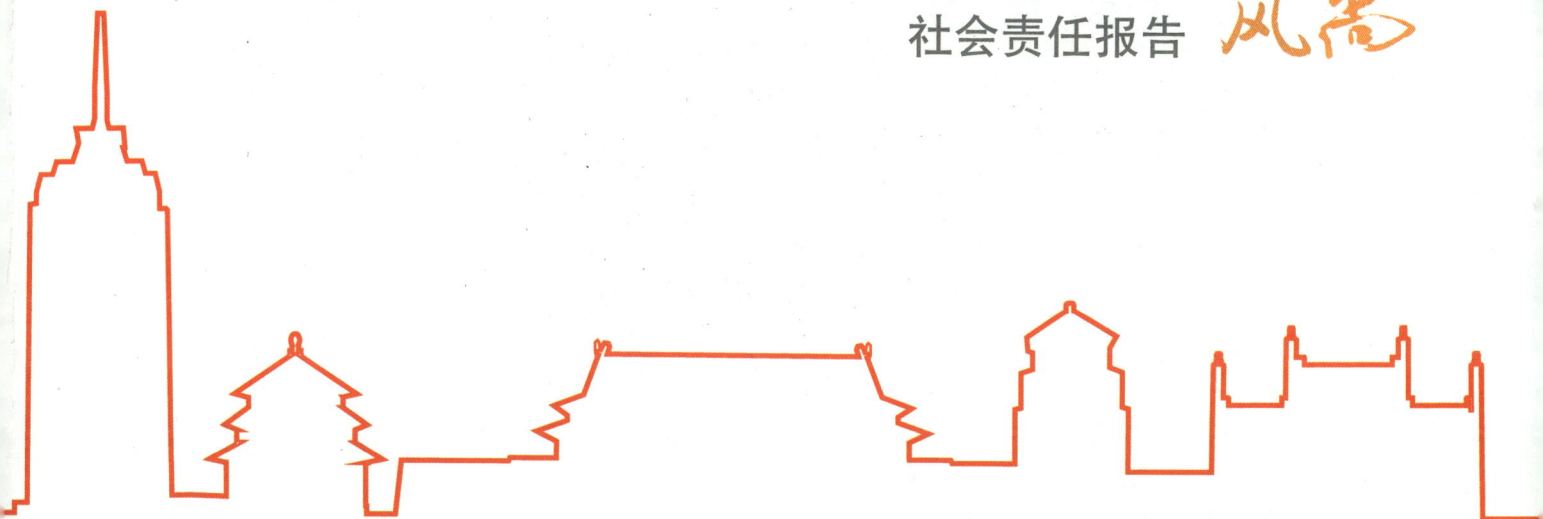

2018 社会责任报告

流动的北京风尚

北京公交®
Beijing Public Transport

U0587908

图书在版编目（CIP）数据

北京公交社会责任报告：2018-2020/北京公共交通控股（集团）有限公司编著 . —北京：经济管理出版社，2021.9

ISBN 978-7-5096-7751-3

Ⅰ.①北… Ⅱ.①北… Ⅲ.①公交公司—企业责任—研究报告—北京—2018-2020 Ⅳ.①F512.71

中国版本图书馆 CIP 数据核字（2021）第 195135 号

组稿编辑：张莉琼
责任编辑：张莉琼
责任印制：张馨予
责任校对：王淑卿

出版发行：经济管理出版社
　　　　　（北京市海淀区北蜂窝 8 号中雅大厦 A 座 11 层　100038）
网　　址：www.E-mp.com.cn
电　　话：（010）51915602
印　　刷：廊坊市洪峰印刷有限公司
经　　销：新华书店
开　　本：880mm×1230mm/16
印　　张：18.5
字　　数：412 千字
版　　次：2021 年 10 月第 1 版　2021 年 10 月第 1 次印刷
书　　号：ISBN 978-7-5096-7751-3
定　　价：198.00 元（全三册）

目录 Contents

* SDGs（Sustainable Development Goals），即联合国可持续发展目标。

同流动的温暖

释放着无数瞬间的感动、精彩和美好

是流动的魅力

演绎着首都文明的芳华、时尚和潮流

北京公交

将文明新风尚的气息播撒到这座城市的各个角落

智慧服务，品质服务，是风尚

绿色出行，平安出行，是风尚

人文公交，真情公交，是风尚

风尚是我们追求向上的力量

风尚是我们引领创新的信念

风尚是我们一路同行的动力

风尚是我们一心为您的情意

乘着流动的北京风尚

共同驶向更美好的未来

卷首语

北京公交

城市发展名片

透过车窗

感受首都文化

领略城市风情

品味优雅生活

窗里窗外、车水马龙、时代变迁中

触摸着北京前进脉搏

晨曦微露、烈日当空、华灯璀璨时

守护着乘客安全出行

北京公交

如流动的风景

见证着北京发展的昨天、今天和明天

我们的问候

党委书记、董事长 [签名]　　　　　总经理 [签名]

2018 年是全面贯彻党的十九大精神开局之年，也是改革开放 40 周年。这一年，北京公交以习近平新时代中国特色社会主义思想为指导，认真贯彻党中央、国务院、北京市委和市政府的决策部署，以乘客为中心，以安全为基础，以改革创新为动力，开拓进取、攻坚克难，立足首都，服务京津冀，全面提升公交服务质量和综合管理水平，向国内领先、世界一流的现代公共交通综合服务企业迈进。

一年来，北京公交自觉履行社会责任，在优化城市出行、保障安全稳定、践行环保责任、关爱员工成长、回馈社区发展等方面不懈努力，取得了丰硕的成果，强化了负责任的企业形象。

乘客导向，优化城市客运出行。以乘客出行需求为导向，"开门办公交，公交进社区"，开展线网优化；提供合乘定制公交等多样化公交服务，满足乘客多层次的出行需求；积极推进智能调度系统应用，提高公交准点率；多举措助推非首都功能疏解和京津冀协同发展。

底线思维，提高安全保障能力。积极应用主动安全预警系统、公交驾驶员异常行为判读等技术；全面开展乘务管理员配备工作，聘请交通民警担任公交行车安全监督员；发布安全理念手册，评选"安全文化大使"，加强安全培训，开展安全宣传活动，全方位提升员工和乘客的安全意识。

节能减排，提升绿色发展能力。深入贯彻落实绿色发展理念，发展节能环保车辆，新能源车和清洁能源车占比 69.07%；完善加气站、电车变电站、充电桩等基础设施建设，为乘客营造绿色环保的乘车环境，为城市打造宁静美好的生态家园。

以人为本，激发员工创新潜力。珍视员工价值，重视员工发展，为员工打造更加完善的学习、培训平台；为员工创新发展提供平台和配套支持，鼓励员工参与创新竞赛和经验交流，激发员工创新活力。

温暖回馈，共建和谐文明社区。创新帮扶思路，以产业协同合作助力受援地区驶入"脱贫快速路"；坚持公益性定位，倡导文明出行、促进社会就业、积极践行公益事业，构建首都和谐生态。

2019 年是新中国成立 70 周年和决胜全面建成小康社会的关键一年，也是北京公交深化改革发展，实现"十三五"规划任务的关键一年。我们将秉承以乘客为中心的发展理念，不忘初心、牢记使命，不断提升公交服务的便捷性和精准性，加快信息化建设和应用，继续推进与各利益相关方共赢发展，为建设交通强国而努力奋斗！

走进北京公交

关于我们

北京公共交通控股（集团）有限公司是以经营地面公共交通客运业务为依托，多元化投资，多种经济类型并存，集客运、汽车修理、旅游、汽车租赁、广告等为一体的大型公交企业集团。根据"十三五"发展规划，北京公交确立了城市公共交通运输、公交资产投融资与管理和汽车服务贸易三大主业板块，立足首都，服务京津冀，努力打造国内领先、世界一流的现代公共交通综合服务企业。

我们承担着北京地面公交的主体任务，在北京城市公共交通发展中发挥着重要作用。截至 2018 年底，北京公交总资产597.37 亿元，净资产 352.7 亿元，共有员工 94946 人，年客运量 30.17 亿人次，日均客运量 826.65 万人次；在册运营车辆30926 辆，其中，公共电汽车 22989 辆；公共电汽车常规运营线路 856 条，线路总长 18521.24 公里，行驶总里程 12.07 亿公里。此外，我们运营多样化线路 465 条次，运营 1 条现代有轨电车线路——西郊线。

城市公共交通运输

- 公共电汽车客运
- 城市轨道交通

汽车服务贸易

- 出租、长途、旅游
- 公交广告
- 汽车服务

北京公交®
Beijing Public Transport

公交资产投融资与管理

- 自有资产管理
- 资产综合利用
- 投融资

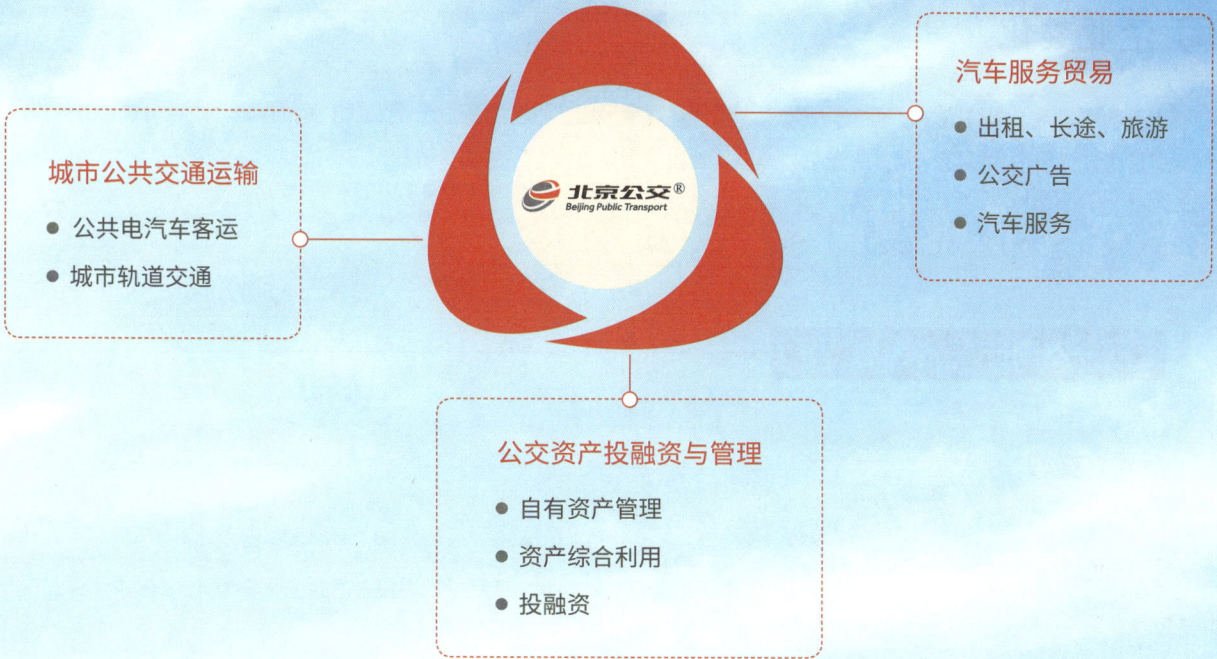

三大主业板块

🚌 企业文化

北京公交车载沧桑、道行致远，文以泽心、薪火相传，发展形成"吃苦耐劳、乐于奉献、勇挑重担、先进引领"的优秀品格，凝聚形成"一心为乘客、服务最光荣、真情献社会、责任勇担当"的公交精神，塑造形成"一路同行、一心为您"的品牌特质，共同孕育"同行文化"的价值信念与行为准则。

一路同行　一心为您

我是这样的 ——————————→ 我是一个公交人，我自愿做一个公交人，我做公交人感到自豪

我们是这样的 ——————→ 我们是一个朝气蓬勃，充满活力的群体，我们热爱自己的企业
我们愿意为公交事业做出奉献，我们在自己的企业里面将大有作为

我们的企业是这样的 ——→ 我们的企业是一个以人为本的企业，是一个公平公正的企业
是一个让政府放心，让乘客满意的企业
是一个让职工感到快乐和幸福的企业

我们企业的未来是这样的 ——→ 我们企业的未来是一个学习型、知识型、智能型和人才密集型的现代企业
我们的企业具有创新变革的精神，能够应对各种风险和挑战
我们的企业充满希望

使命

让更多的人享受更好的公共出行服务

愿景

引领公众出行方式，提升城市生活品质，
成为卓越的国际性控股集团

核心价值观

以人为本 乘客至上 创新发展 追求卓越

企业精神

一心为乘客 服务最光荣 真情献社会 责任勇担当

2018年，我们通过北京公交吉祥物设计征集大赛面向社会公开征集设计作品，最终确定"路路"作为北京公交吉祥物，更好地传播"一路（鹿）同行、一心为您"的企业文化。自古鹿就有祥瑞之意，又与"路""禄"同音，蕴含四通八达、平安吉祥之意。吉祥物形象与智能机器人相结合，更体现智慧公交、人文公交、平安公交等企业理念。

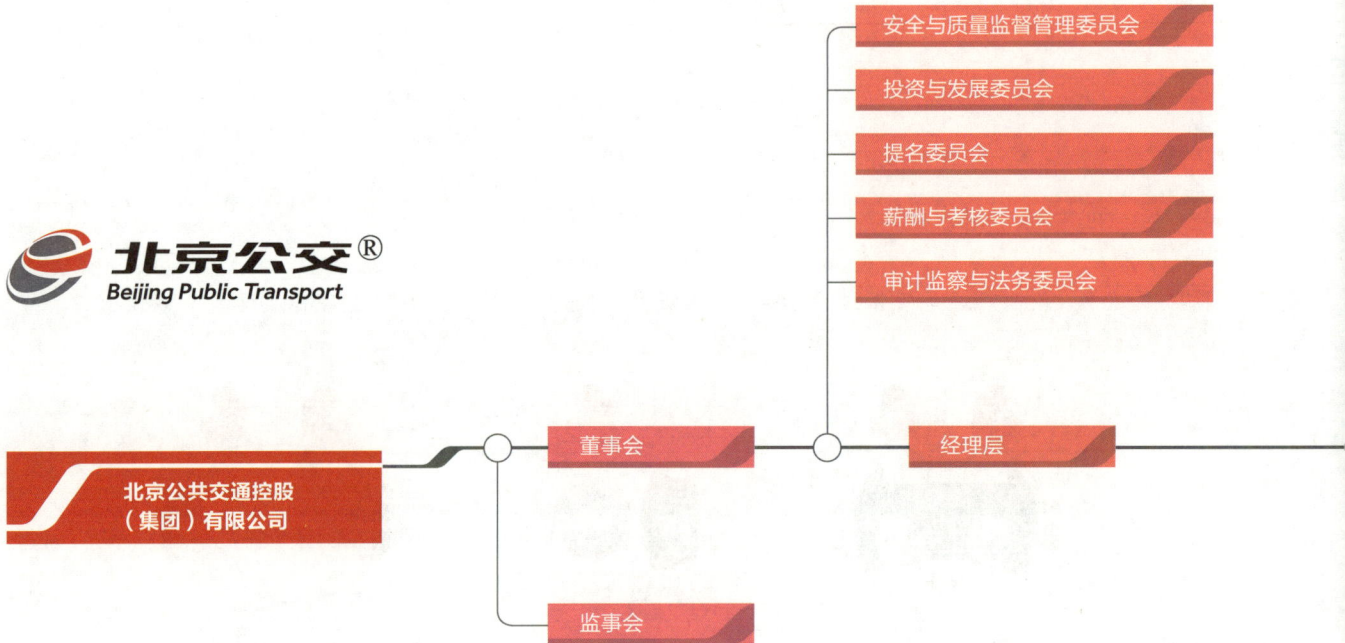

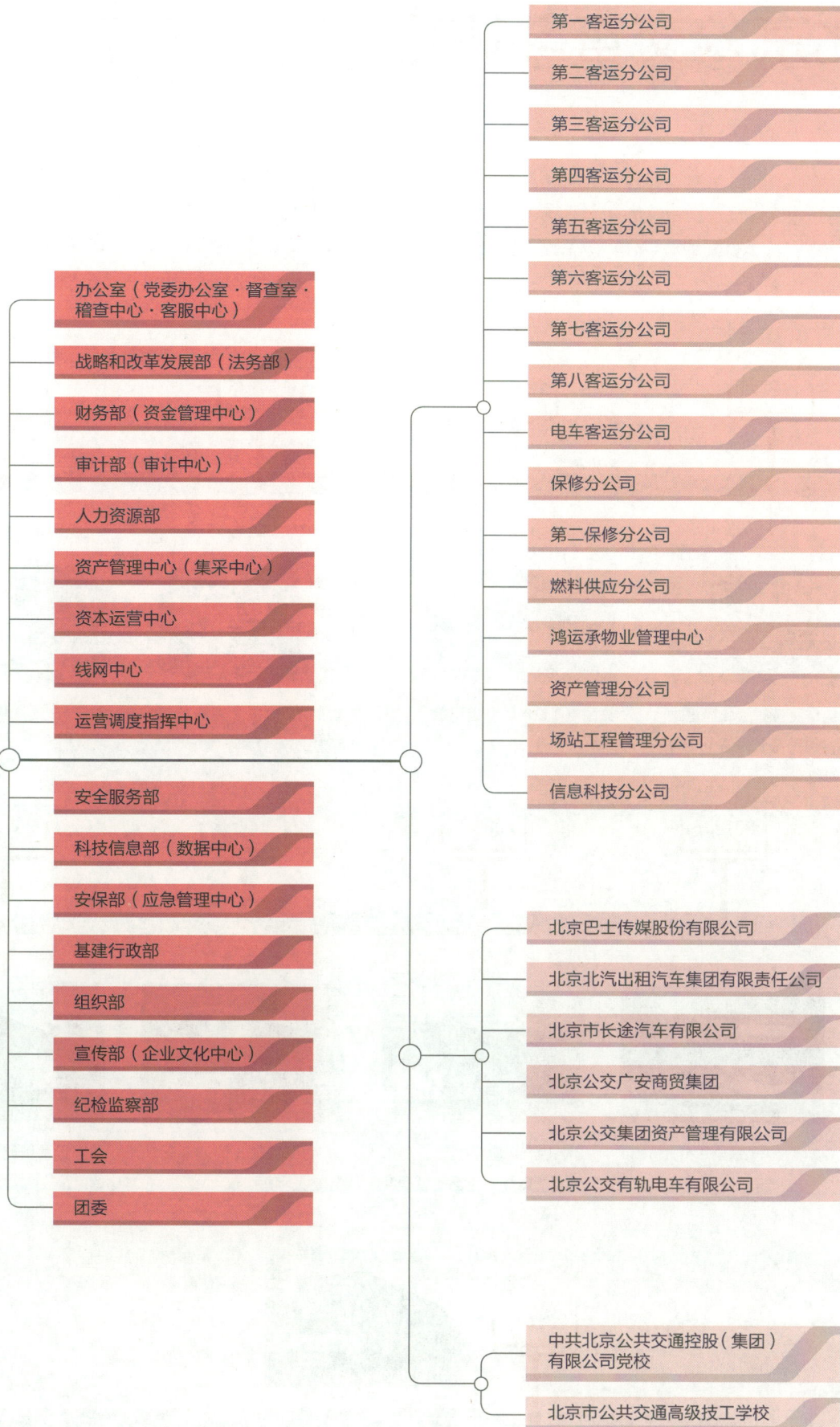

第一客运分公司

第二客运分公司

第三客运分公司

第四客运分公司

第五客运分公司

第六客运分公司

第七客运分公司

第八客运分公司

电车客运分公司

保修分公司

第二保修分公司

燃料供应分公司

鸿运承物业管理中心

资产管理分公司

场站工程管理分公司

信息科技分公司

办公室（党委办公室·督查室·稽查中心·客服中心）

战略和改革发展部（法务部）

财务部（资金管理中心）

审计部（审计中心）

人力资源部

资产管理中心（集采中心）

资本运营中心

线网中心

运营调度指挥中心

安全服务部

科技信息部（数据中心）

安保部（应急管理中心）

基建行政部

组织部

宣传部（企业文化中心）

纪检监察部

工会

团委

北京巴士传媒股份有限公司

北京北汽出租汽车集团有限责任公司

北京市长途汽车有限公司

北京公交广安商贸集团

北京公交集团资产管理有限公司

北京公交有轨电车有限公司

中共北京公共交通控股（集团）有限公司党校

北京市公共交通高级技工学校

北京公交奋斗印记

诞生于风雨如晦的社会环境，成长于改革开放的时代潮流中。北京公交在责任与担当中不断奋进，留下许多值得人们回忆的奋斗印记和时代轨迹：从诞生时的 2 辆电车到运营车辆 30926 辆；从一条线路到常规公交线路 856 条、多样化服务线路 465 条次；从线路总长 12.5 公里到线路总长 18521.24 公里；从有轨电车、汽油车、柴油车到天然气车，再到如今新能源电驱动公交车和氢燃料公交车；从只涵盖有人售票的单一服务到无人售票、公交 IC 卡支付，再到支持虚拟卡支付的多样化智能服务……硬件的升级和数字的更迭，记录着北京公交的奋斗足迹，镌刻着历史的变迁，传承着北京公交的时代精神，在历史的长河里熠熠生辉。

1921 年

北京电车股份有限公司正式成立，购置组装法国制 100 型有轨电车

1935 年

美国制 T110 型小道奇牌汽车投入使用

1949 年

美国制 T234 型大道奇牌汽车成为主力运营车

1952 年

国产 52 式 8 轮有轨电车研制成功

2012 年

新型双源无轨电车投入运营

2008 年

BK6122EV 型纯电动公交车为北京奥林匹克运动会提供公交服务

2006 年

BJD-WG120DK 型双源无轨电车投入使用

2005 年

郊区运营线路——927 路开始运营

2014 年

大批量应用 LNG 清洁能源铰接式车型

1956 年

首辆京一型（BK540 型）单机无轨电车问世

1957 年

国产"57 型"公交车试制成功，投入运营成为主力车

1969 年

BK640B 型公交车投入运营

1972 年

BK661 型铰接式公交车研制成功

北京公共交通控股（集团）有限公司

巴士公司双层客车投入运营

2003 年

CNG 车型 BK6111 型投入运营

1999 年

京华牌 BK6141 型铰接式公交车试制成功

1989 年

BD562 型铰接式无轨电车投入运营

1980 年

北京公交奋斗印记

低地板双源无轨电车"大鲶鱼"投入运营

2015 年

纯电动商务班车、6 米小黄蜂等多样化服务车型投入运营

2016 年

现代有轨电车通车运营

2017 年

5 辆氢燃料公交车投入运营

2018 年

责任大事记

1月

- → 公交智造产业园首批入园企业战略合作协议签约
- → 年均"三率两度"指标领先公共服务类企业
- → 怀柔首批双层纯电动公交车投入运营
- → 《中国企业社会责任报告指南4.0之公共交通运输服务业》正式发布，开启公交行业报告价值管理新时代

2月

- → 交通运输部部长李小鹏、北京市副市长杨斌到公交四惠枢纽慰问一线职工，检查春运工作
- → 市委书记蔡奇、市长陈吉宁率市委班子到西站北广场检查春运安全生产工作，慰问公交一线职工和公交志愿者
- → 知识产权"1+4"管理制度发布
- → 召开2018年度社会监督员聘请大会

3月

- → 圆满完成全国"两会"交通服务保障任务
- → 广泛开展学雷锋志愿服务活动
- → 年度首条"汽改电"线路65路上路运营
- → 康家沟、郭公庄立体停车楼同步开工建设

12月

- → 荣获2018年"中国标准创新贡献奖三等奖"
- → 接待印度公路交通和运输部长参观考察
- → 召开庆祝改革开放40周年暨深化改革发展大会
- → 北京公交驾驶员刘宝中荣获2018年度十大"北京榜样"称号

11月

- → 与中国新兴集团签署战略合作协议
- → 接待12个国家共51人的国际公共交通联会（UITP）参观团交流考察
- → 承办中国道路运输协会城市客运分会2018年会暨改革开放40周年公交发展高峰论坛
- → 举办驾驶员"金、银方向盘奖"颁奖仪式

10月

- → 与平谷区人民政府签订战略合作协议
- → 印度公交考察团来北京公交交流访问
- → 首次开展世界标准日主题活动
- → "法治文化进车厢示范线路"正式揭牌

4 月

→ 开展首届知识产权宣传月暨 2018 年"4·26"世界知识产权日主题宣传活动

→ 首届职工文化节开幕

→ 缅甸公交考察团到北京公交参观学习

→ 燃料供应分公司荣获首都劳动奖状

5 月

→ 圆满完成北京车展接驳运输服务保障任务

→ 北京公交联合全国 6 家公交企业共同发布 2017 年社会责任报告

→ 北京天路纵横交通科技有限公司携六项科技成果参加第二十一届科博会

→ 与深圳巴士集团股份有限公司签订战略合作框架协议

→ 北京公交有轨电车有限公司西郊线分公司举行揭牌仪式

6 月

→ 获评"2017 金蜜蜂企业社会责任·中国榜"生态文明奖

→ 举办第三届国企开放日活动

→ "首届北京公交双层巴士创意巡展"于鸟巢启动

→ 北京北汽出租汽车集团有限责任公司圆满完成上合组织青岛峰会交通服务保障任务

→ 与国际公共交通联会（UITP）签署合作备忘录

9 月

→ 举办 2018 年度退休仪式暨慰问文艺演出

→ 圆满完成中非合作论坛北京峰会安全运营服务保障工作

→ 举办安全理念手册发布暨安全文化大使受聘仪式

→ 合乘定制公交在北京南站首发

→ 启动公交车礼让斑马线推动日活动

8 月

→ 举行北京市低收入农村劳动力就业安置工作签约会

→ 举办反恐应急处突演练暨安保誓师大会

→ 连续获得北京市国资委宣讲工作先进单位称号

7 月

→ 召开 2018 年度公交行车安全监督员聘任大会

→ 召开"一企一村"结对帮扶工作领导小组第一次会议

→ 北京首个有轨电车 PPP 项目全面启动

→ 完成强降雨天气公交安全运输保障工作

→ 北京公交商业保理有限公司正式注册成立

数说北京公交

不积跬步，无以至千里；不积小流，无以成江海。北京公交在经济、社会、环境领域每一项成就的背后，都离不开员工的辛勤服务与敬业奉献。

年客运量

30.17 亿人次

数字彰显：北京公交以乘客为中心，提高公交运行效率，不断增强公交出行服务保障能力，打造服务公交。

我叫陈显花，是第七客运分公司的一名调度员。工作近二十载，我通过对212条线路进行实地走访调研，对智能调度系统中数百万条数据进行分析，编写出了21000字的《排班管理子系统用户操作守则》和179幅演示图，与团队共同为提高服务水平而努力，用更加多样、合理、舒适、环保、快捷的线路，满足市民的出行需求。

"公交 e 路通"累计下载量

180 万次

数字彰显：北京公交推动公交智能化、数字化发展，促进互联网与公交深度融合，推动智慧公交发展，为乘客提供更加便捷、更人性化的服务。

我叫姜志伟，是信息科技分公司的一名员工。2015 年，我带领团队成员开发出"公交 e 路通"手机 App，实现了覆盖所有线路的实时到站预报。乘客使用智能手机下载 App 即可看到公交车距自己乘车站点的距离，预计车辆到达时间，方便其安排出行计划。近年来，我带领创新工场团队成员尝试多项"公交＋互联网"公交创新业务，为实现智慧公交贡献力量。

乘客满意率

94 %

数字彰显：北京公交践行"让更多的人享受更好的公共出行服务"的使命，为乘客提供热情、贴心服务。这一数据代表了乘客对北京公交提升出行体验的肯定和认可。

我叫刘淑芳，是第一客运分公司的一名驾驶员。多年来，我一直在不断提高服务品质，以自然、热情、亲和的车厢服务，创建和谐的车厢文化。为了提升车厢文化氛围和乘客的出行体验，我所在的车组率先推出"文化大观进车厢"活动，把三环上的风土人情、景点典故等线路文化"请"进车厢，让乘客了解更多关于古城北京的故事，让市民享受精品线路的品牌服务。

新能源车和清洁能源车占比

69.07 %

数字彰显：北京公交坚持发展节能环保车辆，用新能源电驱动和清洁能源车替换老旧柴油车，倡导绿色出行。

我叫王昕冉，是燃料供应分公司的一名员工。从物资百货、汽柴油经营到清洁燃料CNG主营业务；从2008年北京奥林匹克运动会到每次重大活动期间的清洁能源CNG供应保障；我，我们，每一位燃料人都是经历者也是见证者。未来，燃料供应分公司将继续根据运营车辆能源结构变化，调整经营板块。而我也将不断学习，发挥自身专业优势，从做好每一件工作开始，为打造现代化能源供应保障企业贡献自己的力量。

配置乘务管理员

43842 名

数字彰显：北京公交不断加强安全管理，培育安全文化，着力提升安全水平，为乘客提供安全、放心的乘车环境。

我叫岳荣，是52路公交车的一名乘务管理员。来北京3年多了，服务过50多万名乘客。工作中，我以"严格履职树行业标准、热情服务赢乘客满意"为工作目标，坚持说好每一句安全提示语，做好每一站安检巡视，在迎保各项重大政治活动中，妥善处置各类突发事件，多次受到北京公交和公交总队的表彰和奖励。未来，我将不懈努力，认真履职，在公交安保工作中实现我的人生价值！

帮扶南沟村低收入农户实现脱低摘帽

100 %

数字彰显：北京公交发挥企业自身优势，创新帮扶思路，用实际行动践行国有企业的使命和担当。

我叫姜浩远，是集团公司选派到南沟村的驻村第一书记。在工作中，我们将自身优势与南沟村的区位优势、资源禀赋等有机结合起来，开展了"党建帮扶、基金帮扶、消费帮扶、林下经济帮扶、就业帮扶、民宿旅游基建帮扶"等活动，促进低收入农户形成造血能力。

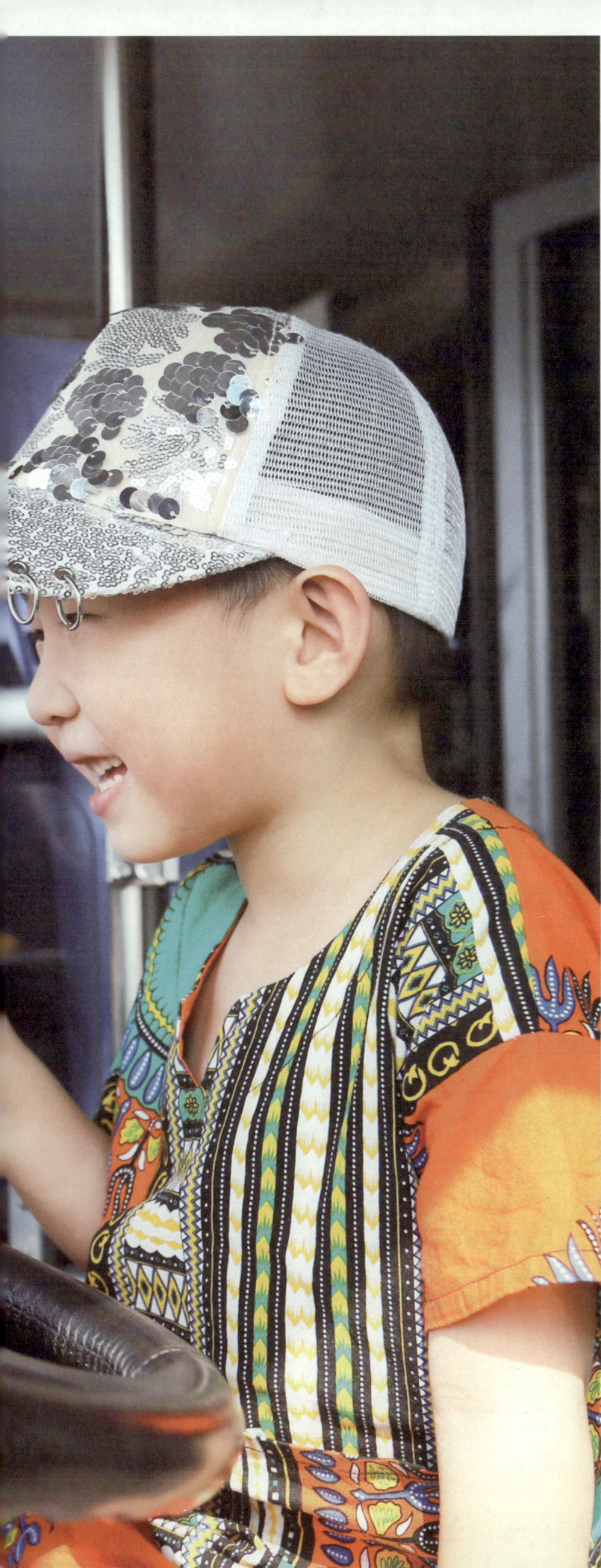

责任先行
一脉相承

责任为先，勇于担当。责任是贡献社会、美好发展的使命，是努力建设人文公交、科技公交、绿色公交、人民群众满意公交的担当，是北京公交一脉相承、源远流长的精神力量。责任先行是北京公交可持续发展的内生动力，也是北京公交的风尚脉搏，更是每一位"公交人"的意志和信仰。

北京公交与 SDGs

SDGs 对标

- 目标 16：和平、正义与强大机构

我们的行动

- 加强责任管理
- 反腐倡廉
- 推动行业发展
- 依法治企
- 加强与利益相关方沟通

我们的成效

- 连续 3 年举办国企开放日活动
- 召开董事会 14 次，讨论议题 83 项
- 超过 1400 人次参加"改革发展法治"主题培训
- 承办中国道路运输协会城市客运分会 2018 年会暨改革开放 40 周年公交发展高峰论坛

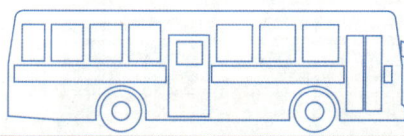

北京公交　在您身边

车窗之外　体验别样的北京风尚

公交是一座城市跳动的脉搏，是一座城市发展的印记。乘坐北京公交，穿梭在首都这座悠久历史与创新相融合的城市里，欣赏流动的城市风景，体验别样的北京风尚。

老照片老故事长廊，讲述昨日故事、回味改革成果，老物件"赶大集"，畅聊公交情怀。2018 年是北京公交第 3 年作为首都国企开放日分会场，开放日当天北京公交敞开大门邀请市民来"串门"。会场分设"专题展览""现场表演""游戏互动"和"交通体验"四大门类，以全景化、立体化的形式，展现改革开放以来北京公交的历史和变革——让市民通过浏览纵贯 40 年的老照片，触摸历史感十足的老式方向盘，重温那段美好的回忆；让孩子们通过创作"绿色出行"绘画，体验"小交警""小司机"，使"环保出行，文明出行"在他们心里萌发。

"妈妈，明年我还要来看大公交。"孩子求知与满足的笑脸照亮了活动现场。在现场观众中，有天真烂漫的孩童，有和蔼可亲的老人，也有来自全国各地的公交迷。他们对公交怀有深厚的情感，他们期待北京公交在不断发展过程中越来越好。这些期望正是激励我们坚持不断改革创新的动力。

"一路同行、一心为您"对我们来说，不仅仅是一句口号，更代表了我们包容和开放的姿态。我们希望以国企开放日为窗口，倾听公交朋友们的真实声音，不断强化大家的体验感和参与感，让更多的市民了解我们、感受我们、与我们沟通交流，帮助我们变得更安全、更周到、更绿色。

未来，我们将以更加多元化的方式向社会公众呈现北京公交的方方面面，让更多的人满意于公交出行服务，放心于公交安全出行。让绿色出行成为一种习惯，将公交出行变成一种风尚。

🚌 责任理念

北京公交认识到，在追求自我生存和永续发展的过程中，既要考虑企业经营目标的实现，又要贡献于经济、社会和环境的可持续发展。"让更多的人享受更好的公共出行服务"是我们的使命，也是我们追求可持续发展的承诺。

北京公交始终坚持公益性定位，秉承绿色发展理念，围绕首都城市功能定位，致力于缓解城市道路拥堵、减少大气污染、保障城市有序运行，为乘客提供安全、方便、快捷、舒适的出行服务。

安 全　　方 便　　快 捷　　舒 适

社会责任理念

🚌 责任治理

北京公交积极推进责任管理工作，将社会责任理念落小、落细、落实，完善社会责任管理，优化社会责任治理，健全责任管理制度，将责任融入运营管理，提升责任竞争力。

责任管理

北京公交将社会责任工作纳入集团公司战略管理，制定社会责任管理办法，设立社会责任管理委员会作为社会责任工作的专门管理机构，明确各职能部门、所属各单位的职责，从权责界定、管理原则、管理体系、管理实践、评价考核等方面规范社会责任工作，将社会责任融入管理流程，纳入整体绩效考核。

同时，我们注重社会责任能力和队伍建设，建立专兼职相结合的社会责任工作队伍，坚持开展多层面的业务培训和专业资格培训，提高社会责任岗位工作人员的管理水平。

北京公交也积极推动行业社会责任发展进程，联合中国社会科学院企业社会责任研究中心发布《中国企业社会责任报告指南（CASS-CSR4.0）之公共交通运输服务业》，率先开展公交行业社会责任报告标准化管理，开启公交行业社会责任报告价值管理的新时代。2018 年，我们发起并联合深圳、重庆等 5 家公交企业共同发布社会责任报告，掀起了公交行业共同履行社会责任、加强与利益相关方沟通的热潮。

负责社会责任工作制度、发展规划和重大项目的审议，审定年度社会责任工作计划和社会责任报告的编制

办公室设在战略和改革发展部，负责起草社会责任工作相关制度、发展规划，负责社会责任日常工作

社会责任管理委员会

社会责任管理委员会办公室

机关部室　　　分 / 子公司　　　直属事业单位

社会责任管理架构

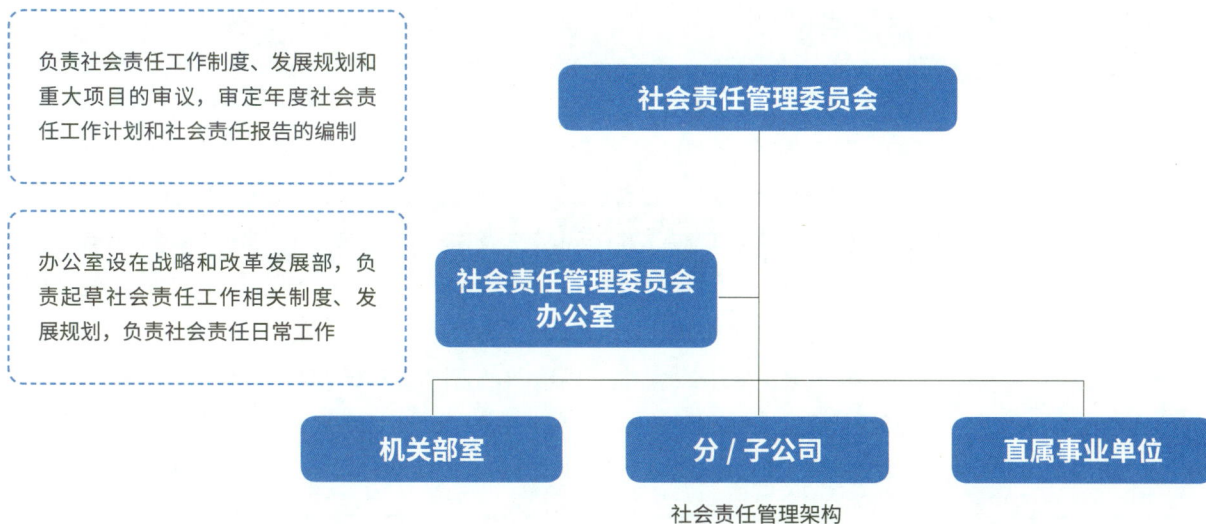

2019 年，我们首次采用"1+3"报告编制模式，携手北京巴士传媒股份有限公司、北京北汽出租汽车集团有限责任公司、北京公交有轨电车有限公司共同编制发布社会责任报告，实现与利益相关方的立体化沟通。

公司治理

我们不断完善法人治理结构，修订"三重一大"决策权限、范围和流程，突出党委决策前置；制定董事会专门委员会工作规则和派出董事、监事工作流程，保障企业决策更加科学，日常运行更加规范。同时，控股上市子公司更加注重畅通与行业协会、新闻媒体的沟通渠道，提升信息披露的准确性和高效性，切实维护中小投资者的合法权益。

召开董事会	讨论议题	征集、整理专委会议题	审议通过
14 次	**83** 项	**84** 项	**83** 项

法治建设

我们以全面推进依法治企建设法治公交实施纲要和法治宣传教育第七个五年规划为核心，构建"大法治"工作格局，全面开展法治工作，将"凡是企业的生产经营管理行为都是法律行为、凡是企业的生产经营管理风险都是法律风险、凡是企业的生产经营管理责任都是法律责任"的法治理念融入生产经营管理之中。加强法律保障，对重大事项、规章制度和经济合同进行法律审核。建立法务360°管理系统，实现法务闭环管理和穿透性监控。创新法治宣传教育形式，开通法治公交微信企业号，集中开展法治宣传活动，定期开展法治专题培训，提升全员的法治意识和法治水平。制定知识产权"1+4"管理制度，填补集团公司无形资产管理空白。整合内控、质量、能源和知识产权管理体系，强化全面风险管控。制定企业标准、参与制定行业标准，推动实现高质量发展。

开展"改革发展法治"主题培训，参与人数
1400余人次

为基层党员、新入职员工等讲授法治课程36次，培训近
3300人次

专利数量
46项

发明专利数量
2项

有效注册商标
41项

参加北京市法治文艺大赛

知识产权流动宣传途经北京正阳门

小知识

法治公交精神：

- 心中信法
- 决策问法
- 经营用法
- 管理合法
- 改革有法

小链接

知识产权"1+4"管理制度

是北京公交在推进依法治企工作过程中，以《知识产权管理办法》为指导，通过《专利管理办法》《商标管理办法》《著作权管理办法》《商业秘密管理办法》落实推进的知识产权管理综合体系。

法治培训荣获
北京市国资委系统法治讲堂培训第一名

法治文艺作品《绝不放手》荣获
北京市法治文艺大赛三等奖

《以"互联网＋合同管理"思维提升法务管理水平》荣获
第十七届交通企业管理现代化创新成果二等奖

北京公交荣获
中国标准创新贡献奖三等奖

《大型国有企业内部审计监督管理体系的构建与实施》荣获
第三十三届北京市企业管理现代化创新成果一等奖

依法治企成果

加强党建

我们不断加强党建工作，建立涵盖党建决策机制、党建干部机制、党建动员机制、党建基础机制和党建考核机制在内的基层党建创新工作机制，探索基层党建工作的新方法、新途径，提升党建工作质量和水平。同时，我们通过探索多样化的基层活动、教育培训等方式，不断提升党员干部日常监督管理水平。

在做好北京公交报"廉政之窗"和纪检专刊"勤廉之友"宣传的同时，我们开辟企业微信员工号"清风公交"专版，形成"一网一报一刊"三位一体的党风廉政建设和反腐败斗争宣传阵地。2018 年，80 余人次参加纪检监察干部业务培训。

🚌 责任沟通

实质性议题

通过分析国际和国内社会责任标准、国家和地方政府政策要求，对标行业社会责任先进企业，结合北京公交的发展战略和规划，我们识别并筛选出利益相关方和北京公交都关注的实质性议题。按照"对利益相关方评估和决策的影响"和"经济、环境和社会影响的重要性"两个维度，进行重要性排序，绘制实质性议题矩阵，指导我们有的放矢地开展社会责任工作。

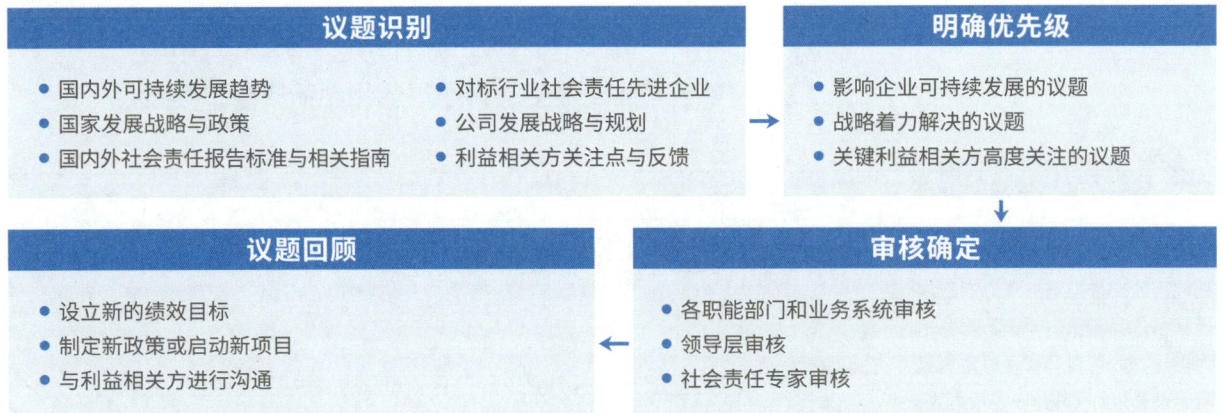

议题识别		明确优先级
• 国内外可持续发展趋势　　• 对标行业社会责任先进企业 • 国家发展战略与政策　　　• 公司发展战略与规划 • 国内外社会责任报告标准与相关指南　• 利益相关方关注点与反馈	→	• 影响企业可持续发展的议题 • 战略着力解决的议题 • 关键利益相关方高度关注的议题

议题回顾		审核确定
• 设立新的绩效目标 • 制定新政策或启动新项目 • 与利益相关方进行沟通	←	• 各职能部门和业务系统审核 • 领导层审核 • 社会责任专家审核

实质性议题分析流程

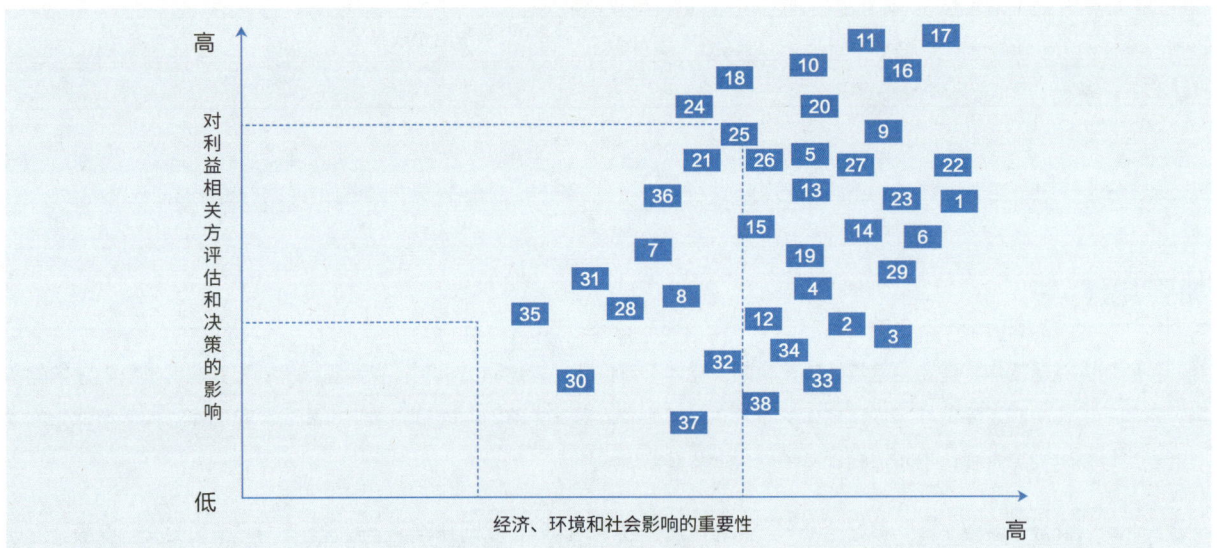

实质性议题矩阵

1　完善公司治理	11　乘客满意度	21　强化安全管理	31　应对气候变化
2　加强党建	12　服务京津冀协同发展	22　员工权益保护	32　促进就业
3　依法治企	13　加快信息化建设	23　多元化与包容性	33　精准扶贫
4　深化国企改革	14　科技创新	24　职业健康管理	34　责任采购
5　责任管理	15　"公交＋互联网"	25　员工培训与发展	35　传播正能量
6　反腐倡廉	16　服务首都发展	26　员工关爱	36　倡导文明出行
7　诚信经营与公平交易	17　保障乘客安全	27　倡导绿色出行	37　公益慈善
8　引领行业发展	18　加强公共安全	28　优化能源结构	38　志愿服务
9　多样化服务	19　培育安全文化	29　节能减排	
10　公交服务便利性	20　提升应急保障能力	30　绿色办公	

利益相关方沟通

利益相关方的参与是企业可持续发展的基础。北京公交通过与利益相关方多渠道的沟通交流，积极了解利益相关方的期望和诉求，将其融入公司决策和运营实践，以此推动社会责任管理工作的持续改进与提升。

利益相关方	期望和诉求	回应方式
政府	• 守法合规 • 带动就业 • 落实政府交通规划 • 服务区域经济发展	• 合规管理与风险控制 • 依法纳税 • 主动接受政府监督 • 服务京津冀协同发展 • 与政府开展战略合作
乘客	• 优质贴心服务 • 保障出行安全	• 提供舒适出行体验 • 提供票价优惠 • 乘客意见收集反馈 • 车辆安全常规检查 • 驾驶员行车安全培训
员工	• 保障基本权益 • 职业成长和发展 • 关爱员工生活	• 薪酬福利管理 • 工会、职工代表大会 • 企业文化建设 • 职业健康与安全 • 困难员工帮扶
行业 / 合作伙伴	• 遵守商业道德 • 促进行业共建	• 反不正当竞争 • 开展行业沟通 • 推进科技创新 • 与合作伙伴开展战略合作 • 积极支持行业协会工作
社区	• 传播正能量 • 加强社区共建 • 助力公益慈善	• 开展志愿服务 • 助力精准扶贫 • 促进社会就业 • 倡导文明出行
环境	• 遵守环境法律法规 • 保护环境 • 节能减排	• 倡导绿色出行 • 环保车辆运营 • 推进绿色办公

推动行业发展

北京公交坚持行业共创、成果共享，与行业建立深度的多方合作关系，形成多方共赢格局，积极牵头中国道路运输协会城市客运分会、中国交通职工思想政治研究会城市公交行业分会、北京汽车行业协会等多家社团组织，促进行业交流沟通。

我们联合全国十几家公交企业共同出资成立集研发、教育、金融、数据、传媒、智能制造等于一体的投融资平台——准点投资有限公司，并将其打造成为全国公交企业、各相关产业服务企业中最具影响力、号召力、创新力的发展共享平台，以资本为纽带，助力公交产业转型发展。同时，我们积极承办中国道路运输协会城市客运分会 2018 年会暨改革开放 40 周年公交发展高峰论坛，全力支持城市客运分会工作，为公交行业发展贡献力量；承办全国公共交通行业"管理干部职业能力提升"培训班，来自多个省（区）市的 41 家城市公交企业参与其中，共同推进行业发展。

责任荣誉

🏆 集团公司和所属单位部分荣誉

- 《公交集团法人治理管理系统实现法人治理现代化的创新实践》《移动学习平台的建设与实施》《应急管理系统在企业安全生产管理中的创新与实践》和《统一物资采购系统在企业采购业务管理中的建设与实施》荣获**第三十三届北京市企业管理现代化创新成果二等奖**

- 北京公交荣获**审计报告质量提升优秀成果**

- 北京公交荣获中国信息协会颁发的**"2018 智慧交通建设创新创业奖"**

- 北京公交荣获**"2017 金蜜蜂企业社会责任·中国榜"生态文明奖**，实践案例入选《2017 金蜜蜂责任竞争力案例集》

- 北京公交荣获 **2017 年度中国社会责任百人论坛"绿色环保奖"**，实践案例入编《中国企业社会责任年鉴 2017》

- 北京公交荣获 **2018（第四届）中国企业微课大赛"优秀作品奖""最佳组织奖"**

- 工会连续 8 年被评为**"职工互助保障工作优秀代办处"**

- 团委荣获**年度北京共青团腾讯微力指数排行榜综合影响力奖**

- 北京公交集团资产管理有限公司被中共北京市委、北京市人民政府表彰为 **2018 年度首都绿化美化先进集体**

- 保修分公司荣获**首都环境保护先进集体、北京市安全文化建设示范企业**等荣誉称号

- 燃料供应分公司荣获 **2018 年首都劳动奖状、2018 年首都文明单位、2018 年丰台区交通安全先进单位、2017 年度北京市安康杯竞赛活动优秀组织单位**

北京公交联合全国十几家公交企业共同出资成立准点投资有限公司，助力公交产业转型升级

🏅 第四客运分公司荣获**北京市模范职工之家**，1 队荣获**全国模范职工小家**，6 队、7 队、13 队荣获**北京市职工暖心驿站、企业文化建设基层示范点**

🏅 北京市长途汽车有限公司荣获**北京市安全生产月优秀组织奖**

🏅 北京北汽出租汽车集团有限责任公司荣获**首都文明单位标兵、北京市温暖基金会捐赠证书**

🏆 个人荣誉

🏅 北京北汽出租汽车集团有限责任公司李立君班组荣获**首都"工人先锋号"荣誉称号**

🏅 第四客运分公司 1 队黄春梅荣获**北京市三八红旗奖章**

🏅 第四客运分公司刘惠鸣荣获**"最美公交安监巾帼"称号**

🏅 保修分公司王翀荣获**西城区第三届"百名英才"突出贡献人才奖**

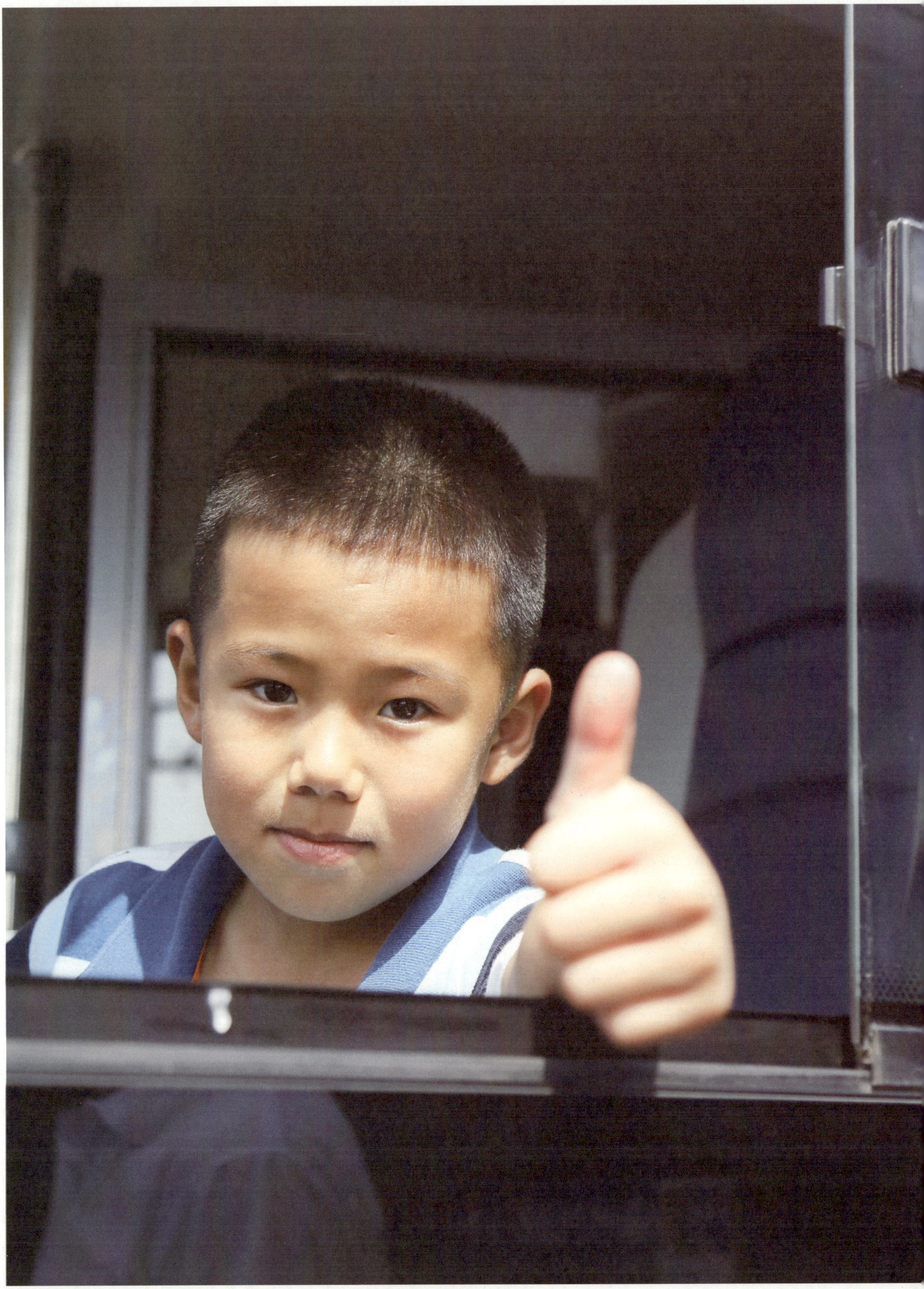

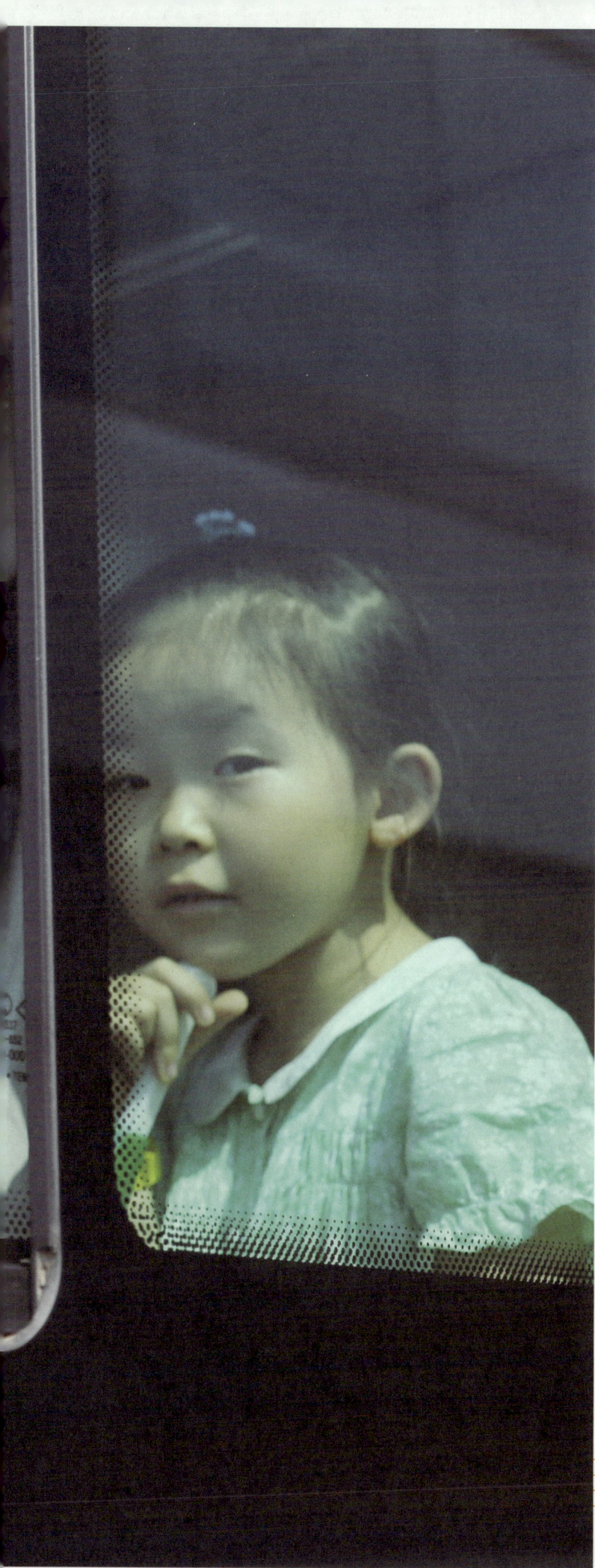

贴心服务
一心一意

服务质量是企业的核心竞争力，越来越成为现代企业的不懈追求。作为窗口服务行业，北京公交以"让更多的人享受更好的公共出行服务"为使命，一心一意为乘客贴心服务，通过专业的运营团队、创新的多元服务、包容的服务态度，适应乘客多层次的需求，改善乘客出行体验，精心雕琢城市生活品质。

北京公交与 SDGs

SDGs 对标

- 目标 9：产业、创新和基础设施
- 目标 10：减少不平等
- 目标 11：可持续城市和社区

9 产业、创新和基础设施

10 减少不平等

11 可持续城市和社区

我们的行动

- 优化运营线路与结构
- 服务京津冀协同发展
- 提供多样化公交服务
- 服务首都发展
- 提高乘客满意率
- 推动创新成果转化与应用

我们的成效

- 运营常规公交线路 856 条，多样化服务线路 465 条次
- 优化线路 123 条，方便 267 个小区居民的出行
- 年客运量 30.17 亿人次
- 新闻表扬、乘客来电、来信、锦旗表扬 35729 件

🚌 北京公交 在您身边

一人一车一线 一路情

在北京西南地区，有一条公交线路——313路，从晓月苑到大王庙，全程15公里。这是一条特殊的线路，只有一名专职司机和一辆公交车，却承担着卢沟桥农场路、北天堂村居民的出行任务，也是传承下来的一条标兵模范线路。

2010年，刘宝中师傅成为了313路公交车的第六任驾驶员。带着这份沉甸甸的责任，他在这条线路上一开就是十年。一人一车一线，听起来是一段孤独的旅程，但他一点也不孤单，因为每天那么多乘客，像家人一样相互陪伴。随着西五环沿线左堤附近村庄陆续搬迁，乘客越来越少，年轻人一般都开车或者骑电动车，因而乘客相对固定，90岁的连大妈、80多岁的李大爷、6岁的小女孩果果都是313路车上的"老熟人"。

果果从小与奶奶相依为命，奶奶腿脚不好，还要每天坐公交车接送果果上幼儿园。刘宝中师傅每天下午4时40分发车，恰好果果的幼儿园离公交场站就两站地。与果果的老师、家人商量后，每天下午4时15分，老师将果果送到幼儿园门口，他就能准时接上果果，奶奶在家门口的站点等果果。这样，行动不便的奶奶再也不用每天坐公交车去接孩子。

付出就会有回报。有一次，很多熟悉的乘客多日没在车上看见刘宝中师傅，纷纷打听他的消息。了解到他生病住院了，很多乘客带着水果和鲜花去医院看他，还有一些乘客打电话慰问他。刘宝中师傅常说："全心全意为乘客服务是应该做的，自己的努力和付出被乘客认可和感谢，我的心里暖暖的，这也是我不断努力服务乘客的动力。"

在北京公交，有很多公交驾驶员像刘宝中师傅一样，用真情实意努力将公交车这个小小的车厢变成温馨、暖心的驿站。

🚌 优化线网

北京公交主动顺应交通出行变革，积极推进供给侧结构性调整，努力提升公交服务水平，满足乘客对美好出行的向往。围绕"减重复、增覆盖、便接驳、提运速、推进微循环、丰富多样化"的思路，我们坚持"城优郊进"线网发展战略，以乘客出行需求为导向，开展线网优化研究、线网科学设计、资源统筹管理，加快构建"快、普、支、微"四级线网架构，增加线网、站点的覆盖面和服务范围，使整体布局更科学规范，为乘客出行提供更多便利。

以乘客出行需求为导向，开展线网优化工作

	指标	2016 年	2017 年	2018 年
运营线路	运营线路总数（条）	1020	1028	990
	公共电汽车线路条数（条）	849	858	856
	线路长度（公里）	19158.14	18629.2	18521.24
	线网长度（公里）	4768.7	4870.1	4938.4
	站位数（个）	13128	13431	13558
	专字头线路条数（条）	88	110	112
优化线网	优化线路总数（条）	135	217	123
	减少重复线路长度（公里）	631.2	932.1	336
	削减重复设站（个）	1469	2140	596
	解决有路无车里程（公里）	88	101.4	68.3
	方便小区出行（个）	275	468	267

我们加强线网顶层设计，开展《基于需求响应的微循环线路策划及营销方法研究》项目、《基于运营大数据的公交线网评价技术研究》课题，研究线网优化评价的量化方法，强化公交线路顶层设计。同时，我们追求服务保障与基础设施建设同步发展，顺应信息化、智能化发展趋势，发挥地面公交柔性优势，提升公交出行的通达性、快捷性、准点率，丰富多样化，满足乘客美好出行需求。

北京公交以让广大市民享受更好的公共出行服务为出发点，开展"开门办公交，公交进社区"的需求调研活动，通过走访社区和重点地区、节点，与乘客互动，获取乘客需求，从而优化、调整线路，更好地满足乘客出行乘车需求。

2018 年，我们走访了 445 个社区，在 685 个站台，征求了 19824 名乘客的意见。在回龙观地区，我们开展客流调查，按照公交线网供给侧结构性调整的思路，围绕提升回龙观西区公交服务，制定了一揽子线网优化方案，优化调整 10 条线路。调整后的线路客运量增幅 15.1%，有效满足了乘客便捷出行需求。

🚌 智慧服务

为更好地开展贴心服务，我们持续提升网络化运营水平，推进智能调度系统应用和新功能开发。2018 年，我们对智能调度系统各项功能需求的开发任务进行全面梳理与分解，完成客户端界面优化、备车全过程监控、移动调度、运营秩序监管等 12 大项 481 个功能点的开发。

基于调度系统的动态车辆运行状态，乘客信息服务系统可向乘客提供精准化、个性化服务，增强地面公交吸引力。为方便乘客安排出行计划，提升出行效率，我们发布免费实时公交信息查询软件——"公交 e 路通"，乘客可以随时随地查询所关注的公交车辆实时位置信息、预计到达指定车站的时刻。2018 年，"公交 e 路通"新增车厢拥挤度信息展示功能，乘客可通过查询获知每辆公交车的"拥挤程度"，以便提前做出反应。截至 2018 年底，"公交 e 路通"下载量 180 万次。同时，我们强化时刻表的科学管理，利用智能调度系统监控跟踪时刻表的编制和执行情况，提高公交准点率，提升服务水平。

科技应用

我们积极推动技术创新、科学规划研发方向和技术攻关重点，加强科研成果的转化与应用。在"互联网 +"智能交通的时代背景下，我们利用先进的智能技术，突破常规公交既有运输服务模式，组建更加智能化、精细化和标准化的运营组织，助力公交运营服务模式创新发展。

2018 年，全新设计融合了北京特色和信息化服务功能的电子站牌，同步开展电子站牌管理信息系统建设，新型电子站牌已于 11 月在两广路西段等 29 个公交中途站进行了示范安装

电子站牌 虚拟卡支付

新增储蓄卡绑定手机钱包功能，可为虚拟一卡通进行充值，上下车时，将手机贴近刷卡机，车载机具会进行标记，实现支付

部分科技创新成果应用

🚌 创新服务

为提升服务品质，北京公交坚持创新驱动发展战略，引领城市公共出行方式转型升级，打造多样化创新产品和服务，探索满足乘客多层次出行需求的新路径、新方法，提供多样化公交、旅游公交等多元服务，构建日趋完善的安全、快捷、舒适、环保、优质的公交服务体系，提升乘客的出行体验。

多元服务

在市场竞争日益激烈的今天，我们积极拓展思路，采用集约化运输方式满足乘客个性化需求，充分利用"公交＋互联网"技术，提供多个专线板块丰富多样化公交服务，同时持续完善旅游公交，努力提升服务质量。

● 多样化公交

随着地面快速通勤系统走廊网络的不断完善，北京公交首开"多样化公交"服务先河。从 2013 年率先推出多样化公交平台至今，"多样化公交"已形成了一个集商务班车、快速直达专线、节假日专线、休闲旅游专线、就医专线等多样化公交服务于一体的创新品牌，累计运送乘客 1723.3 万人次。

2013 年	2015 年	2016 年	2017 年	2018 年
🚌 **7 月** 推出多样化公交平台	🚌 **8 月** 开通快速直达专线	🚌 **春运** 开通高铁专线	🚌 **1 月** 开通旅游公交	🚌 **4 月** 定制公交积分上线，发布绿色出行公益社区
🚌 **9 月** 开通商务班车	🚌 **9 月** 开通休闲旅游专线	🚌 **3 月** 开通节假日专线	🚌 **7 月** 集体出行业务上线	🚌 **9 月** 开通合乘定制公交

多样化公交大事记

案例 合乘定制公交引领出行新体验

北京公交创新思维，开通合乘定制公交服务。依托北京定制公交 App 和微信小程序，合乘定制公交将具有相同出行方向、相近出行时间的乘车需求整合，按照线上预约、合乘出行的方式提供公交出行服务。2018 年 9 月 22 日，合乘定制公交率先在北京南站试点开通，深受夜间出行旅客的喜爱。为延续"南站模式"，我们在北京站、北京西站也开通合乘定制公交服务。自开通之日到 2018 年底，服务乘客超过 5000 人。《北京南站定制公交的思考与实践》荣获第十七届交通企业管理现代化创新成果三等奖。

北京南站合乘定制公交

● **旅游公交**

北京公交以乘客旅游乘车需求为导向，开通旅游线路。2018 年，我们开通了颐和园北宫门的节假日专线，在前门至奥林匹克公园的夜间观光游线路中采取加车措施，累计运送乘客 5000 人次，为乘客提供观光、假日旅游服务。2018 年，旅游 1 线、2 线、3 线共运送乘客 672182 人次。

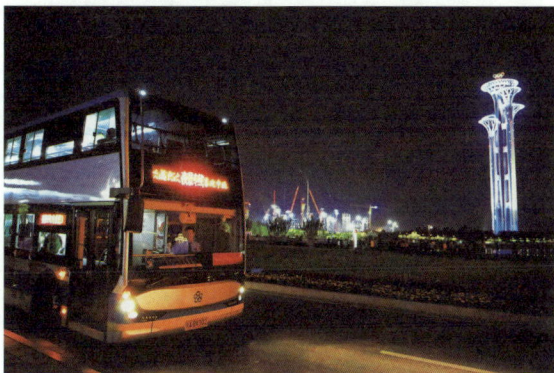
夜景观光专线

旅游公交

> **案例** 串联"三山五园"的最美休闲观光线——现代有轨电车西郊线

北京现代有轨电车西郊线是连接北京市主城区和香山风景区的一条以旅游、休闲、观光为目的的现代有轨电车线路，沿途经过"三山五园"（香山、玉泉山、万寿山、静宜园、静明园、颐和园、畅春园和圆明园），被誉为"最美西郊线"。西郊线以其快捷、准时、便利的优势，有效缓解了西郊地区交通压力，为周边居民提供了便捷的通勤服务，解决了西郊地区重大节日大客流问题，也让市民拥有绿色出行新选择。

现代有轨电车西郊线年行驶里程

105.54
万公里

客运总量

566.78
万人次

北京首条现代有轨电车西郊线运行

🚌 畅享服务

随着技术的进步，沟通渠道也变得越来越多元化。我们建立线上线下并行的多样化沟通服务渠道，与乘客互动，了解乘客需求，不断提升服务质量和客户满意度。

多元沟通渠道

北京公交注重倾听乘客心声，除利用服务热线、社会监督等传统方式获取乘客的建议与意见之外，还利用微信、微博、抖音等新媒体平台发布消息，开展粉丝见面会、故事征集等活动，与乘客开展互动，提升企业影响力。截至 2018 年底，北京公交官方微博粉丝数 331 万，官方微信粉丝数 58 万。

四线一箱

96166 交通服务热线、12345 市非紧急救助服务热线、12328 市交通服务监督热线、政风行风热线和公交网站信箱

社会监督

从人大代表、政协委员和热心乘客等社会各界人士中聘请社会监督员，倾听意见建议，提升服务质量

多元沟通渠道

满意率调查

聘请第三方对集团公司乘客满意率进行调查，乘客满意率 94.0%

新媒体平台

充分发挥微博、微信等新媒体的作用，与乘客进行互动沟通

	指　标	2016 年	2017 年	2018 年
微博	发布文章（篇）	6507	5055	4206
	粉丝数量（万）	289	369	331
微信公众号	发布文章（篇）	155	154	119
	粉丝数量（万）	27	37	58
企鹅号 （2018 年 7 月 2 日开通）	发布文章（篇）	-	-	12
大鱼号 （2018 年 5 月开通）	发布文章（篇）	-	-	67

提升乘客满意度

新闻表扬
114 件

来电表扬
34015 件

来信表扬
824 件

锦旗
776 面

公交是展示城市文明的"流动窗口"。北京公交以建设人民满意公交为己任，规范服务管理，引导城市公交规范经营，提高文明服务水平，尊重乘客原始意见，全面提升车厢服务水平和行业文明水平。

为营造更加贴心舒适的乘车环境，结合乘客乘车过程中的关注焦点，我们按季度开展文明用语、车辆清洁、仪表仪容、文明行为四个专项整治活动，规范乘务人员用语、行为和仪表仪容，不断提升干净整洁的乘车环境。2018 年在车辆清洁日活动中，我们共计组织人员 5.3 余万人次，清洁车辆 10.6 万余车次。

随着线路的调整、车辆的更新换代，我们也在更新乘客引导标识。2018 年下半年，我们对 594 条线路 1.2 万余辆公交车更换了 2.7 万余张新版线路图，并对车内 LCD 信息屏上的线路图进行了更新。同时，我们在常规线路张贴了"免费证卡样式"车标，助力北京通 - 养老助残卡、北京通 - 民政一卡通的推广应用。

我们注重公交服务的可及性，开展提升无障碍服务水平、无障碍设施检查和使用活动。我们开展换位模拟体验培训，从残障人士的角度更深入地体会公共出行的重点与难点，提高公交无障碍服务的意识与水平。《2019 年 Q1 中国主要城市交通分析报告》显示，一线城市中北京地面公交出行幸福指数最高。

一位妈妈带着两位孩子愉快地乘坐公交车

感 谢 信

　　我是中科院植物研究所的一名普通科研人员。2018 年 11 月，我在植物园站不慎丢失钱包。植物园站的工作人员捡到钱包，帮我保存起来，并通过将钱包捎至巴沟站，交还给我。钱包完好！内物完好！这让我在阴雨连绵的深秋寒意中，感受到了满满的暖意……

中科院植物研究所
2018 年 11 月 5 日

一封对西郊线植物园站和巴沟站工作人员的感谢信

🚌 公益定位

在京津冀协同发展和北京疏解非首都功能背景下，北京公交不忘初心，坚守公益定位，积极完成疏解整治促提升任务以及各项交通服务保障任务，与时代脚步同行，助力京津冀协同发展之路越走越宽广。

服务首都

当前，北京正处在落实"四个中心"功能定位、建设城市副中心的重要历史进程。北京公交全力做好服务城市副中心的公众出行保障，制定完善城市副中心交通服务综合保障方案，通过新开与调整常规公交线路、增设与调整通济路站位、新建规划公交场站，不断满足城市副中心乘客的出行需求。

为支持首都重点工程，我们对香山、颐和园等公交场站进行重新规划，并对这些地区始发的公交线路进行调整，降低线路调整对当地居民出行的影响。同时，我们努力做好城市夜间交通保障工作。36 条夜班公交车线路，线路总长 848 公里，2018 年夜班线路客运量 417.89 万人次。为满足夜间火车站乘客的需求，进一步加强北京南站夜间公交保障力度，我们开通了 6 条高铁专线，累计运送乘客 2.8 万人次。

此外，我们立足公共交通服务行业，通过公交村村通建设等活动，助力京郊实施乡村振兴战略。2018 年，怀柔区 H75 路公交车正式开通，结束了大黄木厂村不通公交的历史，标志着该区 284 个行政村实现公交村村通。

从北京南站到北京站东的夜 17 路公交车

服务京津冀

疏解北京非首都功能、推进京津冀协同发展是一项系统工程。2018 年是京津冀协同发展中期目标任务的起步之年。为了更好地服务京津冀发展，我们共开通跨省公交线路 50 条，其中常规线路 41 条，快速直达专线、通勤专线等多样化线路 9 条。

北京公交开展保定双源无轨电车项目，为保定公交以快速公交骨干线、常规公交线路、微循环公交线路为主体运营的公交构想奠定了基础。同时，我们在河北省涞水县投资建设公交智造产业园，聚焦新能源整车生产制造、新能源汽车零部件生产制造、教育研发三大板块，聚合打造"产学研用"一体化的科创园区，带动周边客流，促进当地经济发展的同时，也为公交行业培养人才。这不仅促进了京津冀协同发展，也助力涞水县打赢脱贫攻坚战。

服务京津冀协同发展

重大活动和重点时期保障

北京公交发挥强大的服务保障能力，积极应对节假日、特殊天气、大型活动等可能出现的客流高峰。我们落实春节、清明节、中秋节等节假日客运保障要求，确保市民节假日的出行需求。2018 年清明节期间，陆续开通六大陵园墓地的 12 条清明节专线，方便广大市民到各墓地陵园祭奠。

2018 年，我们还圆满完成了中非合作论坛北京峰会（元首车队保障任务 20 项）、上海合作组织青岛峰会等重大政治活动交通服务保障任务，累计出车 2.57 万辆，发出车次 4.11 万次，运送 91.33 万人次。

服务中非合作论坛北京峰会

春节期间运力保障

服务全国两会

服务中国网球公开赛

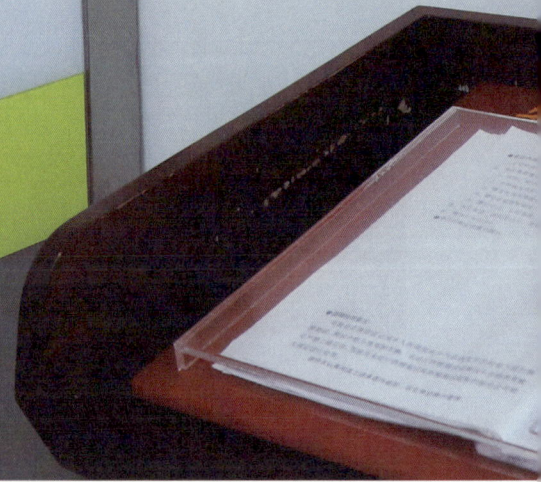

，谨慎驾驶；

，关爱他人；

，忠诚企业；

，不忘初心。

宣誓人

精心保障
一路同行

生命的绿洲在于安全，安全是一种责任、一种希望、一种寄托。北京公交秉承"依法建安，规范促安，精细创安，科技强安"的安全理念，履行安全生产运营责任与担当，不断加强安全管理，着力提升本质安全水平，将安全工作落到实处，打造平安公交，保障群众出行平安有序，为首都安全和城市和谐发展保驾护航。

北京公交与 SDGs

SDGs 对标

- 目标 3：良好健康与福祉

3 良好健康与福祉

我们的行动

- 加强安全管理
- 开展系统化安全培训和安全演练
- 培育安全文化
- 保障安全稳定

我们的成效

- 全年重大安全事故 0 起
- 责任事故死亡率逐年下降，2018 年为 0.00166 人 / 百万车公里
- 聘请 92 名交通民警担任公交行车安全监督员
- 荣获"北京市 2018 年度市级交通安全优秀系统"称号

🚌 北京公交 在您身边

用心将乘客安全送达每一站

"不管是参加比赛，还是平时从事运营工作都要用心。"这是特9路驾驶员孙崎峰一直信奉的理念。2018年9月，作为首届"安全文化大使"的他，用实际行动向北京公交、向乘客、向自己交出了一份满意的安全运行答卷。

每天穿梭在大街小巷，面对的是纷繁复杂的交通状况，孙师傅深知自己的责任和使命，不敢有丝毫麻痹和大意。在行车当中，他严格遵守交通法规和北京公交的规章制度，规范操作、文明驾驶，通过路口时不抢行、不加速。他常说，驾驶公交车与大货车不同，车上坐着一车有血有肉有生命的乘客，我们要做的不仅是要考虑道路安全，还要考虑乘客的心理感受。

十年的公交驾驶员生涯，孙师傅总结了安全行车"三心、三勤"和"预见性可防御性安全驾驶"简称"N+1"的安全工作法，努力提升驾驶技能，为乘客的安全提供坚实的保障。其实，像孙师傅这样的公交人有很多，他们默默工作着，为公交365天安全运营保驾护航。

生命最宝贵，安全最重要。作为公共交通运营企业来说，北京公交始终坚持"平安公交"的发展理念，始终把人的生命安全放在首位，为首都安全和城市和谐发展尽职尽责。在确保安全运营方面，从行驶前、行驶中、行驶后，严格把控每一个环节；开展安全培训和安全演练，确保每一位员工都能有效应对和处理突发事件；公交宣讲团走进社区、走进学校、走进军队宣传安全出行，提升社会公众的安全意识。北京公交承诺，每一站的平安抵达我们都全力以赴。

🚌 安心乘车

北京公交始终把乘客的生命安全放在首位，将行车安全管理作为工作的重中之重，强化预防教育、落实管理规范、注重管理细节，加强科技创安，通过体系化的安全检查、创新性的技术、常态化的安全监控等方式方法，不断提升运营的安全性。

安全运营

我们关注乘客安全，以"预防必实，隐患必除"为目标，开展多种形式的安全检查和行车安全管理人员培训，督促驾驶员提高安全防范意识，严格控制进出场站车速，遵守场站交通标志、标线，全面防范各类生产安全事故的发生，确保乘客安全出行。

| 排查车辆通过无交通信号灯、畸形路口安全隐患 | 聘请交通民警担任公交行车安全监督员 | 开展调位互查、路口测速等活动 | 组织班组长参与安全管理工作 |

保障行车安全的举措

加大乘务人员执行规范的检查监控力度，

组织检查 **38** 万余车次，**50** 万余人次

荣获"北京市 2018 年度市级交通安全优秀系统"称号

检查并整改各类问题 **2** 万余项

聘请 **92** 名交通民警担任公交行车安全监督员

聘任 **2500** 余名班组长参与安全管理工作

科技创安

北京公交践行"安全发展，共享安全"核心安全理念，注重安全技术的升级和应用，科技创安，持续完善安全预防体系。

安装主动安全预警系统的 1 路公交车

"一线一图"
将传统的"一线一图"向行车安全作业指导书升级

主动安全预警系统
主动对驾驶行为进行分析，改变不良驾驶习惯，提升职业素养

GPS 路口测速
基于车载 GPS，探索研究实现对重点路口车速监控，依据监控情况逐步推进路口车速量化考核

公交驾驶员异常行为判读
对异常驾驶行为进行抓拍、报警和上报，提高公交驾驶员规范性、培养良好的驾驶习惯

创新安全管理方式

🚌 安全管理

北京公交以完善和健全安全管理体系为重点，加强安全培训、开展安全应急演练、维护信息安全，全面提升安全运营精细化管理水平。

项　　目		2016 年	2017 年	2018 年
人防、物防、技防	乘务管理员（名）	23329	43842	43842
	封闭电子围栏（处）	25	410	500
	一键报警系统（辆）	10659	12520	12520
	自动识别系统（辆）	9000	9000	13000

加强培训

北京公交"向安全培训质量要安全管理水平"，开展各层面、多方式的安全培训，普及安全生产知识，强化安全意识，提高员工安全素质。我们开展系统化的安全培训，于 4 月、12 月分别举办一次行车安全管理人员学习培训，培训教育 1200 余人次。同时，利用"公交在线学习"App 平台，每季度下发一期优秀微课，开展安全网上学习和安全知识竞赛。为预防"乘客抢夺方向盘或袭击公交车司机酿成事故"，我们特别拍摄乘客抢夺方向盘教育视频，在员工中广泛宣传并开展应急演练。

车辆安全教育培训

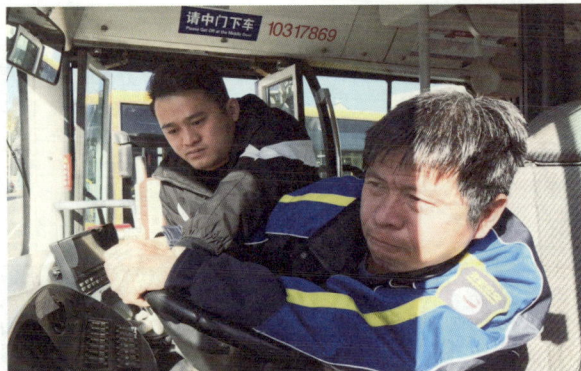

"抢夺方向盘事件"正确处置培训

安全培训
8000 余场次

培训教育
60 余万人次

培训教育微课
60 件

隐患排查信息系统活跃次数
86022 次

隐患排查信息系统活跃人数
1916 人

参加"18 个怎么办"安全
教育培训的员工覆盖率
100 %

应用"公交在线学习"App 参加
安全生产知识竞赛活动的员工
24657 名

安全稳定

北京公交将维护安全稳定作为最基本的工作之一。通过制定和完善各项规章制度，与各单位签订安全稳定责任书、烟花爆竹责任书，并组织开展安全稳定培训教育，不断提升员工的责任感、使命感，实现了全年各重点时期无重大重复上访户、无群体性信访事件、重要时期无非正常上访的"三无"目标。健全应急响应体系建设，成立突发事件应急委员会，制定突发事件应急管理办法，切实加强紧急重要信息报送工作，完善突发事件信息报送体系，提升应急响应能力。

妥善处置运营车辆上发
生的各类突发事件
6227 起

协助公安民警处理
违法事件
787 起

劝阻乘客携带易燃易爆
危险品乘车
1214 起

协助处理其他治安
问题
471 起

反恐应急处突演练

北京公交持续完善应急管理体系建设，强化安全应急防范管理，不断提高突发事件应急处置能力。积极开展应急演练活动，不断提高应急管理实战能力和保障水平。2018 年，举办了北京公交反恐应急处突演练暨安保誓师大会，不断增强司乘人员和乘务管理员的安全意识，持续提高应对恐怖事件的组织指挥、统筹协调、快速反应和高效处置的能力。

开展安全演练	安全演练参与人数
5300 余次	**95000** 余人次

消防应急综合演练活动

信息安全

北京公交重视维护信息安全，开展信息安全宣传与培训，有效运行维护安全预警信息通报机制，同时重点对网站、公共区域电子屏进行安全保护，确保信息安全，助力安全运行。

重要信息保护等级维护	网站、公共区域电子屏的安全保护	网络安全预警信息通报机制	宣传与培训
对重要信息系统开展定级与备案、测评与整改，对重要信息系统信息安全等级保护开展自查	强化网站和公共区域电子屏的安全防护；开展对网站、电子显示屏的治理与管控；在员工使用电子邮件系统方面制定网络安全规定	开展重要信息系统风险评估，确保网络安全预警信息通报机制有效运行	通过手机 App、现场集中培训、参加首都和国家网络安全宣传周活动等多种方式，开展网络与信息安全管理与技术培训

精心保障 一路同行

🚌 安全文化

北京公交将安全文化建设作为企业管理的重要组成部分，根植安全生产"红线意识"，营造安全运营氛围，并通过开展安全生产活动，落地安全文化。

营造安全文化氛围

良好的安全文化氛围促使人们在生产经营管理活动中，自觉、自动地采取安全行为。我们将"安全发展，共享安全"理念融入运营中，通过发布安全理念手册、评选"安全文化大使"、公开奖励安全运营贡献者、安全管理宣誓、安全诵读等措施，营造安全运营氛围，促进安全文化建设。2018年，我们在57个公交站点设置了规范的宣誓台，8400余名驾驶员参加班前宣誓仪式，严肃性和庄重感使得驾驶员安全责任意识明显增强。

安全愿景
打造平安公交，铸就一流企业

安全使命
同行筑安，同心保安，为现代公共交通服务企业筑牢安全之基

安全目标
教育无盲区、操作无违章、设备无缺陷
场所无隐患、管理无漏洞、人员无伤亡

核心安全理念
安全发展，共享安全

安全管理理念
依法建安，规范促安
精细创安，科技强安

安全责任理念
以行动担当责任，用责任呵护生命

安全文化特色
同行筑安，同心保安

安全生产方针
以人为本，安全第一
预防为主，综合治理

安全培训理念
向安全培训质量要安全管理水平

安全预防理念
预防必实，隐患必除

安全操作理念
规范操作每一秒，安全工作每一天

驾驶员集体安全宣誓

发布安全理念手册

案例 评选"金、银方向盘奖" 营造安全运营氛围

早在 2014 年，北京公交就设立了"金方向盘"奖。我们按照男驾驶员安全行驶达到 100 万公里、女驾驶员安全行驶达到 80 万公里的标准给予奖励。2018 年，我们增设安全行车"银方向盘"奖，对安全行驶累计达到 60 万公里的男驾驶员、50 万公里的女驾驶员给予奖励。截至 2018 年底，466 名驾驶员获得"金方向盘"奖，安全行驶总里程近 4.85 亿公里，4982 名驾驶员获得了"银方向盘"奖。"金、银方向盘奖"激发了驾驶员立足本职、爱岗敬业、安全行车的职业精神，提升了全体驾驶员安全行车的职业素养，为实现"让更多的人享受更好的公共出行服务"的企业使命奠定安全基础。

落地安全文化

以"打造平安公交，铸就一流企业"为安全愿景，北京公交通过形式多样的安全宣传教育活动，落地安全文化建设，打造全方位安全保障体系。在安全生产月，我们加强行车安全管理，开展交通安全法律法规、路口安全通行、夏季安全行车"三防"（防雨、防暑、防困）措施等三个专题的安全教育和安全宣传咨询日、安全生产知识竞赛、安全文化主题黑板报评比等活动。

6 月 16 日是北京市交通行业安全生产宣传咨询日。我们通过主题展板展示、发放宣传折页和手册、现场猜灯谜答安全小常识、循环播放安全宣教视频等方式，向社区居民宣传交通、用电和消防安全、综合安全生产等安全知识。

安全生产宣传咨询日期间

设立安全生产宣传咨询日会场	宣传站	悬挂主题横幅	宣传展板、黑板报	接待社会各界人士咨询
23 处	**120** 余处	**700** 余条	**1000** 余块	**3.8** 万余人次

形式多样的安全宣传活动促进安全理念落地

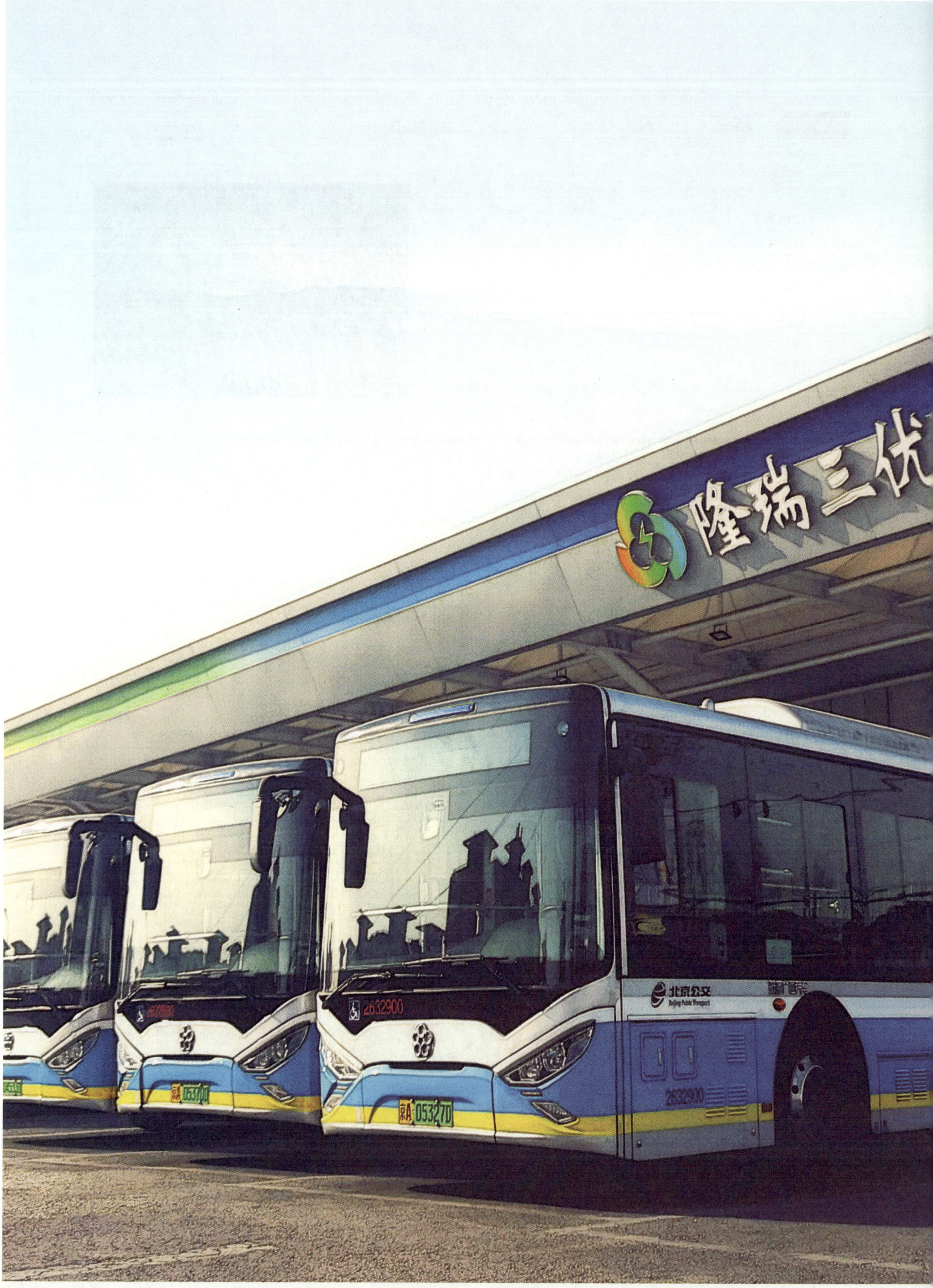
隆瑞三
北京公交
2632900

绿色发展
一马当先

绿色发展是以效率、和谐、持续为目标的经济增长和社会发展方式，是北京公交矢志不渝的追求。城市的可持续发展与公共交通的绿色运营紧密相关。助力建设美丽中国，践行城市绿色发展，打造宁静美好的和谐首都，北京公交义不容辞，一马当先。

🚌 北京公交与 SDGs

SDGs 对标

- 目标 7：经济适用的清洁能源
- 目标 9：产业、创新和基础设施
- 目标 13：气候行动

7 经济适用的清洁能源

9 产业、创新和基础设施

13 气候行动

我们的行动

- 优化能源结构，发展节能环保车型
- 宣传环保理念，开展绿色公益活动
- 精益管理
- 绿色办公

我们的成效

- 新能源车和清洁能源车占比 69.07%
- 通州区第一个纯电动公交场站——土桥公交中心站投入使用
- 优化百公里单耗指标，实现累计节能资金 13624 万元
- 环保总投资 7719 万元
- 严格管理危险废物 1718.53 吨

🚌 北京公交 在您身边

绿色出行 有你有我

"绿色出行，也许就是乘坐公交车那么简单，我更愿意将环境保护真正地变成一种习惯，为保护环境做出一点努力。我相信，每人的一小步，铸就环保一大步。"韩宁宇说。

韩宁宇，是北京市一名高中二年级的学生，也是北京的一名"公交迷"。2018年，他参加了北京公交"绿色出行达人"评选活动，以1338次的年度乘车次数，获评为第一名。"从小事做起，从身边做起，以乘坐公共交通的方式降低对环境的负荷"是韩宁宇对绿色出行的理解。他希望能够以实际行动守护北京的碧水蓝天。谈到参与这次评选活动，韩宁宇坦言，"只要登录，填写乘车次数、日期"的参加方式，不仅是一次出行的记录，也是留存一次乘坐公交的记忆。这样的评选活动不仅有意义，而且能够让自己获得小小的满足感。

韩宁宇说，这次获奖让他对北京公交"快速、安全、便利"的出行服务有了新的认识。乘坐公交本身就是一种环保的出行方式，而北京公交的这一活动倡议和每年一度的国企开放日活动真正地让大家认识北京公交，感受它的包容、环保、便利……让大家去了解它、熟悉它、爱上它。韩宁宇表示，将来他还会和更多的小伙伴们一起乘坐公交车，点绿城市，争做绿色出行达人，为城市环保贡献一分力量。

每年一度的"绿色出行达人"评选活动是北京公交践行绿色发展的一个缩影，我们希望越来越多的乘客领悟到绿色出行的意义，感受到环境保护的重要性，同时在绿色出行的过程中获得满足感和幸福感。长期以来，我们始终坚持绿色发展，在公共交通领域推广应用新能源，重视日常运营中的节能环保工作，努力降低对环境的负荷，更新迭代环保车辆，强化精益管理与污染防治工作，推进环保文化建设，携手员工和乘客共同守护首都生态环境，共同助力北京绿色发展。

韩宁宇（左三）参加2018年北京公交粉丝见面会暨2017年度公交出行达人颁奖典礼

🚌 节能减排

空气质量事关每个人的身心健康，大气污染防治需要社会各界的共同参与。作为负责任的企业，北京公交积极发展环保车型，推广新能源、清洁能源，不断降低资源消耗与碳排放，减少生产运营过程对环境的负面影响，努力履行建设"绿色公交、人文公交、科技公交"的社会承诺。

优化车辆结构

为响应绿色发展号召，我们秉持"严格遵纪守法、坚持科技创新，树立勤俭理念、开展节能降耗，持续优化改进、提升节能绩效"的能源方针，不断调整业务板块，优化能源结构，坚持发展节能环保车型，用新能源电驱动和清洁能源车替换老旧柴油车，减少污染物排放，助力绿色出行。

2018 年，我们共完成了 3910 辆老旧柴油和压缩天然气公交车的退出运营。老旧车的淘汰促进节能减排，为改善首都空气质量做出了积极贡献。

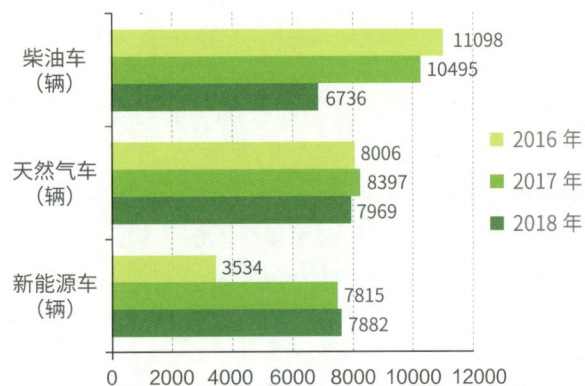

<table>
<tr><th>车辆类型</th><th>2016 年</th><th>2017 年</th><th>2018 年</th></tr>
<tr><td>柴油车（辆）</td><td>11098</td><td>10495</td><td>6736</td></tr>
<tr><td>天然气车（辆）</td><td>8006</td><td>8397</td><td>7969</td></tr>
<tr><td>新能源车（辆）</td><td>3534</td><td>7815</td><td>7882</td></tr>
</table>

2016~2018 年车辆数量变化情况

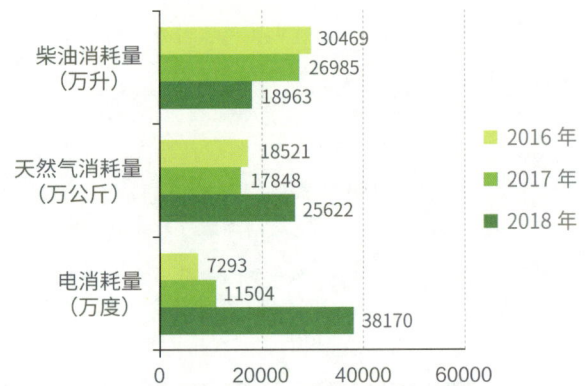

<table>
<tr><th>能源类型</th><th>2016 年</th><th>2017 年</th><th>2018 年</th></tr>
<tr><td>柴油消耗量（万升）</td><td>30469</td><td>26985</td><td>18963</td></tr>
<tr><td>天然气消耗量（万公斤）</td><td>18521</td><td>17848</td><td>25622</td></tr>
<tr><td>电消耗量（万度）</td><td>7293</td><td>11504</td><td>38170</td></tr>
</table>

2016~2018 年各类能源消耗情况

案例 ▶ "氢"风徐来 氢燃料公交车在 384 路投入运营　🚌

北京公交作为全球环境基金 / 联合国开发计划署 (GEF/UNDP) 促进中国燃料电池汽车商业化发展项目的试运行单位，于 2018 年 10 月 15 日在 384 路投运 5 辆氢燃料公交车。氢燃料公交车不但具备加氢快、容量大、零排放、无污染的特点，还在长距离、重载等方面具备超过电动汽车的优越性。同时，氢燃料公交车以可靠的安全性能、较高的续驶里程、舒适的乘坐感受，获得司乘人员和乘客广泛好评。截至 2018 年底，氢燃料公交车累计运营 3.3 万公里，百公里平均氢燃料消耗 10 公斤。未来，北京公交将持续加大新能源和清洁能源技术投入，为打赢首都蓝天保卫战贡献公交力量。

氢燃料公交车在 384 路投入运营

完善基础设施

北京公交加强基础建设，积极与相关政府部门沟通协调，不断完善新能源和清洁能源基础设施。我们通过加强加气站、电车变电站、充电桩等基础设施建设，为低碳运营提供基础条件。2018 年，通州区第一个纯电动公交场站——土桥公交中心站投入使用，日充电能力达到 210 辆，对当地新能源车辆的推广应用发挥重要的引领示范作用。

4 座

双源电车变电站，供电 284 万余度

156 台

充电桩

4 条

无轨电车线路替换

2018 年新能源基础设施建设情况

案例 ▶ 公交车的"三甲医院"——降低污染 营造清洁环境

2018 年 12 月，北京市首座现代化公交保养场——王佐公交保养场正式开工建设。作为公交车的"三甲医院"，王佐公交保养场充分考虑不同车型的保养需求，在保修车间设有 25 条保养沟，分南北两侧布置，中间为辅助生产用房，有效整合保修资源，实现场地资源集约化利用。

同时，该项目计划引进的 158 台全新工艺设备，为现有车型提供从内部清扫到外部检修维护的全方位"体检"，大幅减少噪声污染、尾气污染，保障公交车的环保绿色出行，有效改善公交"医生"的工作环境，为社会营造清洁、低碳的生活环境，助力建设宜居城市。

王佐公交保养场效果图

🚌 精益管理

我们坚持目标导向，通过制定环境保护与资源节约管理规定，推行精细化管理，努力在每个环节做细做优，实现系统改进精细创优。我们持续加强设备巡查，杜绝车辆跑、冒、滴、漏，将报废车辆拆解工作交给专业公司，确保对环境的负面影响降到最低。

同比减排标准煤

7 万吨

应用燃油加热装置、降低标号使用柴油，节约燃油成本

1975 万元

成立车辆节能减排领导小组和办公室

构建北京公交能源管理体系

调整车辆能源结构

建立健全节能考核制度

形成车辆指标体系和指标分配机制

精益管理举措

北京公交加强柴油、天然气、电力等能源管理工作，采取技术上可行、经济上合理、环境和社会可承受的措施，减少从能源采购到消费各个环节中的损失和浪费，更加有效、合理地利用能源，提高能源利用效率。北京公交建立运营车辆节能考核考评制度，对车队管理人员、车队驾驶员进行运营车辆节能考核，严格控制能源消耗量，营造人人争做节油标兵的氛围。

开展环保培训
59469人次

氮氧化物减排量
130.5吨

颗粒物减排量
6.9吨

碳氢化合物减排量
24.3吨

环保总投资
7719万元

提高全体员工的节能思想意识和技术素质是确保节能减排目标实现的必要条件。"七分操作三分维护"已在北京公交形成共识。我们在开展车队技术管理制度培训的同时，用好稽查反馈数据信息，提升技术基础管理水平，不断提高使用操作水平。随着新型公交车辆的不断投入，我们紧抓"公交＋互联网"的发展契机，探索在大数据支撑下的智能维修保养模式，推动维修保养的转型升级，逐步实现维车保运的统一管理、统一模式、统一标准。

我们坚持对驾驶员和保修工培训教育，在新车投入运营前，采取有效措施组织驾驶员进行操作培训，组织保修工进行维护保养工艺培训。此外，还组织开展对二级公司管理人员的培训、驾驶员和保修工的技能竞赛和技术练兵，不断激励全体员工自觉开展节能减排工作，形成"我要节能，主动节能"的良好氛围。

🚌 污染防治

检测柴油车尾气车数

97124 辆次

检测压缩天然气尾气车数

51891 辆次

目测尾气车数

365476 辆次

北京公交加强公交车尾气排放治理和噪声防控，加强相关技术系统建设和管理，加大车辆巡查力度，强化尿素、防冻液使用情况的监控。按照北京市清煤降氮年度工作要求，我们积极开展氮氧化物排放治理改造，环保治理效果显著。为落实北京市车辆环保要求，我们加强车辆尾气监测，推进所有级别车辆保养，对报修的尾气超标车辆及所有竣工出厂车辆进行尾气检测，降低车辆尾气污染物排放，并成立专项改造任务小组，对车辆尾气设备进行在线监控改造。2018 年，完成了 3000 辆车排放在线监测设备的安装工作，实现在线监测功能，保证车辆达标使用，加速老旧车辆的更新淘汰，减少机动车排放污染，改善大气环境质量。

CO_2 SO_2
NO_x HC Pb

管理不准派　　调度不准发　　司机不准开

对尾气超标车辆，车队管理执行"三不准"管理措施

在清洁生产方面，加强对废机油、废蓄电池、废轮胎和其他废弃物的管理，努力减少对环境的污染；在节能节水方面，积极承担节约资源和保护环境的社会责任，把精细管理、节能降耗作为降低成本、提升效益，提高核心竞争力的重要途径。2018 年，我们严格管理危险废物 1718.53 吨，包含废机油 913.11 吨，废铅酸电池 491.81 吨，废含油滤芯 195.37 吨，废含油容器 71.30 吨，废防冻液 35.19 吨等，减少环境污染。我们积极推进碳市场交易，碳排放交易 40700 吨，买入核证自愿减排量（CCER）34700 吨，以此限制碳排放，减少二氧化碳排放给环境带来的影响。

指标	2016 年	2017 年	2018 年
节电（万度）	1573	1192	4591
节气（万公斤）	282	818	447
节油（万升）	984	948	573

🚌 绿色办公

为推进绿色发展理念，倡导简约适度、绿色低碳的生产生活方式，北京公交积极推动绿色办公，注意细节管理，使节水、节电在日常工作中常规化、制度化，推动绿色办公常态化。持续开展"废水、废气、废渣"的治理和回收利用研究；坚持报废回收机制，回收废旧职业装进行环保再生处理；推广"无纸化"办公减少办公用品消耗；建立电子档案管理系统，对现存档案进行数字化处理；开展宣传培训，加强员工对绿色办公的理解，推动全员落实办公制度的环保化、低碳化。

节能照明设备		及时关闭电源
"无纸化"办公	绿色办公系列措施	节水器具
空调温度限定		绿色出行

绿色发展　一马当先

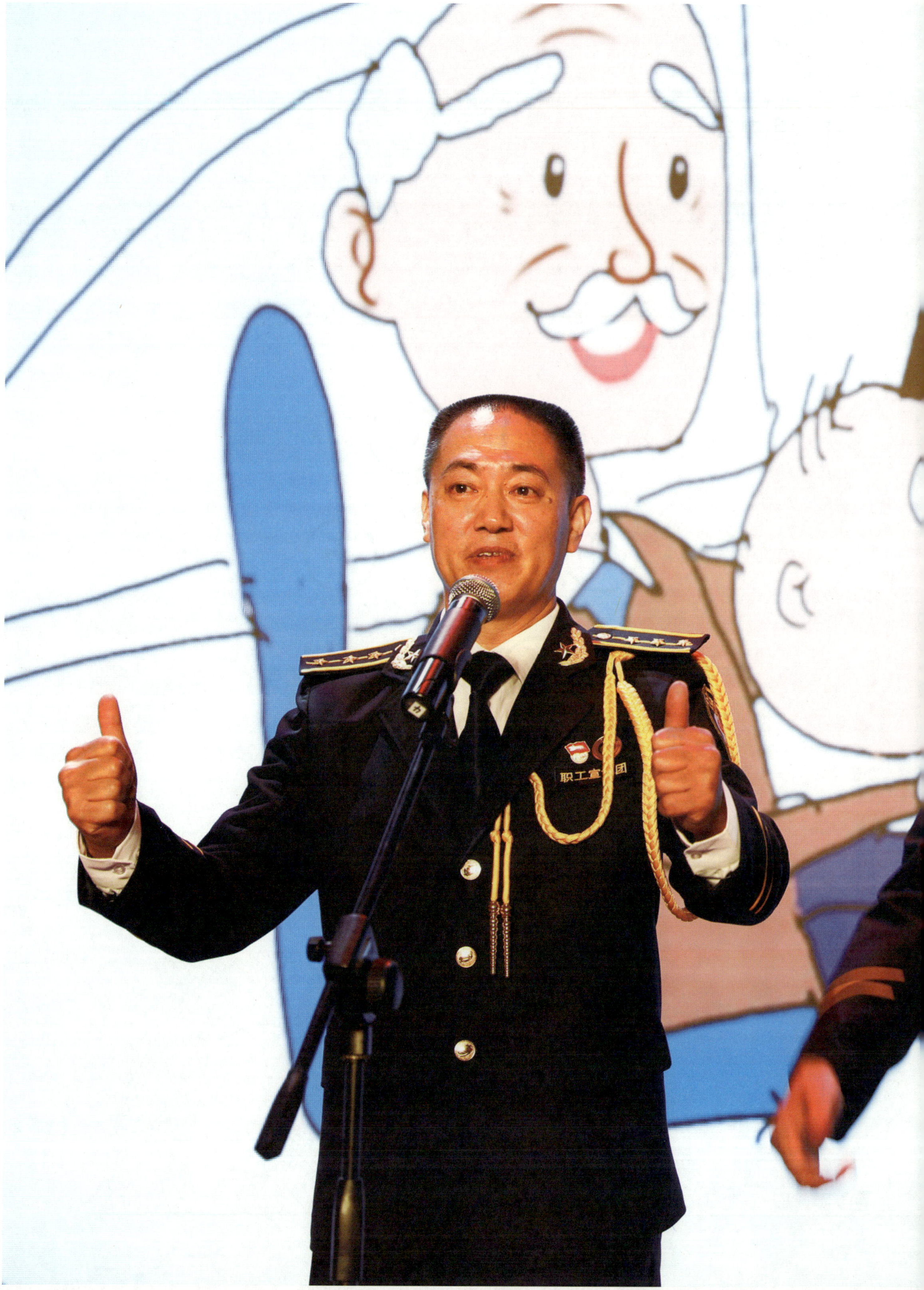

以人为本
一以贯之

员工是企业价值实现的中坚力量，更是可持续发展的重要源泉。北京公交一以贯之"以人为本"的人才发展理念，通过员工权益保障，努力为员工提供更具潜力的发展空间，改善员工工作生活环境，提升员工的获得感、幸福感、归属感，筑员工发展之梦、幸福之梦。

北京公交与 SDGs

SDGs 对标

- 目标 4：优质教育
- 目标 5：性别平等
- 目标 8：体面工作和经济增长

4 优质教育

5 性别平等

8 体面工作和经济增长

我们的行动

- 多元化职业培训
- 多渠道民主沟通
- 职业健康管理
- 员工关爱
- 多元化与包容性

我们的成效

- 参加各类学习的员工达 606142 人次
- 员工体检覆盖率 100%
- 困难员工帮扶经费 214 万元，帮扶员工 1788 人
- 女性员工占比 30.49%

🚌 北京公交 在您身边

这"1"路 初心如一

7岁时的常洪霞每次看到如"庞然巨物"般的公交车都会对驾驶员羡慕不已:"能开这么长的公交车,该有多大的本事啊……"如今,回想起正式入职北京公交时,她还清晰地记得那种梦想变成现实的激动劲儿。

小时候,成为驾驶员一直是常洪霞认为最"威风"的梦想。入职北京公交后,由于年龄未达到学车最低年限,她成为了一名乘务员,但是"成为一名驾驶员"的梦想一直环绕在她的脑海。直到2001年,梦想照进了现实,手握方向盘的她成为了一名"1"路领先的驾驶员。

"入职以来,我感受到的是公司对一线员工无处不在的支持和帮助。师傅徒弟搭班制、安全会和各类职业化培训和规划为我们提供了广阔的发展空间,尤其是技能大赛帮助我们跨越工作年限要求,实现能力提升和技能交流。"常洪霞说道。"当然,公司给予我的并不仅是技能上的成长,更多的是帮助我确立了人生定位和实现自身的价值。"

"我们是流动的风景,我们是时代的先锋……我们是首都的窗口,我们在播撒着文明,安全便捷服务热情,把责任牢记在心中……"这首《北京公交之歌》是常师傅的最爱。这首歌让常师傅认识到,作为北京公交驾驶员,她的每一次微笑和点头示意都能传递给乘客温暖,每一次鞠躬和帮助都能带给乘客感动。

工作之余,她将行车经验、遇到的突发状况和解决方案整理形成了"一静、二稳、三让"的安全行车法。"十几年来,我的梦想没有改变过,而这一梦想背后是不断增加的责任和使命,我将不忘初心,争取更大的进步,为乘客提供更好的服务,为公交事业付出努力、贡献一分力量。"常洪霞说。

🚌 员工权益

北京公交尊重每一位员工，遵守劳动法、劳动合同法等相关法律法规和劳动用工制度，建立健全薪酬福利制度，开放员工沟通渠道，促进民主管理，切实保障员工的各项合法权益。2018 年，在岗员工 94946 人，新吸纳就业 2549 人，员工流失率 1.13%。

女性管理者占比
36.5%

4.63%
20.77%

30 岁及以下
31~50 岁
51 岁及以上

74.60%

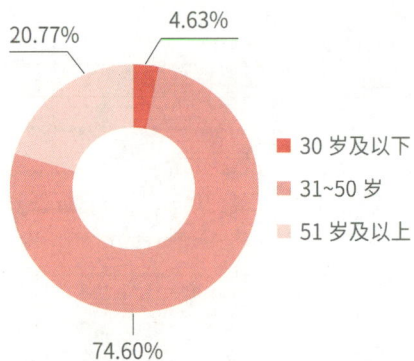

员工年龄结构

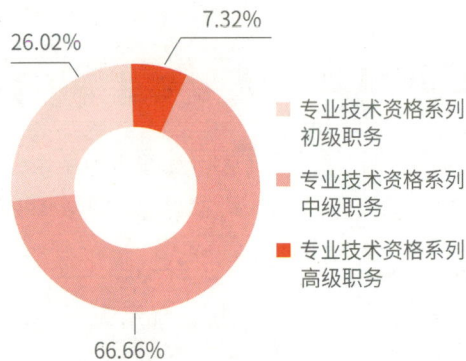

7.32%
26.02%

专业技术资格系列初级职务
专业技术资格系列中级职务
专业技术资格系列高级职务

66.66%

员工技术资格结构

社会保险覆盖率
100%

人均带薪休假天数
9 天

3.93%
12.67%
0.01%

高中及以下
大专
本科
硕士及以上

83.39%

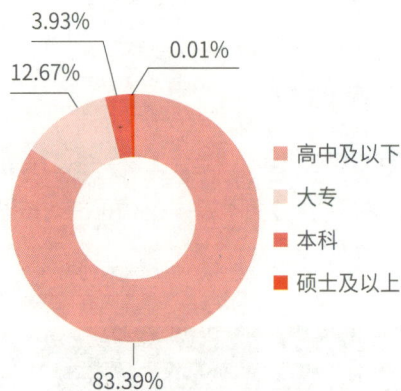

一线员工学历结构

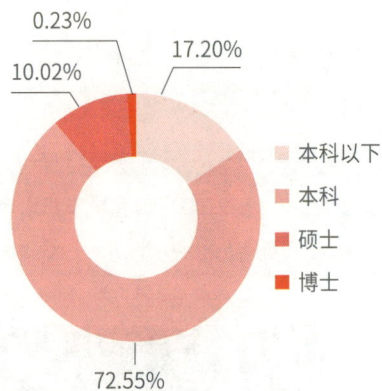

0.23%
10.02%
17.20%

本科以下
本科
硕士
博士

72.55%

管理人员学历结构

权益保障

北京公交重视保障员工权益，贯彻公开公平的多元化招聘原则，建立健全用工管理制度体系，保障员工和退休人员的各项合法权益。我们反对性别歧视和地域歧视，抵制一切形式的强迫和强制性劳动，坚决禁止雇佣和使用童工，保护员工个人隐私，为员工营造良好的就业环境和工作氛围。

薪酬福利

北京公交根据国家和北京市关于国有企业"效益增、工资增，效益降、工资降"的员工工资与企业效益联动机制的规定，完善以业绩和激励为导向的薪酬体系，加强公司年金管理，建立有市场竞争力的福利制度，按时足额为全员缴纳"五险一金"。结合各二级单位实际情况，我们重新修订《年度经营管理综合奖励办法》，采取分类考核、分项奖励，充分激发员工积极性和创造力。2018 年，我们完成补充医疗保险运营服务商更换工作，进一步建立了普惠制、多样化的综合医疗保障体系。

开放沟通

北京公交建立开放、民主的沟通氛围，不断丰富民主沟通形式。建立健全集团公司、分公司、车队三级职代会体系，坚持厂务公开、队务公开制度，保障员工的知情权、参与权、表达权、监督权。同时，通过信访、热线电话、电子邮箱、员工座谈会、网络热线、"经理接待日"活动等多种形式，畅通员工沟通渠道。

激励成长

北京公交为员工搭建多元化的职业生涯发展平台，提供多样化的培训，通过各类技能大赛，强化员工职业能力建设，激发员工的创新活力，助力员工实现职业化发展，帮助员工实现个人目标和价值。

职业培训

北京公交助力员工成长，为员工发展提供专业化的培训和教育资源，开展项目交流，鼓励员工为自身职业发展蓄力，通过举办高级研修班、职业化培训、技能大赛等活动满足各类员工的不同发展需求。

"公交在线学习"

完善"公交在线学习"App 平台，搭建员工线上培训系统

学历提升培训

与合作大学研究定制在职硕士研究生培养方案；组织公交专业高 / 自考、专 / 本科学历教育考试培训，提升员工素质

高级管理人员研修班

为建设现代公交储备合格后备干部、合理调整人才结构，顺应企业改革发展，举办高中级管理人员高级研修班，脱产一年进行 12 个专题模块的系统研修

管理人员培训

围绕企业战略发展，突出业务提升，注重管理人员知识和业务更新，实施专业技术能力提升培训，涵盖职业化能力提升、学历提升、专业技术提升、基础素质提升等

员工职业发展培训体系

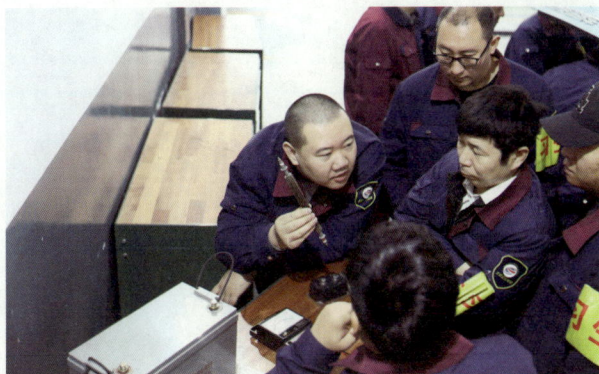

员工学习实操授课

北京公共交通控股（集团）有限公司

以人为本 一以贯之

2018 年，北京公交首届"工匠杯"技能大赛围绕"工匠精神与提升企业核心竞争力"主题，在各工种技能大赛连续开展 9 年的基础上，鼓励员工在大赛中探索新思路、新方法，从而实现技能提升，培养员工孜孜不倦、耐心细致的工匠精神。大赛中共有 104 名选手被授予不同奖励。在大客车驾驶员、乘务员等比赛项目中，有 20 名成绩优异的选手被授予"公交大工匠"荣誉称号。"工匠杯"技能大赛是我们在深入挖掘"技能大赛"品牌内涵的基础上一次创新的尝试，展示了员工"匠人匠心"的同时，为员工发展搭建了更专业、持久的成长平台。

"公交在线学习"App 平台 累计激活用户	累计激活率	累计组织考试	参与考试
78809 人	**91.2** %	**112** 次	**1458498** 人次

参加高级管理人员研修班	高级管理人员研修班培训学习日	高级管理人员研修班培训学时
33 人	**210** 个	**1680** 小时

学历教育考试培训	管理人员培训	参与管理人员培训人数
728 人次	**84** 期	**8021** 人次

晋升发展

我们注重员工晋升和发展，为员工提供资源帮助员工实现价值，与员工共同成长。我们贯彻执行《两级机关业务系列管理岗位设置管理办法（试行）》，明确两级机关不同管理岗位设置，落实岗位晋升机制，丰富一般管理人员的职业生涯规划。

在培养管理人员方面，我们开展管理人员下基层和基层员工走入机关的双向交流轮岗项目，促进基层单位和青年管理人员轮岗锻炼，丰富员工工作经验和阅历；在培养一线员工方面，我们提供多渠道成才发展道路，开展"扬帆计划"，帮助员工向管理岗位顺利转换，提供更广阔的发展渠道和更多的选择。

案例 定制培养 助力员工成长成才

"回想 2013 年刚入职时，在分公司党委工作部、安服部、运营部等部门实习的经历，北京公交不仅为我搭建了职业发展平台，更帮助我开阔了眼界，清晰了定位，为后续工作的开展奠定了基础。"电车客运分公司工会副主席刘鸾说。

轮岗制度是北京公交为员工搭建的快速成长平台。通过轮岗熟悉一线基层工作，让员工真正地了解到自己的所长。"轮岗制度是北京公交给予应届生的'福利'。我很珍惜那段经历，不仅让我全方位地了解北京公交，感受到领导对青年员工的关怀和重视，更像是员工和集团公司之间的一次'双向认知'，帮助像那时的我一样的大学生进入角色，实现从大学生到'公交人'的顺利转换。"刘鸾在提到北京公交培训制度时侃侃而谈，"北京公交为员工搭建成长平台，提供学习和发展的机会。我在担任分公司工会副主席后，获得了到北京市总工会学习的机会，为我因地制宜开展工会工作、更新管理方法提供了很多借鉴经验。除此之外，（北京公交）还提供管理能力提升培训，开展岗位竞聘，支持员工提升学历，为我们的成长提供更大的发展空间。"

北京公交不仅为像刘鸾一样的青年员工提供培训资源，更提供丰富的创新"土壤"，让更多新思想萌芽，通过定制化的培养，与员工共同成长、共享发展。

鼓励创新

我们重视青年人才的培养，为员工创新发展提供平台和配套支持，鼓励员工创新、创造。通过举办青年创新大赛、成立创新工作室、青年创新工作站等方式，激励员工参与创新竞赛和经验交流，激发员工的创新活力。

案例 青年创新创意大赛 激发创新活力

北京公交以创新推动改革，以创新不断深化现代公交改革发展事业，为更多青年人才的创新创意项目提供发展的"土壤"，让更多青年员工的创意"落地生花"。至今，我们已连续举办两届"创青春 汇梦想"青年创新创意大赛。大赛前期征集到 71 个项目，通过初审、复审最终产生 30 个优秀项目进入决赛。我们也积极推动项目转化与应用，在实际生产与运营中，支持创新项目落地生根。

大赛获奖者北京公交有轨电车有限公司杨鑫江

🚌 倾情关爱

北京公交推进企业文化建设，贴心关怀员工生活，开展丰富多彩的文体活动，保障员工职业安全和心理健康，让员工的辛勤付出都得到肯定和认可，提升员工幸福感和获得感。

文化建设

我们坚持与员工同行，将文化建设融入员工日常生活，通过举办职工文化节、员工运动会等活动，丰富员工生活，改善员工工作环境，为员工创造轻松、快乐的文化氛围，建设温馨的"公交之家"。

多姿多彩的文体活动，帮助员工平衡工作和生活

举办员工文体活动

85项

参与活动的员工

91170人次

案例　传承公交文化　谱写文化新篇章　🚌

2018 年，北京公交举办以"不忘初心 传承文化 启航新时代"为主题的首届职工文化节，涵盖吉祥物设计征集、企业文化建设先进集体和先进个人评选、"公交正能量，助力中国梦"公益微视频征集大赛等十个主题活动。文化节将企业文化建设与企业改革发展相结合，动员全体员工学习企业文化、践行企业文化、实现企业文化，营造了良好的公交企业文化氛围。

守护健康

北京公交切实关注员工实际作业中的健康安全，制定职业病防治管理制度、劳动防护用品配备和管理制度，编制职业健康知识问答手册，定期组织召开职业安全卫生专业会议，组织"安康杯"竞赛活动，开展职业健康培训、应急演练和心理健康帮扶，保障员工健康安全。

案例 ▸ 为你的心灵找一个"家"

北京公交关注员工心理健康问题，为员工提供心理咨询和疏导，帮助员工身心健康发展。我们建立职工心灵驿站，为员工进行心理减压辅导，引导员工释放压力。我们对员工进行心理健康测试，建立心理健康档案。同时，为员工配备按摩椅、"胶囊小屋"等设备，让员工在停车休息间隙缓解疲劳。截至 2018 年底，共建成 33 个职工心灵驿站，让员工在心灵驿站感受北京公交大家庭的温暖和真情，让心灵栖息的港湾为他们减压，提高员工的幸福指数。

职工心灵驿站

员工帮扶

北京公交建立"两节送温暖、三八助单亲、五一关爱劳模、金秋助学"和"两确保一降低"帮扶机制，在节假日慰问坚守岗位的一线员工和困难员工，爱护员工中的特殊群体，坚持单亲、困难女员工档案动态管理，努力为员工解决后顾之忧，帮助员工在更加和谐、温馨的环境工作、生活。

"两节"期间，走访慰问劳模先进、帮扶困难员工 **4040** 户，发放帮扶资金 **539.69** 万元

"金秋助学"为 **405** 名困难员工子女发放助学款 **23.58** 万元

和融共生
一心一德

企业作为社会的一分子，不仅是社会财富的创造者，更是社会价值观的传递者。北京公交秉承公益性定位，积极与社会和融共生。在与合作伙伴保持和谐关系的同时，我们充分发挥自身优势，倡导文明出行，助力精准扶贫，促进社会就业，热心公益慈善，积极回馈社区，贡献社区和谐发展，一心一德传播爱与正能量。

🚌 北京公交与 SDGs

SDGs 对标

- 目标 1: 无贫穷
- 目标 10: 减少不平等
- 目标 12: 负责任消费和生产

1 无贫穷	10 减少不平等	12 负责任消费和生产

我们的行动

- 助力精准扶贫
- 倡导文明出行
- 组织志愿服务
- 参与慈善公益
- 提供就业机会

我们的成效

- 南沟村 110 户低收入农户脱低摘帽
- 接收转复军人 4 人、接收农民工驾驶员 763 人
- 发动志愿者 20 余万人次
- 志愿服务时长超过 40 万小时

🚌 北京公交 在您身边

山更绿了 水更清了 村民生活更有奔头儿了

"红肖梨树刚挂果，村民就收到了预订订单。从严重滞销到脱销，现在的红肖梨再也不愁卖不出去。村民的积极性得到了极大的提升，曾经荒废的果树开始'焕发生机'了。"南沟村党支部书记张英说道。

张书记所在的南沟村位于密云区东北部，是北京市234个低收入村中最贫困、最偏远、最艰苦的54个村之一。虽然地处山区，但村里自然资源丰富，农产品种类繁多，只是困于市场、环境等因素，自然资源、农产品资源未得到有效开发、推广。

自从与南沟村开展结对帮扶以来，我们根据驻村帮扶队调研情况，提出了"精准帮扶低收入农户和建立长效帮扶机制"的指导思想，结合南沟村实际情况，从组织建设、产业帮扶、就业帮扶、基础设施帮扶四个方面推进精准帮扶的总体战略部署。经过共同努力，南沟村村容村貌改善了，高品质原生态民俗休闲乡村旅游场所、木耳种植基地建起来了，农产品开始走出深山，低收入农户获得了稳固的就业机会，南沟村迎来了前所未有的发展机遇。

其实，精准扶贫的路上也有坎坷与波折。2018年，南沟村受雹灾、冰冻等恶劣天气影响，红肖梨大量减产。面对这种情况，北京公交多方协调，将红肖梨榨成梨汁，通过深加工提高村民收入，从根本上解决村民收入低这一难题。"不仅没有损失，还实现了增收，仅红肖梨汁一项的销售额达56.4万元，成为脱低致富的新支柱。"张书记说，"2018年，我们村110户低收入农户人均收入超过11160元，实现全部脱低摘帽。"

"南沟村的山更绿了，路更通畅了，环境更美了，村民劳动致富的积极性得到极大的提高，老百姓有了实实在在的获得感，幸福的笑容洋溢在每一名南沟村村民的脸上。南沟村正走在乡村振兴的路上。"对于未来的发展，张书记满怀期待。

在南沟村开展"大爱公交，助力南沟"消费扶贫工程，购买红肖梨等特色产品

🚌 精准扶贫

北京公交积极落实各级政府扶贫攻坚工作部署，不断完善扶贫协作工作机制，将自身优势与受援地区特有的区位优势、资源禀赋等有机结合，因地制宜、因户施策，做好产业协作合作和"一企一村"结对帮扶工作的各项任务，在河北省保定市涞水县、北京市延庆区大榆树镇、密云区大城子镇南沟村等地开展扶贫活动，助推受援地区打赢脱贫攻坚战。

助力产业升级，在河北省保定市涞水县打造"产-学-研-用"一体化的公交智造产业园

优化产业结构，在延庆区大榆树镇，打造一站式服务公交社区

凝聚合力，在全体员工中开展"一企一村"结对帮扶消费扶贫活动

突出党建引领，将企业党建与农村党建工作相结合

开展就业扶贫，向南沟村提供驾驶员、乘务员、乘务管理员等岗位，引导村民外出就业

推进产业转型，发展密云区大城子镇南沟村林下经济

在河北省保定市涞水县开展扶贫活动

🚌 责任采购

北京公交坚持诚信经营，与合作伙伴保持沟通交流与合作，实现共同发展。在建立公开、透明、可追溯采购体系的同时，我们强化供应商管理，制定指导性文件，并根据供应商选择标准对供应商进行分类管理。

我们每年对供应商进行资质调查，通过季度打分、年度评价的方式进行考核，实行供应商准入和退出机制。每个季度通过《供应商企业库使用情况调查表》，分析供应商供货服务情况，总结问题并与供应商进行沟通反馈。此外，通过培训、沟通会等方式，我们与供应商及时传递最新的采购标准和要求，定期按照社会责任的相关政策和标准，帮助供应商发现社会责任提升点，进一步增强可持续发展能力，以实现良好的合作。

因社会责任不合规被否决
的潜在供应商数量

0 个

报告期内供应商审查覆盖率

100%

因社会责任不合规被中止
合作的供应商数量

0 个

供应商社会责任培训次数

4 次

| 案例 | 推进燃润料供应改革　全面提升服务 |

燃料供应分公司承担着集团公司压缩天然气、车用润滑油脂类供应保障和柴油监管工作，而每年 1.5 亿元的车用润滑油脂类的供应保障服务，采用传统"店商"囤积销售模式，管理单一、传统，存在较大的仓储费用、资金积压和社会安全的负担。

2018 年，燃料供应分公司推进燃润料供应改革。此次改革将润料采购全面纳入集团公司集采范围，全面实行润料产品公开招标，通过向社会化服务转型实现"零库存"管理模式，将信息化引入润料供应管理，提升科学化、信息化管理水平。通过燃润料供应改革，燃料供应分公司不仅大大节省了运营成本，还降低了库房、仓储带来的安全风险。

🚌 文明出行

北京公交践行"绿色出行、从身边做起"理念，充分发挥自身专业优势，通过开展各类宣传活动，倡导利益相关方文明出行，传递社会正能量。2018 年，我们开展每月 11 日排队日、22 日让座日和重大节假日站台服务等文明出行宣传活动，引导乘客有序排队，对乘客进行咨询解答、义务指路，并照顾老幼病残孕等特殊乘客乘车。

北京公交倡导：加入我们！选择绿色、健康、文明的日常出行方式。围绕"绿色出行，从身边做起"主题，北京公交在重点线路、站点和路口开展"礼让斑马线 公交在行动"——公交车礼让斑马线推动日活动。我们组织安全管理人员、公交驾驶员和青年志愿者参与维护路口交通秩序，设立推动日活动宣传台，发放绿色文明出行宣传品。截至 2018 年底，该活动已纳入示范路口 100 个，覆盖全部十六区，实现常态化开展。

开展无车日、文明出行等宣传活动

案例 开展"青少年交通安全训练营" 传递文明出行理念

青少年是祖国的未来和希望，我们通过开展"青少年交通安全营"公益项目，在教会孩子保护自身安全防止遭受意外事故伤害的同时，以青少年为媒介在更大范围传递文明出行理念。2013 年，我们率先推出"青少年交通安全训练营"大型青少年儿童交通安全公益项目。经过多年的探索和实践累积，我们自行研发了从幼儿到大学生各年龄层青少年人群的交通安全课程，利用自身场地、专业师资力量、软硬件优势等设置了多项互动活动与实操活动内容，逐渐丰富完善了该项目。截至 2018 年底，北京市已有数十所中小学、社会培训机构等参与"青少年交通安全训练营"公益活动，北京公交也被多家中小学设为"交通安全教育基地"。

🚌 社会就业

北京公交倡导公平就业，为残障人士、退伍军人等提供了大量就业机会，促进社会就业，对社会进步起到积极作用。我们积极接纳低收入农村劳动力就业，促进低收入人群增收。

2018 年，我们积极响应北京市政府"北京市低收入农村劳动力就业帮扶"工作要求，开展接纳安置工作，共招聘 1749 人，为北京市低收入农村劳动力就业和农民增收做出积极贡献。同时，协调保安公司提供了 1500 个乘务管理员岗位。

🚌 公益慈善

北京公交主动回馈社会，积极参与公益事业，通过开展"走进敬老院"敬老爱老、走进公园爱护环境、"雷锋精神永不忘"主题宣传等志愿服务，参与爱心捐助、扶贫救困、植树等公益活动，用爱心服务社会，用行动回报社会，贡献社区发展。

我们积极发动员工志愿者，发挥公共交通服务专业优势，将清理站杆站牌工作与志愿者活动相结合，成立清理站杆站牌突击队，并推动清理站杆站牌志愿服务项目纳入北京市志愿者服务平台。2018 年，我们联合各区精神文明办与文明引导员，开展专项清理 20 余场。

认养绿地	发动志愿者	志愿者活动次数	志愿服务时长超过
230 公顷	**20** 余万人次	**5** 万次	**40** 万小时

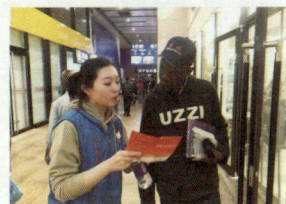

展望未来

2019 年是北京公交深化改革再出发、完成"十三五"规划各项目标任务的关键之年。我们将继续秉承"让更多的人享受更好的公共出行服务"的企业使命，不断提升责任竞争力和影响力，带动更多利益相关方推进企业的可持续发展。

🚌 **一脉相承推动责任先行**，完善综合价值创造能力，优化责任管理、强化公司治理、深化与利益相关方的沟通，打造责任公交，引领可持续出行新风尚。

🚌 **一心一意开展品质服务**，推进线网优化、准点工程、区域集中调度、个性化服务、公共交通基础设施升级，建设公交示范走廊，提升公共出行服务能力，打造品质公交，引领便捷出行新风尚。

🚌 **一路同行倾力守护安全**，持续深化安全理念、健全安全管理体系、增强科技创安能力、强化行车安全管理、深入开展隐患排查，打造平安公交，引领安全出行新风尚。

🚌 **一马当先引领绿色发展**，持续完善环境管理体系，改善公交车辆车型结构，大力发展新能源公交车，加大充电桩等基础设施建设，推进绿色发展，打造绿色公交，引领低碳出行新风尚。

🚌 **一以贯之坚持以人为本**，尊重员工价值，鼓励员工创新，为员工提供良好的发展平台，悉心关爱员工，打造人文公交，引领人本出行新风尚。

🚌 **一心一德推进善意常为**，倡导文明出行，助力精准扶贫，促进社会就业，热心慈善公益，开展志愿服务，打造温暖公交，引领真情出行新风尚。

展望未来，在"以人为本、乘客至上、创新发展、追求卓越"核心价值观的指引下，我们将以更加积极的姿态迎接可持续发展的机遇和挑战，打造国内领先、世界一流的现代公共交通综合服务企业，让更多的人享受更好的公共出行服务，让流动的北京风尚传递更加美好的生活。

关键绩效

🚌 经济绩效

指　标	2016 年	2017 年	2018 年
年营业收入（亿元）	87.97	89.97	94.16
企业总资产（亿元）	397.99	460.72	597.37
企业净资产（亿元）	214.48	276.61	352.7
资产负债率（%）	46.11	39.96	40.96
纳税总额（亿元）	3.62	2.11	3.38
在册运营车辆（辆）	29515	32259	30926
运营线路条数（条）	1020	1028	990
公共电汽车年行驶里程（亿公里）	12.76	12.63	12.07
公共电汽车年客运量（亿人次）	36.11	31.87	30.17
乘客原始意见（件 / 百万人次）	23.87	23.31	14.86
投诉解决率（%）	100	100	100
乘客满意率（%）	93.20	92.50	94.00
因社会责任不合规被否决的潜在供应商数量（个）	-	0	0
报告期内供应商审查覆盖率（%）	-	100	100
因社会责任不合规被中止合作的供应商数量（个）	-	2	0
供应商社会责任培训次数（次）	-	4	4

🚌 社会绩效

指　标	2016 年	2017 年	2018 年
员工数量（人）	99956	99410	94946
劳动合同签订率（%）	100	100	100
社会保险覆盖率（%）	100	100	100
女性员工比例（%）	32	32	30.49
女性管理者比例（%）	39	39	36.50
人均带薪年休假天数（天）	9	9	9
员工体检覆盖率（%）	100	100	100
员工流失率（%）	-	1.90	1.13
安全生产投入（万元）	24169.88	28582.39	38504.26
安全培训覆盖率（%）	100	100	100
安全演练覆盖率（%）	100	100	100
交通违法率（%）	0.48	0.37	0.31
责任事故死亡率（人 / 百万车公里）	0.00235	0.00237	0.00166
志愿服务时间（万小时）	50	55	40
困难员工帮扶资金投入（万元）	209	182	214
困难员工帮扶人数（人）	2160	1805	1788

🚌 环境绩效

指　标	2016 年	2017 年	2018 年
车辆报废淘汰数量（辆）	905	1676	3910
碳排放量（吨）	268688	321487	346491
二氧化碳排放量（吨）	985189	1178784	1270466
非化石能源比重（%）	3.48	4.21	7.57
清洁能源和新能源公交车占比（%）	50.98	60.70	69.07
全年能源消耗总量（吨标准煤）	494424	588374	619729
单位产值综合能耗（吨标准煤 / 万元）	0.38	0.33	0.33
车辆单位里程能耗（吨标准煤 / 公里）	6.10	5.72	5.13
天然气能源使用量（万公斤）	18521	17848	25622
电能源使用量（万度）	7293	11504	38170
柴油消耗量（万升）	30469	26985	18963
年度新鲜水用水量（万立方米）	176.75	261.19	207.49
氮氧化物减排量（吨）	336	144.30	130.50
颗粒物减排量（吨）	23.80	12.50	6.90
碳氢化合物减排量（吨）	35.50	19.20	24.30

指标索引

目　录		CASS-CSR4.0 之 公共交通运输服务业	GRI Standards	页码
关于本报告		P1.1 P1.2 P1.3	102-1 102-50 102-51 102-52 102-53 102-54	扉页
卷首语				P3
我们的问候		P2.1 P2.2 P3.2	102-14 102-15 102-23	P6-7
走进 北京公交	关于我们	P4.1 P4.2 P4.3 P4.4	102-2 102-3 102-4 102-5 102-6 102-7	P8-9
	企业文化	P4.1 G1.1 G2.2		P10-11
	组织机构	P4.2 P4.5	102-18 102-22	P12-13
北京公交奋斗印记				P14-15
责任大事记		P3.1		P16-17
数说北京公交		M2.11 M2.12 M2.25 S4.15 E1.14 E2.8 E2.9		P18-19
责任先行 一脉相承	北京公交与 SDGs		102-1	P22
	车窗之外 体验别样 的北京风尚			P23
	责任理念	G1.2	102-16	P24
	责任治理	G2.3 G2.4 G3.1 G3.2 G3.3 G4.1 G4.2 G5.1 G5.2 M1.1 M1.3 M1.4 M1.5 M2.14 M3.5 S1.1 S1.2	205-2 419-1	P24-27
	责任沟通	G2.1 G4.3 G6.1 G6.2 G6.3 M3.6 A3	102-12 102-13 102-21 102-29 102-31 102-33 102-34 102-40 102-42 102-43 102-44 102-46 102-47 103-1	P28-31
贴心服务 一心一意	北京公交与 SDGs		102-1	P34
	一人一车一线 一路情			P35
	优化线网	M2.1 M2.6 S1.4 S1.6	413-1	P36-37
	智慧服务	M2.1 M2.5 M2.6 M2.8 M2.12 M2.15		P37
	创新服务	M2.1 M2.2 M2.6 M2.12	413-1	P38-39
	畅享服务	M2.1 M2.4 M2.6 M2.7 M2.8 M2.18 M2.20 M2.22 M2.25 S1.5		P40-41
	公益定位	M2.3 S1.7	203-1 203-2 413-1	P42-43
精心保障 一路同行	北京公交与 SDGs		102-1	P46
	用心将乘客安全送 达每一站			P47
	安心乘车	M2.18 S3.3 S3.10	416-1 416-2	P48-49
	安全管理	M2.17 M2.19 S3.1 S3.2 S3.3 S3.4 S3.5 S3.7 S3.8	103-2 410-1 417-1	P49-51
	安全文化	S3.1 S3.4		P52-53

目　录		CASS-CSR4.0 之公共交通运输服务业	GRI Standards	页码
绿色发展一马当先	北京公交与 SDGs		102-1 302-1	P56
	绿色出行 有你有我			P57
	节能减排	E1.2 E1.8 E1.10 E1.12 E2.1 E2.2 E2.3 E2.5 E2.8 E2.9 E2.12 E2.18 E2.20 E2.22	301-1 302-1 302-3 302-5 307-1	P58-59
	精益管理	E1.4 E1.11 E2.1 E2.16 E2.17 E2.18 E2.21	302-4 305-5	P60-61
	污染防治	E1.5 E1.7 E1.12 E2.4 E2.12 E2.18 E2.22	306-2 306-4	P62
	绿色办公	E1.1 E2.10 E2.14 E2.18 E3.1 E3.2		P63
以人为本一以贯之	北京公交与 SDGs		102-2	P66
	这"1"路 初心如一			P67
	员工权益	S1.9 S2.1 S2.2 S2.4 S2.5 S2.6 S2.7 S2.8 S2.9 S2.20	102-8 401-1 401-2 406-1 405-1 405-2 407-1	P68-69
	激励成长	S2.14 S2.15 S2.16	404-2	P69-71
	倾情关爱	S2.10 S2.11 S2.12 S2.13 S2.17 S2.18		P72-73
和融共生一心一德	北京公交与 SDGs		102-1	P76
	山更绿了 水更清了 村民生活更有奔头儿了			P77
	精准扶贫	S4.6 S4.13 S4.15		P78
	责任采购	M3.1 M3.3 M3.7 M3.8 M3.10 M3.11 M3.12 M3.14 M3.15	102-9 103-2 414-1 414-2	P79
	文明出行	S4.1 S4.2 S4.10 E1.1 E3.6	413-1	P79-80
	社会就业	S1.8 S4.3		P81
	公益慈善	S4.7 S4.10 S4.11 S4.12	413-1	P81
展望未来		A1		P82-83
关键绩效		M1.6 M1.7 M1.8 M2.21 M2.23 S1.3 S2.3 S2.15 S3.6 S3.11 S3.12 E1.12 E1.13 E1.14 E2.5 E2.6 E2.7 E2.13 E2.19 E2.23 E3.2 A2	302-1 302-3 305-1 305-4 305-7 306-2 416-2	P84-85
指标索引		A5	102-55	P86-87
意见反馈		A6		P88

关于本报告

时间范围

2018 年 1 月 1 日至 12 月 31 日，为增强数据可比性和内容延续性，部分内容超出上述范围。

发布周期

本报告为年度报告，是北京公共交通控股（集团）有限公司发布的第 6 份社会责任报告。

报告范围

本报告主要披露了北京公共交通控股（集团）有限公司践行可持续发展，履行社会责任的意愿、行为和绩效。为便于表达和方便阅读，本报告中，"北京公共交通控股（集团）有限公司"也以"北京公交""集团公司"和"我们"等称谓之。

数据说明

本报告中所使用数据均来自公司正式文件和统计报告，所引用的数据为最终统计数据。财务数据如与年度审计报告有出入，以年度审计报告为准。我们保证，本报告发布前所有数据和内容已通过集团公司管理层审核。我们承诺，本报告内容不存在任何虚假记载、误导性陈述和重大遗漏，对报告中数据的客观性和真实性负责。

参考依据

本报告编写参照国际标准化组织《ISO 26000：社会责任指南（2010）》、全球可持续发展标准委员会（GSSB）《GRI 可持续发展报告标准》（GRI Standards）、联合国可持续发展目标（SDGs）、中国国家标准《社会责任报告编写指南》（GB/T 36001-2015）、《中国企业社会责任报告指南（CASS-CSR4.0）之公共交通运输服务业》（CASS-CSR4.0 之公共交通运输服务业），兼顾中国准则和国际准则。

编制过程

前期准备	报告撰写	内容审核	设计发布	反馈计划
● 组建工作小组	● 确认报告框架	● 审核报告内容	● 形成报告设计	● 收集各方反馈
● 同行对标分析	● 编制报告内容	● 确定报告内容	● 公开发布报告	● 部署下步计划
● 收集报告资料				

报告获取

本报告有中文和英文两种版本，均以纸质版和网络版两种形式提供。您可以在北京公共交通控股（集团）有限公司官网 http://www.bjbus.com 下载和阅读 PDF 电子版报告，获取更多关于我们的社会责任信息。

联系地址：北京市丰台区莲花池西里 29 号

邮政编码：100161

联系电话：0086-10-63960088

意见反馈

尊敬的读者：

您好！感谢您阅读本报告。为进一步提升我们的工作水平，同时使下一份报告更符合您的期望，衷心地希望您在以下方面给予反馈与建议。

1. 您对本报告整体是否满意？

□ 是　　　□ 否　　　□ 一般

2. 您所关注的信息在报告中是否都有所体现？

□ 是　　　□ 否　　　□ 一般

3. 您认为报告是否如实反映北京公交的社会责任工作内容和对利益相关方的影响？

□ 是　　　□ 否　　　□ 一般

4. 您在报告中能否方便地找到您所关注的信息？

□ 是　　　□ 否　　　□ 一般

5. 您对报告的排版设计是否满意？

□ 是　　　□ 否　　　□ 一般

6. 您对我们今后社会责任工作和社会责任报告有何意见？

请留下您的信息，我们将严格保密：

联系电话：_____ 电子邮箱：_____

通讯地址：_____ 邮政编码：_____

我们的联系方式：

北京公共交通控股（集团）有限公司 战略和改革发展部

联系地址：北京市丰台区莲花池西里29号

邮政编码：100161

联 系 人：冯帅

联系电话：0086-10-63960088

一路同行　一心为您

北京公交®
Beijing Public Transport

地址:北京市丰台区莲花池西里29号

邮编:100161

电话:0086-10-63960088

传真:0086-10-63962003

网址:www.bjbus.com

北京公交
官方网站二维码

北京公交
官方微信二维码

图书在版编目（CIP）数据

北京公交社会责任报告：2018—2020/北京公共交通控股（集团）有限公司编著 . —北京：经济管理出版社，2021. 9

ISBN 978-7-5096-7751-3

Ⅰ. ①北… Ⅱ. ①北… Ⅲ. ①公交公司—企业责任—研究报告—北京—2018—2020 Ⅳ. ①F512.71

中国版本图书馆 CIP 数据核字（2021）第 195135 号

组稿编辑：张莉琼
责任编辑：张莉琼
责任印制：张馨予
责任校对：王淑卿

出版发行：经济管理出版社
　　　　　（北京市海淀区北蜂窝 8 号中雅大厦 A 座 11 层　100038）
网　　　址：www.E-mp.com.cn
电　　　话：（010）51915602
印　　　刷：廊坊市洪峰印刷有限公司
经　　　销：新华书店
开　　　本：880mm×1230mm/16
印　　　张：18.5
字　　　数：412 千字
版　　　次：2021 年 10 月第 1 版　2021 年 10 月第 1 次印刷
书　　　号：ISBN 978-7-5096-7751-3
定　　　价：198.00 元（全三册）

目录

北京公交
Beijing Public Transport

一切向前走，都不能忘记走过的路

走得再远，走到再辉煌的未来

也不能忘记为什么出发

不能忘记走过的过去

十二时辰转瞬即逝

日出日落每日往复

如清晨日出般蓬勃的干劲

如正午艳阳般似火的热情

如夕阳余晖般温润的服务

如夜深人静时坚定的守候

是北京公交人对初心的铭记、对使命的践行

展望新叶事万千，机遇无限

风雨兼程，回首望，已近百年沧桑

披荆斩棘，唯初心，依旧敢于担当

信守初心如一，砥砺笃行不怠

卷首语

时钟走过，岁月更迭

空间和时间交织流转

路在延伸，延伸之处，城市变迁

穿梭在大街小巷的公交车

温暖人心的公交站台

律动着整个城市空间

回眸往昔千万事，沧桑巨变

让更多的人享受更好的公共出行服务

始终是那一份念兹在兹的初心

初心是本心和本源，是本色和底色

是信仰和理想，是信念和使命

行车万里，初心如一

我们的问候

党委书记、董事长

党委副书记、总经理

2019年，是中华人民共和国成立70周年，也是北京公交值得载入史册的一年。过去一年，我们用汗水浇灌收获，以实干笃定前行。我们以习近平新时代中国特色社会主义思想为指导，认真贯彻市委市政府决策部署，以服务中华人民共和国成立70周年和系列重大活动为重点，充分发挥国企在首都"四个中心"建设中的主力军作用，积极在重大活动交通保障、运营服务质量提升、绿色和谐发展等方面履行首都国企责任，与利益相关方一道，取得了新成绩，共同谱写了北京公交高质量发展的新篇章。

我们牢记国企责任担当，是党和政府可信赖的依靠力量。我们主动服务大局，圆满完成新中国成立70周年庆祝活动、2019年中国北京世界园艺博览会、第二届"一带一路"高峰论坛、亚洲文明对话会"1+3"的政治保障任务，"精精益求精、万万无一失"，得到了中央部门和市委市政府的充分肯定，展现出作为首都国企敢于迎难而上、攻坚克难的责任担当。

我们坚持以乘客为中心，于细微处见真情。广大乘客对美好出行的向往，就是我们奋斗的目标。我们科学优化公交线路，实施准点工程和区域集中调度，着力提升公交服务供给能力。遵循城市治理新理念，进社区、上站台，了解乘客出行需求，聚焦服务重点区域，推进公交走廊建设，得到了中共中央政治局委员、北京市委书记蔡奇"细微处见真情"的批示肯定。落实"村村通客车"，459个行政村实现村村通。以"接诉即办"为抓手，主动向前一步，变"接诉即办"为"未诉先办"，着力解决乘客关切问题，乘客意见办理响应率、满意率、解决率稳步提升。坚持红线意识和底线思维，安全管理融入到交通保障和日常运营等各个环节，荣获"北京市2019年度市级交通安全优秀系统"称号。

我们树立绿色发展理念，守护碧水蓝天。践行"绿水青山就是金山银山"理念，推动绿色发展。大力使用新型环保车辆，淘汰老旧车辆，加大充电桩等基础设施建设力度，打造绿色环保交通，引领绿色出行新风尚。清洁能源和新能源公交车占比80.10%，比例连年攀升。注重公交场站综合开发，实现土地立体、复合利用。加强能耗管理，加快建设节约型企业。推进科技公交，实现扫码乘车，建设电子站牌，方便乘客出行。

我们秉承以人为本，共享发展成果。我们始终与员工、客户等利益相关方共同成长，实现共生发展。关爱每一位员工，为员工提供广阔发展舞台。投身公益事业，落实国家脱贫攻坚和乡村振兴战略，通过帮扶"组合拳"增强北京市密云区南沟村、河北省涞水县等受援地自我造血能力。为残障人士、退伍军人等提供就业机会，协助解决就业问题。积极参与志愿服务，累计服务时长超过50万小时。

2020年是北京公交"十三五"规划收官之年和七年"三六九"改革的最后一年，也是编制"十四五"规划之年和谋划未来五年改革发展之年。站在百年公交历史节点，北京公交将继续秉承"让更多的人享受更好的公共出行服务"的使命，只争朝夕，阔步前行，与利益相关方携手，构建安全、便捷、高效、绿色、经济的现代化首都地面公交体系，为广大乘客创造更加美好出行服务。

走进北京公交

关于我们

北京公共交通控股（集团）有限公司是以经营地面公共交通客运业务为依托，多元化投资，多种经济类型并存，集客运、汽车修理、旅游、汽车租赁、广告等为一体的大型公交企业集团。根据"十三五"发展规划，北京公交确立了城市公共交通运输、公交资产投融资与管理和汽车服务贸易三大主业板块，立足首都，服务京津冀，努力打造国内领先、世界一流的现代公共交通综合服务企业。

我们承担着北京地面公交的主体任务，在北京城市公共交通发展中发挥着重要作用。截至2019年底，北京公交总资产579.46亿元，净资产387.03亿元，共有员工97168人。在册运营车辆31959辆，其中，公共电汽车23685辆。公共电汽车常规运营线路1158条，线路总长27632.10公里，运营多样化线路455条次，年客运量31.34亿人次，日均客运量858.54万人次，公共电汽车年行驶里程12.79亿公里。同时，运营1条现代有轨电车线路——西郊线。

使命
让更多的人享受更好的公共出行服务

愿景
引领公众出行方式，提升城市生活品质，
成为卓越的国际性控股集团

核心价值观
以人为本 乘客至上 创新发展 追求卓越

企业精神
一心为乘客 服务最光荣
真情献社会 责任勇担当

组织机构

北京公交®
Beijing Public Transport

北京公共交通控股
（集团）有限公司 —— 董事会 —— 经理层

监事会

安全与质量监督管理委员会
投资与发展委员会
提名委员会
薪酬与考核委员会
审计监察与法务委员会

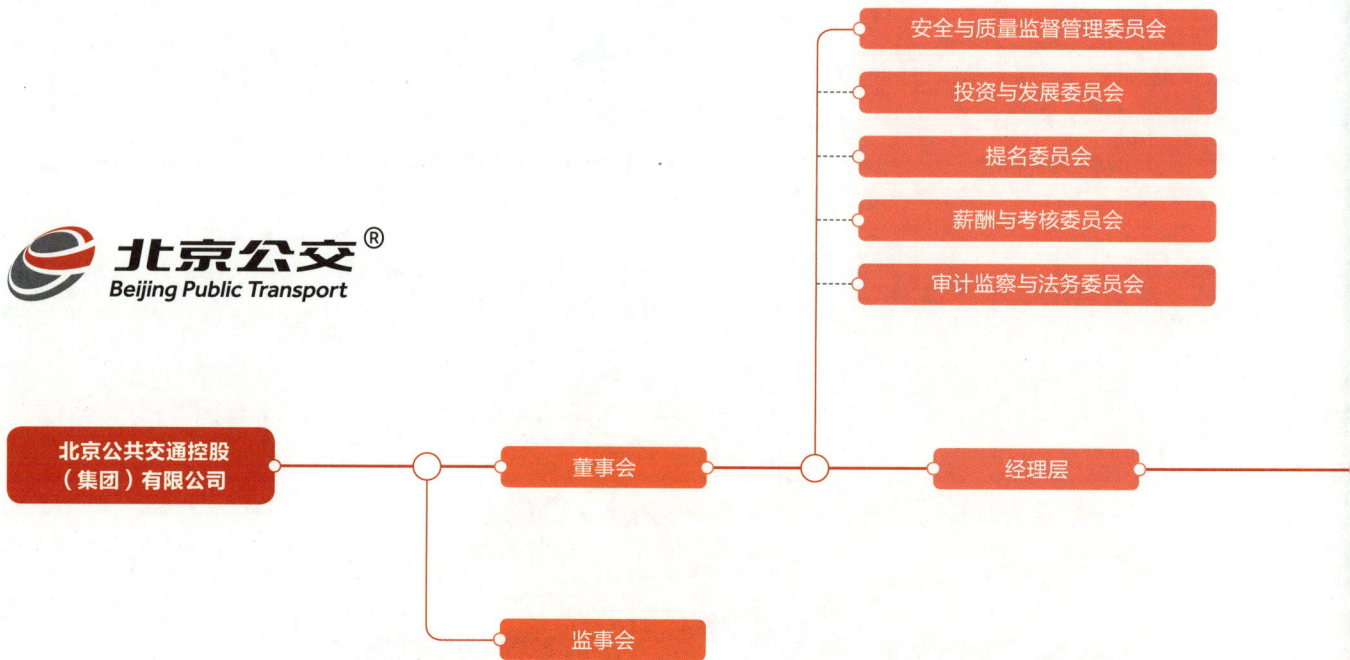

注：截至 2019 年底组织机构。

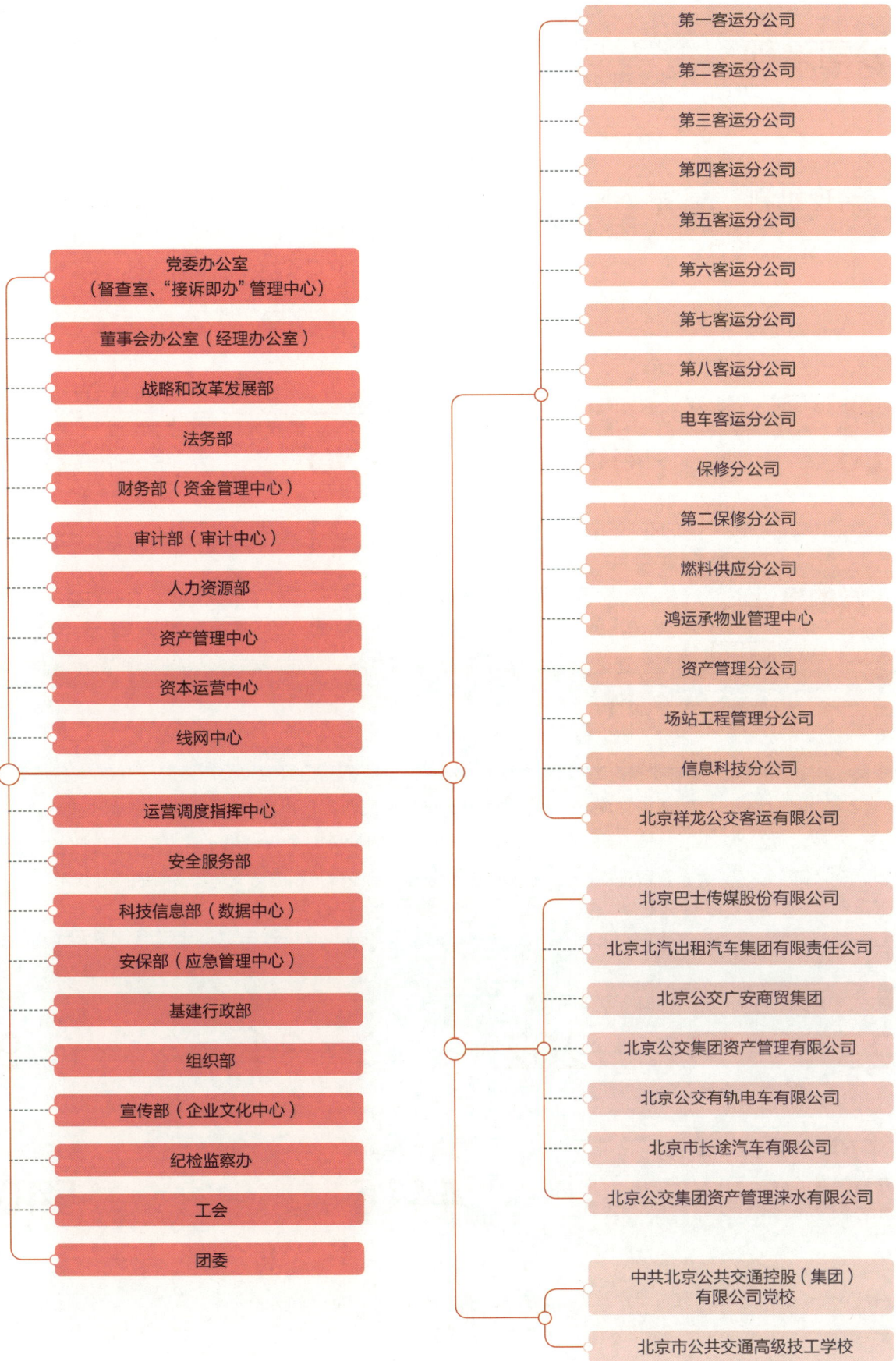

第一客运分公司

第二客运分公司

第三客运分公司

第四客运分公司

第五客运分公司

第六客运分公司

第七客运分公司

第八客运分公司

电车客运分公司

保修分公司

第二保修分公司

燃料供应分公司

鸿运承物业管理中心

资产管理分公司

场站工程管理分公司

信息科技分公司

北京祥龙公交客运有限公司

党委办公室
（督查室、"接诉即办"管理中心）

董事会办公室（经理办公室）

战略和改革发展部

法务部

财务部（资金管理中心）

审计部（审计中心）

人力资源部

资产管理中心

资本运营中心

线网中心

运营调度指挥中心

安全服务部

科技信息部（数据中心）

安保部（应急管理中心）

基建行政部

组织部

宣传部（企业文化中心）

纪检监察办

工会

团委

北京巴士传媒股份有限公司

北京北汽出租汽车集团有限责任公司

北京公交广安商贸集团

北京公交集团资产管理有限公司

北京公交有轨电车有限公司

北京市长途汽车有限公司

北京公交集团资产管理涞水有限公司

中共北京公共交通控股（集团）
有限公司党校

北京市公共交通高级技工学校

公司治理

北京公交坚持党委领导，不断完善治理结构，坚持依法合规运营，加强风险管控，提高管理效率，推动集团公司实现高质量发展。

治理机制

北京公交规范"三会"管理，结合新修订的"三重一大"决策制度和"三会"议事规则完成5个专委会工作规则的修订工作；指导二级单位完成"三重一大"决策制度修订和党委（党总支）会议事规则、经理（校长）办公会议事规则、董事会议事规则修订；加强信息披露，完成信息披露65件，报送企业信息218条。

召开董事会	讨论议题	经理办公会讨论议题	专委会研究议题
10 次	**86** 项	**195** 项	**81** 项

党的建设

北京公交强化党建主体责任，深入开展"不忘初心、牢记使命"主题教育，统筹推进党建、组织、人才等各项工作；全面加强基层党组织建设，加强党性教育，深化学习型党组织建设，用好"学习强国"学习平台，为实现高质量发展提供坚强政治保证和强大的精神动力。

我们推进从严治党向纵深发展，不断拓宽党风廉政教育渠道，为400余名基层纪检委员讲党课，促进党风廉政建设和反腐败工作扎实有效开展；丰富廉政教育载体，继续打造好"一报一刊一网"三位一体的党风廉政建设和反腐败斗争宣传阵地；建设廉政教育基地，充分发挥其在反腐倡廉宣传教育和廉洁文化建设中的重要作用。

召开党委常委会	研究议题	党委中心组集中学习	学习研讨
23 次	**262** 项	**34** 次	**9** 次

规范各级党组织换届工作	开展党建活动	党建培训时长
144 个	**4416** 次	**540** 小时

• 法治公交建设

北京公交推进新时代法治公交建设，充分发挥法治在战略谋划、改革创新、提质增效、高质量发展中的引领和规范作用，全面推进依法治企建设，将法治公交领导小组调整为全面依法治企委员会。发布《标准化工作办法》，规范标准化工作，制定贯标手册，推进知识产权管理。参加国务院国资委和北京市国资委的法治大讲堂，举办首届法治公交建设圆桌论坛，定期开展法治专题培训，策划组织"12·4"国家宪法日宣传教育活动，全面提升全体员工的法治意识和水平。整合内控、质量、能源和知识产权管理体系，强化全面风险管控。加强法律保障，对重大事项、规章制度和经济合同进行法律审核，通过法务360°管理系统实现经济合同全生命周期管控。

新获发明专利	实用新型专利	发布企业标准	参与国家、行业、地方标准制修订
2 项	**3** 项	**7** 项	**4** 项

法治理念

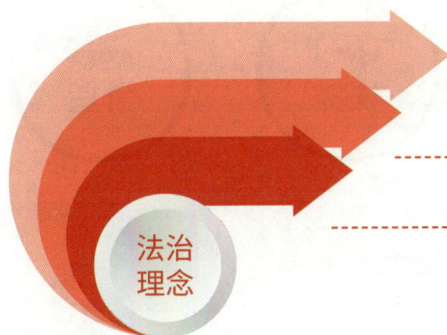

凡是企业的生产经营管理行为都是法律行为

凡是企业的生产经营管理风险都是法律风险

凡是企业的生产经营管理责任都是法律责任

• 审计监督

北京公交不断强化审计监督力度，促进企业内控和经营管理水平的提升；围绕场站资产管理、保修全承修管理等，开展资产管理审计、总成全承修审计、集中采购审计、内部控制审计等专项审计，促进精细管理水平提升；以防范化解重大风险为目标，关注重要业务领域，强化企业经营风险管控能力；以促进企业高质量发展为着力点，强化审计监督，提高业务管控能力和资金使用效益水平。2019年，完成审计项目87项、231项次。

社会责任管理

北京公交将责任铭于心、践于行、落于实，始终坚持"安全、方便、快捷、舒适"的责任理念，持续深化社会责任管理，坚持开展特色社会责任管理实践活动，奋力建设人文公交、科技公交、绿色公交、人民群众满意公交，社会责任管理工作取得积极成效。

责任理念

北京公交始终牢记"让更多的人享受更好的公共出行服务"的企业使命，始终坚持公益性定位，秉承绿色发展理念，围绕首都城市功能定位，致力于缓解城市道路拥堵、减少大气污染、保障城市有序运行，为乘客提供安全、方便、快捷、舒适的出行服务，努力将社会责任理念融入到运营的每一项活动之中，用实际行动诠释着"以人为本、乘客至上、创新发展、追求卓越"的核心价值观。

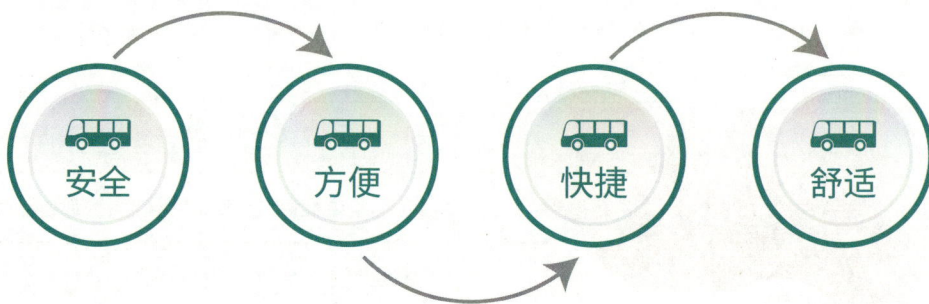

安全　方便　快捷　舒适

︿ 北京公交社会责任理念

责任管理

北京公交不断加强社会责任管理工作，建立权责清晰、分工明确的社会责任管理组织架构，完善社会责任管理制度，推进社会责任理论研究，制定社会责任战略规划和年度工作计划，组织开展社会责任管理培训，有序推动社会责任管理与公司治理、日常运营的有机融合，积极创造经济、社会、环境综合价值，提升责任竞争力。

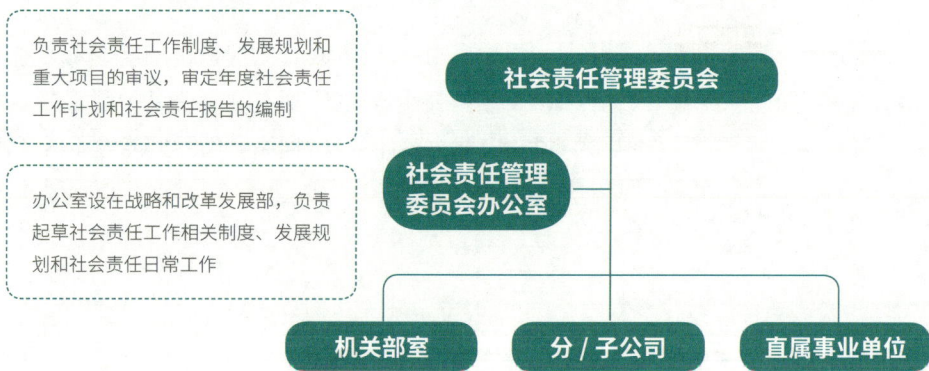

负责社会责任工作制度、发展规划和重大项目的审议，审定年度社会责任工作计划和社会责任报告的编制

办公室设在战略和改革发展部，负责起草社会责任工作相关制度、发展规划和社会责任日常工作

社会责任管理委员会

社会责任管理委员会办公室

机关部室　　分/子公司　　直属事业单位

︿ 北京公交社会责任管理架构

责任沟通

实质性议题

为更深入准确地了解利益相关方的期望与诉求，增强报告的针对性、实质性，北京公交严格遵循实质性议题分析流程，开展利益相关方问卷调查，筛选和披露实质性较强的关键议题。

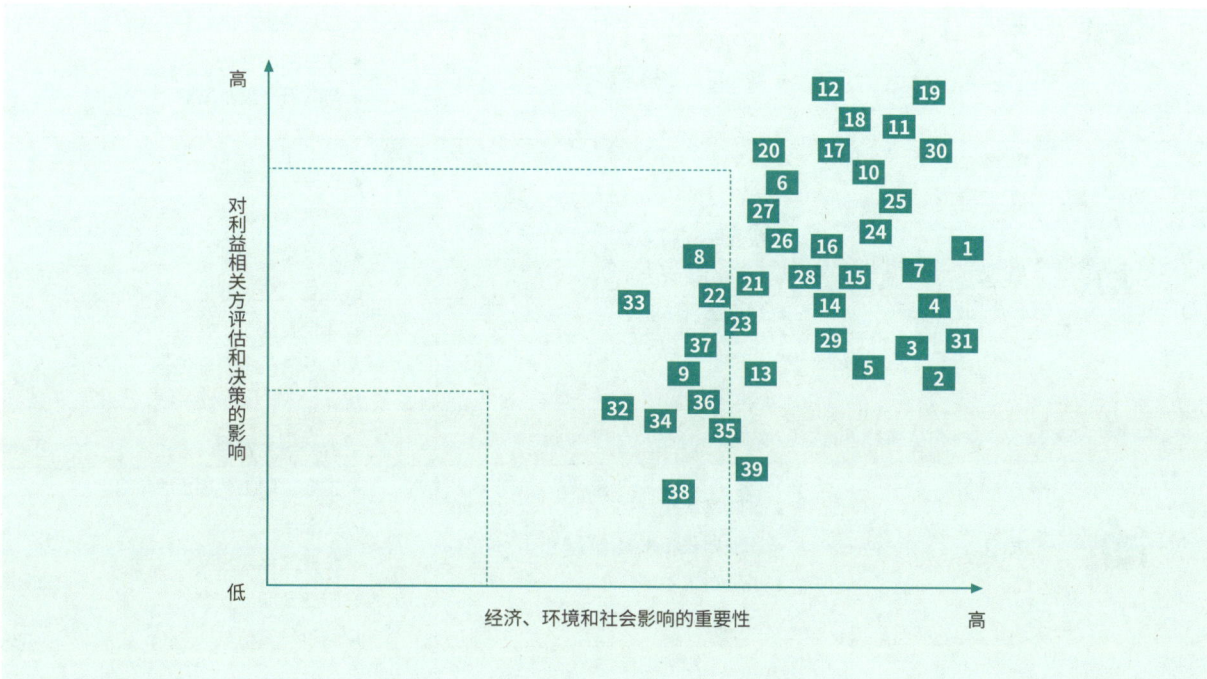

∧ 实质性议题矩阵

1 完善公司治理	11 公交服务便利性	21 培育安全文化	31 节能减排
2 加强党建	12 乘客满意度	22 提升应急保障能力	32 绿色办公
3 依法治企	13 服务京津冀一体化	23 强化安全管理	33 应对气候变化
4 贯彻宏观政策	14 加快信息化建设	24 员工权益保护	34 促进就业
5 深化国企改革	15 科技创新	25 多元化与包容性	35 精准扶贫
6 责任管理	16 "公交＋互联网"	26 职业健康管理	36 传播正能量
7 反腐倡廉	17 重大活动和重要时期保障	27 员工培训与发展	37 倡导文明出行
8 诚信经营与公平交易	18 服务首都发展	28 员工关爱	38 公益慈善
9 引领行业发展	19 保障乘客安全	29 倡导绿色出行	39 志愿服务
10 多样化服务	20 加强公共安全	30 优化能源结构	

利益相关方沟通

北京公交高度重视与利益相关方的沟通和合作，关注利益相关方的核心诉求和主要期望，搭建利益相关方沟通和参与平台，增进利益相关方对我们的认识与了解，主动回应利益相关方关注的重点问题，不断改进和提升我们的社会责任管理工作。

利益相关方	期望和诉求	回应方式
政府	• 守法合规 • 带动就业 • 落实政府交通规划 • 服务区域经济发展	• 合规管理与风险控制 • 依法纳税 • 主动接受政府监督 • 服务京津冀协同发展 • 与政府开展战略合作
乘客	• 优质贴心服务 • 保障出行安全 • 舒适出行体验	• 支持扫码乘车 • 提供票价优惠 • 乘客意见收集反馈 • 成立"接诉即办"管理中心 • 车辆安全常规检查 • 驾驶员行车安全培训
员工	• 保障基本权益 • 职业成长和发展 • 关爱员工生活	• 薪酬福利管理 • 工会、职工代表大会 • 员工培训 • 企业文化建设 • 职业健康与安全 • 困难员工帮扶
行业 / 合作伙伴	• 遵守商业道德 • 促进行业共建	• 负责任采购 • 反不正当竞争 • 开展行业沟通 • 推进科技创新 • 与合作伙伴开展战略合作 • 积极支持行业协会工作
社区	• 传播核心价值观 • 加强社区共建 • 助力公益慈善	• 开展志愿服务 • 助力精准扶贫 • 促进社会就业 • 倡导文明出行
环境	• 遵守环境法律法规 • 保护环境 • 节能减排	• 倡导绿色出行 • 环保车辆运营 • 推进绿色办公

︿ 第四届"首都国企开放日"活动

︿ "绿色出行 智慧交通"交通开放日
暨 2019 年粉丝见面会

︿ 与华为公司开展数字化转型战略合作

︿ 与 Mobileye 公司开展自动驾驶战略合作

︿ 承办 2019 中国(北京)国际公共交通装备与技术展览会

︿ "车长"常洪霞(右一)走进国务院新闻办公室
谈公交出行发展变化

责任荣誉

北京公交、所属单位部分荣誉

荣获
首届全国交通运输行业
"十佳文化品牌"
称号

荣获
"全国五四红旗团委"
称号

荣获
北京市"应急先锋号"
称号

荣获
"北京市 2019 市级交通安全
优秀系统"
称号

荣获
"引擎奖——
2019 中国企业学习与
人才发展创新奖"
称号

荣获
城市公共交通十大创新奖
—— "合乘"定制公交

《城市公交车运营中公共安全管理的创新与实践》荣获
第三十四届北京市企业管理现代化创新成果一等奖
《差异化综合绩效考核制度建设与实施》
《构建实施应审尽审、凡审必严、严肃问责的监督体系》荣获
第三十四届北京市企业管理现代化创新成果二等奖

荣获
"统计诚信示范企业"
称号

北京北汽出租汽车集团有限责任公司荣获
"纪念建国 70 周年阅兵服务保障单位"
称号

北京北汽出租汽车集团
有限责任公司荣获
"北京市 2019 年市级
交通安全优秀系统"
称号

保修分公司四厂
保养五班荣获
"全国青年安全
生产示范岗"
称号

第二保修分公司荣获
"首都劳动奖状"
称号

第五客运分公司荣获
"北京市安全文化示范企业"
称号

第七客运分公司 850 路荣获
"北京市工人先锋号"
称号

部分个人荣誉和奖项

北京公交客服中心原主任
李素丽荣获
"最美奋斗者"
称号

第一客运分公司党委工作部
副部长王际菲荣获
"我有好课程"全国 10 强

第三客运分公司驾驶员
孙崎峰荣获
"全国模范退役军人"
称号

第三客运分公司驾驶员
张颖荣获
"全国巾帼建功标兵"
称号

第一分公司第十二车队调度员
马聃荣获
"第十二届中国青年志愿者优秀个人"
称号

第二客运分公司驾驶员何士成荣获
第五届宇通杯全国公交驾驶员
节能技术大赛"节能能手"
称号

第三客运分公司驾驶员
刘宝中荣获
"北京榜样"
称号

保修分公司保修工邱德运等
6 名员工荣获
"首都劳动奖章"
称号

责任大事记

1月
- 开展"回天行动"，进社区调研市民出行需求
- 与Mobileye公司开展自动驾驶战略合作
- 中共中央政治局委员、国务院副总理刘鹤到四惠综合交通枢纽指导北京市春运工作
- 统筹推进"三迎一创促提升"工程

2月
- 圆满完成春节安全运输服务保障工作

3月
- 圆满完成全国"两会"安全运输保障任务
- 开通农业嘉年华节假日专线
- 与北汽福田举办新能源公交车交车仪式

4月
- 与格力电器签署战略合作协议
- 圆满完成"一带一路"国际合作高峰论坛安全运输保障工作
- 打造"智能·优+"长途客运站
- 实施准点工程，建设信誉公交

5月
- 圆满完成亚洲文明对话大会运输保障任务
- 启动北京公交百年志编纂工作
- 投入使用北京首批公交车移动"充电宝"

6月
- 举办第四届"首都国企开放日"活动
- 与北汽集团开展战略合作，共同出资成立北京福田欧辉新能源汽车有限公司
- 举办以"服务于心、真诚致远"为主题的北京公交车厢服务文化论坛

01 January
02 February
03 March
04 April
05 May
06 June

12月
- 千余部公交车配置主动安全预警系统
- 入选北京市职业技能等级认定第一批试点企业
- 策划组织"12·4"国家宪法日宣传教育活动

11月
- 承办2019中国（北京）国际公共交通装备与技术展览会暨5G时代城市公共交通智慧出行高峰论坛
- 举办2019年"金银方向盘奖"颁奖仪式，144名公交驾驶员荣获"金方向盘奖"
- 12位公交好讲师参加全国总决赛，斩获19项个人奖项；北京公交荣获"重视人才发展最佳企业"和"最佳风采奖"
- 启动能源供应管理体制改革、信息化运维业务重组、长途公司和广安集团合并重组、优化提升区域公交四项改革

10月
- 与华为公司开展数字化转型战略合作
- 不辱使命，确保新中国成立70周年庆祝活动保障任务和国庆期间运输安全保障工作万无一失
- 圆满完成世园会162天的运营保障工作
- 白洋淀水上巴士运营公司正式揭牌
- 启动6.3万退休人员社会化移交属地工作，整体工作进展在市属国企中排名第一

9月
- 扫码乘车服务上线运行
- 成立"接诉即办"管理中心
- 创新运营组织模式，试点推行区域调度

8月
- 对行车安全管理进行配套改革
- 接收祥龙公交公司，首都城区地面公交运营服务实现一体化
- 在房山区落实"村村通客车"
- 中共中央政治局委员、北京市委书记蔡奇在"公交集团不断优化公交线路方便居民出行"的信息上批示：细微处见真情

7月
- 与河北省怀来县签署战略合作协议，联手打造"一站、一镇、一园、一网"TOD生态新城建设体系
- 开通7条夜间接驳专线，持续丰富"回天"地区市民夜间出行选择
- 北京首条高校节假日专线正式开通
- 精准帮扶的密云区南沟村"南山乡居"民宿项目竣工

忆时

与祖国同庆，与时代同行

弹指一挥间，沧桑巨变时。70年前，中华人民共和国成立，开启了中国历史的新纪元。70年来，祖国不断繁荣昌盛，取得了举世瞩目的辉煌成就。作为祖国发展的建设者和见证者，在庆祝中华人民共和国成立70周年大会和国庆期间，北京公交不辱使命，圆满完成保障任务。面向未来，我们将在奋勇前进、砥砺前行中不断发展进步，为祖国的新辉煌、为北京的新发展、为城市的美好出行，时刻贡献北京公交力量。

努力拼搏奉献
献礼祖国华诞

2019年10月1日，庆祝中华人民共和国成立70周年大会上的一场盛大阅兵让全中国人民热血沸腾。作为首都国有企业，北京公交勇于担当、连续奋战、真情奉献、倾心付出，为新中国成立70周年华诞贡献一分力量，累计出动4000多名驾驶员、2000多名辅助保障员，用车2264部，运输各类人员9.44万人次，为庆祝活动的圆满举行做出了重要贡献。

分秒必争
保障活动开展

北京公交建立完整高效的指挥体系，成立总指挥部和30个分指挥部，利用重大活动管理系统开展调度指挥，对174项运输任务、9个重点环节进行全过程实时监控，精密设计路线，严格按照流程与时间进度安排执行各项运输任务。我们完成了长安街三次综合演练和国庆当日的运输服务任务，累计出车1.38万部，运送60.02万人次。

∧ 圆满完成国庆活动人员运输任务

公交国庆彩车团队驾驶

53辆

参加公交国庆群众游行团队的员工

180名

北京公交选拔优秀驾驶员组建公交国庆彩车团队，团队成员历经100余天的近军事化、封闭式训练，熟练掌握彩车驾驶技术。活动当天，团队成员用精湛的驾驶技术圆满完成了彩车驾驶、礼宾车驾驶和重点位置彩车地面调度任务，其中群众游行的70组96辆彩车中公交国庆彩车团队驾驶员参与驾驶的达到53辆。

∧ 圆满完成新中国成立 70 周年庆祝活动保障任务

公交国庆观礼台搭建团队作为北京公交首支进入天安门广场核心区域工作的团队，承担着临时观礼台的转运、拼接和撤场工作，经过100个日日夜夜的刻苦训练，团队成员用一丝不苟、精益求精的工作态度，超标准地完成了各项工作任务，用实际行动向祖国70华诞献礼。

公交国庆群游团队

公交国庆群游团队的180名队员面对烈日酷暑、暴风骤雨，依然坚持按照近军事化的训练标准加强训练，每天训练10小时、徒步10公里已是家常便饭，为的就是展现出公交人的精神风貌。10月1日，公交国庆群众游行团队带着饱满的激情，迈着昂扬的步伐，代表10万名北京公交职工，代表首都交通行业工作者，代表全国交通行业工作者，接受了党、国家领导人和全国人民的检阅。

北汽集团圆满完成国庆活动人员运输任务

北汽集团圆满完成国家勋章和国家荣誉称号获得者颁授仪式等多项交通服务任务，累计运送国庆观礼和联欢活动嘉宾2500名，授勋人员、受阅官兵和观礼嘉宾1.12万人。

多措并举
方便乘客出行

国庆期间累计出车
12.08 万部

客运总量达
4642.21 万人次

9 月 30 日、10 月 1 日两天，
设立"路路通志愿服务岗"
56 处

累计服务时长
8910 余小时

服务乘客达
15 万余人次

广泛宣传

北京公交结合国庆期间客流出行特点和交通管制安排，充分利用官网、微信、微博等新媒体向社会提前公示，让公众尽早了解线路调整情况，合理安排出行路线。

详尽预案

北京公交制定详细调度预案，密切关注交通变化，灵活采取各种应对措施，最大限度地减少对乘客出行的影响。我们提前制定212条影响线路的调整方案，确保线路运营秩序。

科学调度

国庆期间，天安门广场客流量创历史新高，北京公交按照最高假日配车编制行车计划，及时高效缓解天安门地区的大客流压力。

志愿服务

北京公交在全系统招募志愿者1.5万余人，每天早8点至晚6点在全市各重点公交站台、车厢和主要交通路口开展协助乘客上下车、维护站台秩序、义务指路与换乘咨询等志愿服务活动。

∧　国庆期间志愿服务活动

团队激励
专项表彰优秀

新中国成立70周年运输保障任务的顺利完成，离不开每一位坚守工作岗位的北京公交人，离不开每一位不辞辛苦、默默付出的北京公交人，他们分秒必争，用自己的实际行动展现了北京公交人勇于担当的责任品质，分毫不差地圆满完成各项保障任务。

10月11日，北京公交召开2019年重大活动保障表彰会，对8个模范集体、30个优秀集体、379名模范个人、318名优秀个人、83名优秀组织者进行了表彰和奖励。

获得表彰和奖励的
模范集体
8 个

优秀集体
30 个

模范个人
379 名

优秀个人
318 名

优秀组织者
83 名

∧ 2019年重大活动保障表彰会

∧ 获奖团队代表发言

无论是重大活动保障，还是日常运营服务，北京公交人都是一道亮丽的风景。敢于担当，不负使命！我们用每一个细节、每一项服务、每一分努力、每一次参与，确保在国庆运输保障过程中每一个环节不仅"分秒不差"，而且"分秒必争"，展现了公交力量，诠释了公交精神。未来，北京公交人将继续把爱国热情转化为奋发向上的强大动力和实际行动，全心全意服务市民出行，服务首都发展，创建美好未来。

70年创新发展
谱写惠民新篇

70年来，伴随着祖国的繁荣发展，沐浴着改革开放的春风，迎接着新世纪的曙光，北京公交砥砺前行、行稳致远。从百废待兴到蓬勃发展，我们接续奋斗、初心如一，让更多的人享受更好的公共出行服务。

服务更加
优质贴心

从11条线路、164辆运营车辆到1158条线路、23685辆运营车辆，70年来，北京公交紧随北京市经济社会的发展脚步，坚持以乘客出行需求为导向，不断提升运营服务能力和质量，增强安全管理水平，让每一次出行都更美好。

公共电汽车运营线路条数（条）

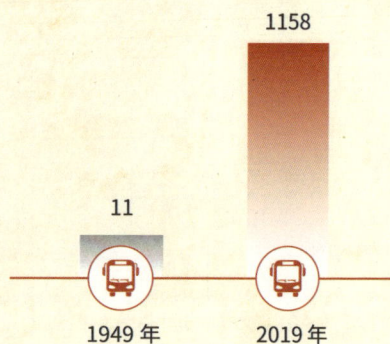

1158

11

1949 年   2019 年

公共电汽车运营线路长度（公里）

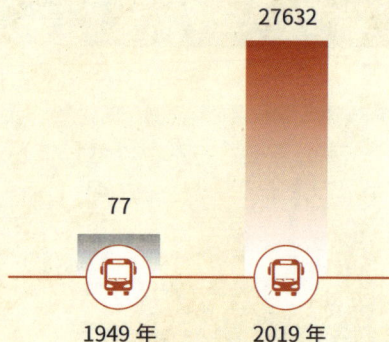

27632

77

1949 年   2019 年

公共电汽车年行驶里程（万公里）

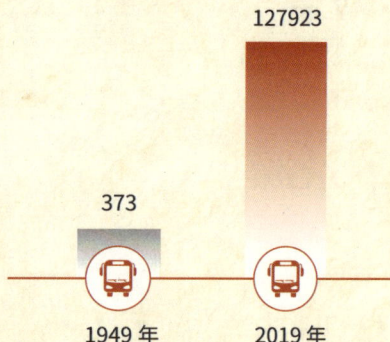

127923

373

1949 年   2019 年

公共电汽车运营车辆（辆）

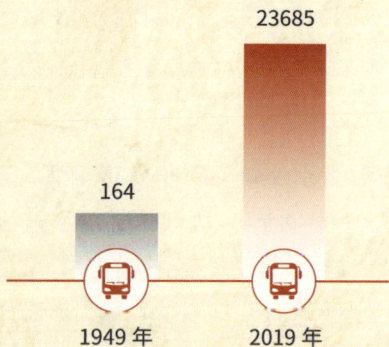

23685

164

1949 年   2019 年

公共电汽车年客运量（万人次）

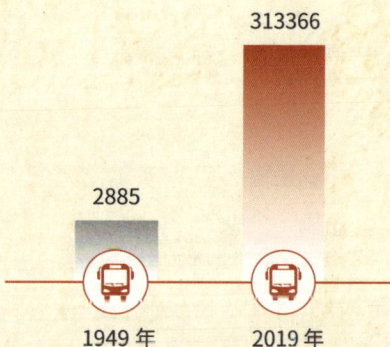

313366

2885

1949 年   2019 年

体验 提升，北京公交车辆经历了
舒适 国产、从传统燃油车到现代
证了古都和时代的变迁，体
新能源车和清洁能源车占比

亍时代同行的北京公交人。从电车公司
难"问题，再到历次重大活动和重要
汗水和砥砺前行的身影。自1950年以
范、先进工作者，为企业的高质量跨

1954 年

善	王运生、胡方明、冯广善
录	程淑秀、葛正中、王振凯
甫	杨茂林、刘百寿、王振寰
民	冀建民、崔文祥、延福坤
鑫	熊笃俊、李华鑫、詹克勤
军	张宝山、周福庆、王学军
(i)	马德宝
金	

56 年　　　　**1955 年**

葛正中　　　　吴良芝
白淑兰

孙文元、李宝山、胡方明
冯广善、程淑秀、白宝琴
葛正中、杨茂林、张文喜
刘百寿、解作明、李治平
（原名中村满）、李文通
冀建民、延福坤、熊笃俊
刘品三、李学堃、马德宝
白玉明、张连城、吴良芝

1981 年　　　　**1982 年**

德、刘玉华、张兆发、周玉兰　　王秀兰
昌、任玉琢、赵淑珍、梁　斌　　刘玉兰
麟、邓秀兰、刘国栋、李玉梅
芳、赵连祥、郑香莲、卢新亮
贵、张华才、张连城

刷码乘车，乘客的登乘效
"更加近距离地走向公众
的红利，让每一次出行都更

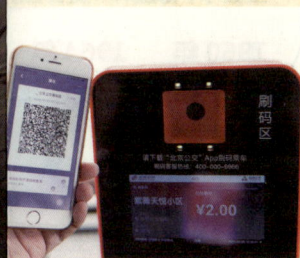

成长

为了您，我们全力以赴

"同心同德，和融共生"是情怀，更是信仰。我们深知肩上责任之重，唯有全力以赴。我们与乘客同行、与政府同行、与员工同行、与社会同行、与伙伴同行、与行业同行，相互促进、携手共建，努力实现乘客满意、政府信任、员工幸福、社会赞誉、伙伴共赢、行业引领，共创首都公交事业美好明天。

用心
奔跑在路上

北京公交以"让更多的人享受更好的公共出行服务"为使命，以提高服务质量为己任，优化线网布局，创新服务方式，改善出行体验，满足乘客多样化的出行需求，为乘客打造更温馨、更舒适、更现代化的出行空间。

让公共出行更便捷

北京公交创新运营服务模式，积极打造品质公交，增强公交与城市功能布局的协同性，为城市可持续发展贡献力量。我们高效实施"回天"地区、城市副中心等地区线网优化，有效推进准点工程建设和公交走廊建设，为乘客出行提供更多便利；采用信息化手段在18处区域试点推行区域调度，98条线路上实施准点工程，提高发车、到达准点率，提升中途间隔匀整度，改善乘客的候车感受。

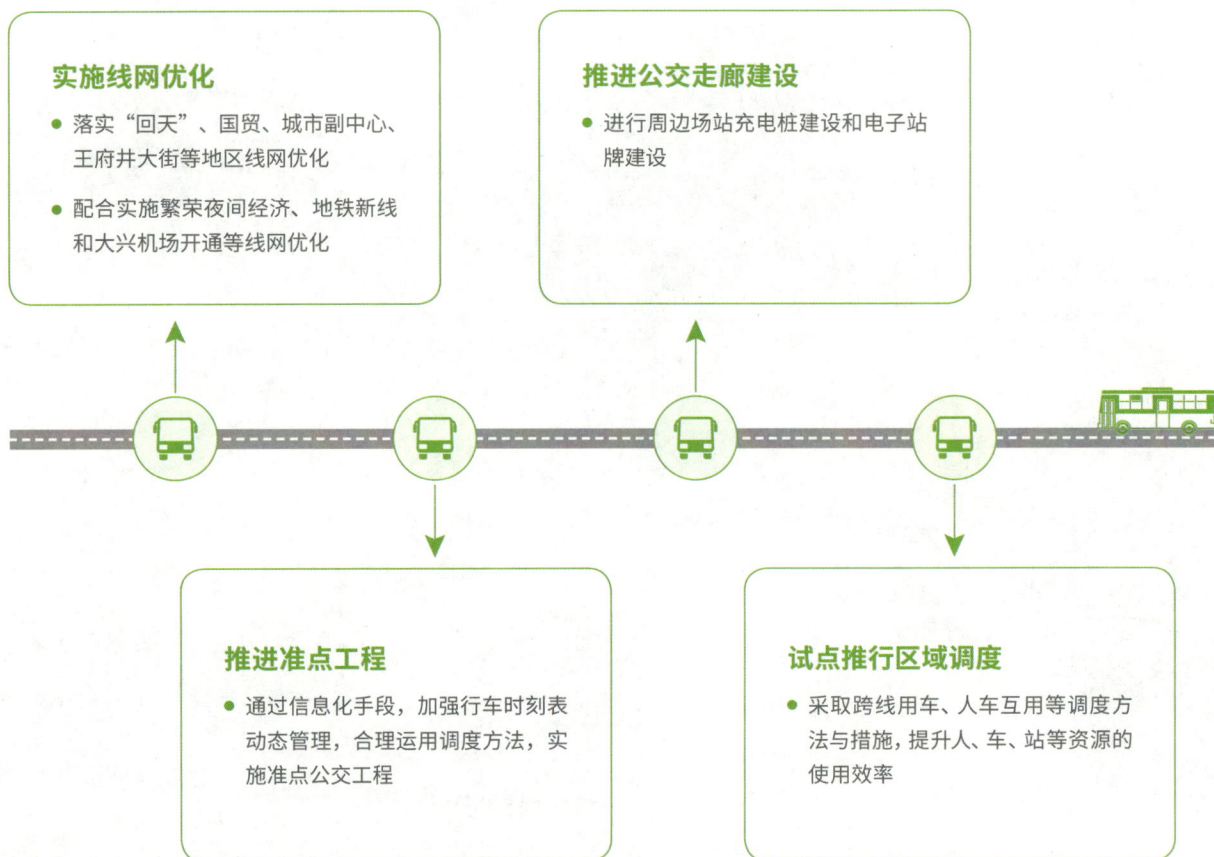

实施线网优化

- 落实"回天"、国贸、城市副中心、王府井大街等地区线网优化
- 配合实施繁荣夜间经济、地铁新线和大兴机场开通等线网优化

推进公交走廊建设

- 进行周边场站充电桩建设和电子站牌建设

推进准点工程

- 通过信息化手段，加强行车时刻表动态管理，合理运用调度方法，实施准点公交工程

试点推行区域调度

- 采取跨线用车、人车互用等调度方法与措施，提升人、车、站等资源的使用效率

︿ 以乘客需求为导向，打造品质公交

案例 "回天"地区线网优化，方便市民出行

中共中央政治局委员、北京市委书记蔡奇
在"公交集团不断优化公交线路方便居民出行"的信息上批示：

细微处见真情

回龙观自行车慢行系统开通后，周边小区前往地铁龙泽站十分不便，如要到小区对面乘坐地铁，需走京藏辅路过街天桥迂回下来才能到达，步行时间较长。为方便周边乘客换乘地铁，第一客运分公司调整专102路、441路、428路、519路4条线路的地铁龙泽站下车站位，带客掉头由路北停车改在路南停车，尽可能减少了乘客换乘地铁的步行距离。

自"回天"地区三年行动计划实施以来，第一客运分公司积极开展"回天"地区线路调研和分析，根据市民意见、客流调查，优化区域线网布局，通过新开4条快速直达专线、新开7条轨道交通夜间接驳专线等举措，满足市民出行需求，增强市民的获得感和幸福感。

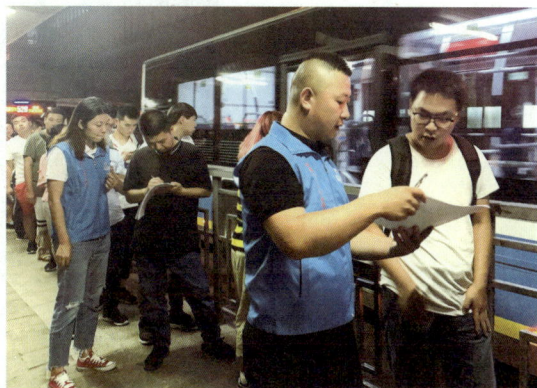

∧ 开展上站台、进社区调研工作

	指标（单位）	2017 年	2018 年	2019 年
运营线路	运营线路总数（条）	1028	990	1162
	公共电汽车线路条数（条）	858	856	1158
	线路长度（公里）	18629.20	18521.24	27632.10
	线网长度（公里）	4870.10	4938.40	7238.60
	站位数（个）	13431	13558	18186
	专字头线路条数（条）	110	112	149
优化线网	优化线路总数（条）	217	123	315
	减少重复线路长度（公里）	932.10	336.00	178.60
	削减重复设站（个）	2140	596	379
	解决有路无车里程（公里）	101.40	68.30	171.40
	方便小区出行（个）	468	267	513

满足您的个性化需求

北京公交充分利用"公交+互联网"模式,丰富多样化公交服务,持续完善旅游公交、定制公交、夜间接驳专线等特色服务;关注乘客需求,开行商务班车、快速直达专线,并增发班次,线路日客运量增长23%;开通春节等节假日期间高校往返火车站的春运专线、古北水镇等节假日专线和地铁北宫门暑期行学专线,满足乘客多样化需求,为乘客提供多样化、差异化、品质化的公共出行服务。

优化多样化线路

176 条次

多样化常态化开行线路

455 条次

开行节假日专线

35 条次

∧ "五四"专车

旅游公交

中标 2019 年度旅游公交政府购买服务项目

多样化公交服务

常态化线路

采取调整、加车、停驶等措施,日客运量从年初的 3.9 万人次增长至 4.8 万人次

夜间接驳专线

通过客流分析、广泛征求建议,开通 9 条夜间接驳专线

世园会保障线路

开通 17 条世园会保障线路,推出了"世园会 + 公交"联票

打造智慧出行新模式

创新驱动，引领发展。北京公交不断促进智能公交领域的新技术应用，助力公交运营服务模式创新发展，打造城市智慧公交。2019年，我们持续提升数字化、智能化运营水平，推进智能调度系统应用和新功能开发工作，为乘客提供更加贴心的服务。

2019 年智能技术应用情况

实现车辆分布和运营车辆状态、位置的实时监控，完成11个业务系统的数据共享

完成调度应急指挥分中心建设，开发北京公交智能调度系统 - 大型活动指挥平台

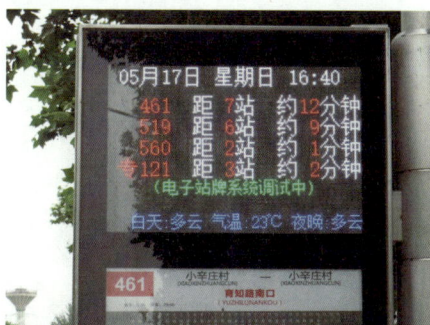

支持二维码刷码乘车和宣传推广"北京公交"App

完成5065部运营车辆的三合一车载定位设备换装工作；研发新型调度辅助一体化设备，在71个场站推广使用

在回龙观、两广路等城六区部分主要道路建设公交电子站牌1004个，实现车辆到站预报等信息化服务

> 运营调度是贯穿公交运营生产组织的链条。北京公交聚焦运营效率、服务品质、产业发展的全面提升，深化数据资源互联互通，致力于打造城市智慧公交。我们围绕'标准化、数字化、精细化'，从计划层面、指挥控制、队伍建设等各个环节入手，持续推动区域调度建设，借助远程信息化、自动化平台，实现调度模式、调度体系等方面的优化，提升调度指挥能力。坚决履行好'让更多的人享受更好的公共出行服务'的企业使命，为即将到来的2022年冬季奥林匹克运动会运输保障工作贡献'北京公交'力量。

徐立泉
北京公交运营调度指挥中心经理

△ 北京公交智能调度系统 - 大型活动指挥平台

△ 电子站牌

以乘客满意为不懈追求

让乘客满意是我们追求优质服务的不竭动力。北京公交重视乘客沟通和反馈，建立线上线下并行的多样化沟通服务渠道，与乘客进行充分互动，及时、全方位地了解需求，为乘客提供更加贴心、有温度的服务，不断提升乘客满意度。

多元沟通渠道

北京公交注重倾听乘客心声，积极构建多元化沟通渠道。在利用服务热线、社会监督等传统手段听取乘客建议和意见的基础上，我们充分发挥微信、微博、抖音等新媒体作用，开展粉丝见面会、故事征集等活动，与乘客进行深度互动交流，提升品牌影响力。2019年，我们按照"主动问需、未诉先办"的原则，进社区、上站台，了解乘客出行需求，累计在370个社区、630个站台调研，发放问卷3.9万份，梳理线路间接驳现状，研判增移站可行性，对215条线路增设站位，变"接诉即办"为"未诉先办"。

截至 2019 年底

官方微博粉丝数达到 **333** 万

官方微信粉丝数突破 **69** 万

- 96166 交通服务热线
- 12345 市非紧急救助服务热线
- 12328 市交通服务监督热线
- 政风行风热线和公交网站信箱

四线一箱

社会监督
- 从人大代表、政协委员和热心乘客等社会各界人士中聘请社会监督员，倾听意见建议，提升服务质量

满意率调查
- 聘请第三方对乘客满意率进行调查

新媒体平台
- 充分发挥微博、微信、抖音等新媒体的作用，与乘客进行互动沟通

∧ 多元沟通渠道

收到乘客表扬锦旗 **134** 面

乘客满意率 **93.2** %

乘客原始意见 **12.1** 件／百万人次

为更好地服务乘客，提高乘客满意度，2019年北京公交成立"接诉即办"管理中心，通过制定相关制度，明确乘客意见接办职责划分清单、考核标准、督办原则、转办流程和答复规范等内容，高效完成乘客诉求办理。我们建立与12345市非紧急救助服务热线定期沟通机制，24小时签收下达热线派单；建立重点问题会商机制，认真做好频发、重点、挂账问题督查落实，满足乘客诉求。

"接诉即办"成效显著，热线退单大幅减少，乘客意见办理响应率、满意率、解决率稳步提升，平均综合得分由80.03分上升至95.47分。

奉献优质服务

北京公交严格管控服务质量，尊重并采纳乘客建议，全面提升车厢服务水准和行业文明水平。2019年，我们在9条服务特色突出、社会影响较大的线路上增设了"车厢文化"，对企业文化、传统文化、中华美德进行广泛的车厢宣传，提升了乘客乘车体验；评选出10条优质服务示范线路、100个优质服务示范车组、700名优质服务示范员工，推动服务品质持续提升；开展多项专项活动，不断强化全员车辆清洁意识，规范乘务人员用语、行为和仪表仪容，为乘客提供更加贴心舒适的乘车服务。5.4万余人次参与到车辆清洁日活动中，清洁车辆12万余车次，更换破损标识1.5万余张。

∧ 车厢文化实景

为聚合服务发展新理念，铸就品质升级新力量，2019年我们举办了以"服务于心、真诚致远"为主题的车厢服务文化论坛，广泛邀请专家学者、劳模先进，围绕公交发展趋势、服务现状分析、乘客出行需求、公交精神传承等内容进行了主题发言，170余名各界嘉宾和员工现场参与论坛，各基层车队分别收看了论坛录像，进一步营造了"一心为乘客、服务最光荣、真情献社会、责任勇担当"的浓厚氛围。

我们致力于让每个人都能享受到便捷的公共出行服务，积极推进无障碍设施建设，建立服务联动机制，提供精准服务，用暖心关爱为老年、残障人士的出行保驾护航。

∧ 举办车厢服务文化论坛

∧ 帮助残障人士顺利乘车

立足首都 服务京津冀

为支持首都重点工程，北京公交积极开展场站导改和交通组织变更配套线路调整工作，结合天通苑北公交场站启用，制定公交线路进驻方案，调整引入24条线路。我们通过新开与调整常规公交线路、增设与调整通济路站位、新建规划公交场站，不断满足城市副中心乘客的出行需求。

我们通过房山区等公交村村通建设，提升农村改革创新能力，助力北京城乡一体化建设。通过新开4条、调整1条线路，解决房山西苑村等5个村村民出行问题；对森水村等不具备公交通行条件的建制村，使用5部小型车辆，以多样化服务委托经营的方式开通村村通专车，实现了全市行政村"村村通客车"的要求。

∧ 村村通线路

五一劳动节和端午节期间，
白洋淀景区每日出车

20 部

免费运送乘客

77138 人次

北京公交围绕京津冀协同发展战略，以远郊区作为支撑点，对822路等公交线路增设站位、延长营业时间，进一步方便乘客出行。

```
              多举措服务京津冀协同发展战略
```

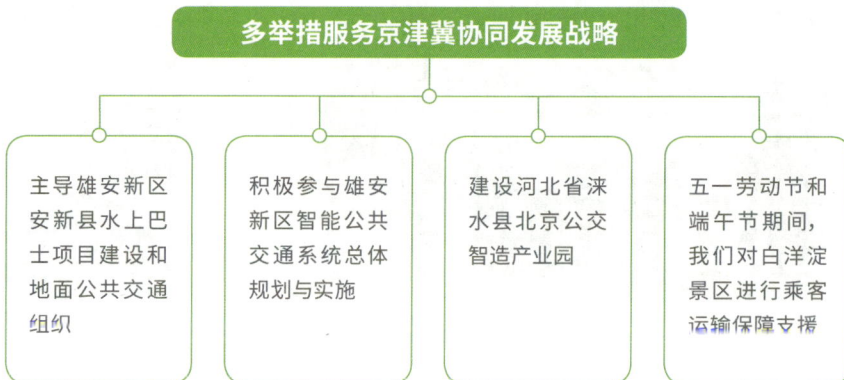

| 主导雄安新区安新县水上巴士项目建设和地面公共交通组织 | 积极参与雄安新区智能公共交通系统总体规划与实施 | 建设河北省涞水县北京公交智造产业园 | 五一劳动节和端午节期间，我们对白洋淀景区进行乘客运输保障支撑 |

承担政治任务和重大活动保障

北京公交发挥强大的服务保障能力，圆满完成中华人民共和国成立70周年庆祝活动、第二届"一带一路"国际合作高峰论坛、2019年中国北京世界园艺博览会、亚洲文明对话大会、全国"两会"等重大活动和重要时期的交通运输保障、车辆反恐和防抛撒任务。我们还落实春节、清明节、中秋节等节假日客运保障要求，确保满足市民节假日出行需求。

2019年中国北京世界园艺博览会期间，我们开通了17条保障线路，推出了"世园会+公交"联票，引导公交绿色出行。在162天的保障过程中，累计出车21310部，发出车次58243次，运送乘客189.38万人次，全过程加强交通服务安全管理，实现了行车安全"零事故"，获得了市委市政府的高度认可和社会广泛赞誉。

162天保障累计出车
21310部

发出车次
58243次

运送乘客
189.38万人次

服务2019年中国北京世界园艺博览会

服务亚洲文明对话大会

安全送达
每一站

安全是城市交通行业可持续发展的基础。北京公交始终把乘客的生命安全放在首位，强化安全管理规范、加强安全预防宣传教育、积极营造安全文化氛围，不断优化安全防控体系，加强科技创安，用心做好乘客和员工的安全保障工作。

为您提供安全的乘车环境

北京公交重视乘客安全，通过人防、物防、技防等多形式提升安全运营水平，注重管理细节，全面防范各类安全事故的发生，确保乘客安全出行。

开展多种形式的安全检查和行车安全管理人员培训

使用隐患排查信息系统，强化安全隐患排查能力

行车安全举措

应用安全科技创新技术，提高驾驶员安全驾驶水平

聘请 90 余名交通民警担任公交行车安全监督员

组织 2500 多名班组长参与安全管理工作

检查
65.3 万余车次

检查出各类问题超过
2.5 万项次

利用隐患排查系统下发检查任务
4839 项

整改安全隐患
1654 条

项目		2017 年	2018 年	2019 年
人防、物防、技防	乘务管理员（名）	43842	43842	45747
	封闭电子围栏（处）	410	500	500
	一键报警系统（辆）	12520	12520	12520
	自动识别系统（辆）	9000	13000	14000

我们加大科技创安力度，研发了车辆动力电池远程监控系统，提升车辆重点部位突发情况预防和监控水平；在运营车辆配备GPS、主动安全预警系统、车载视频系统、驾驶员异常行为判别系统等，24小时进行远程视频监控，及时纠正驾驶员在行车中的不良行为；推广行车安全作业指导书，全面分析线路运营风险隐患，利用专业会议、手机微信、调度室大屏等渠道开展驾驶员线路安全教育，提高驾驶员安全行车水平，降低驾驶员发生事故的概率。

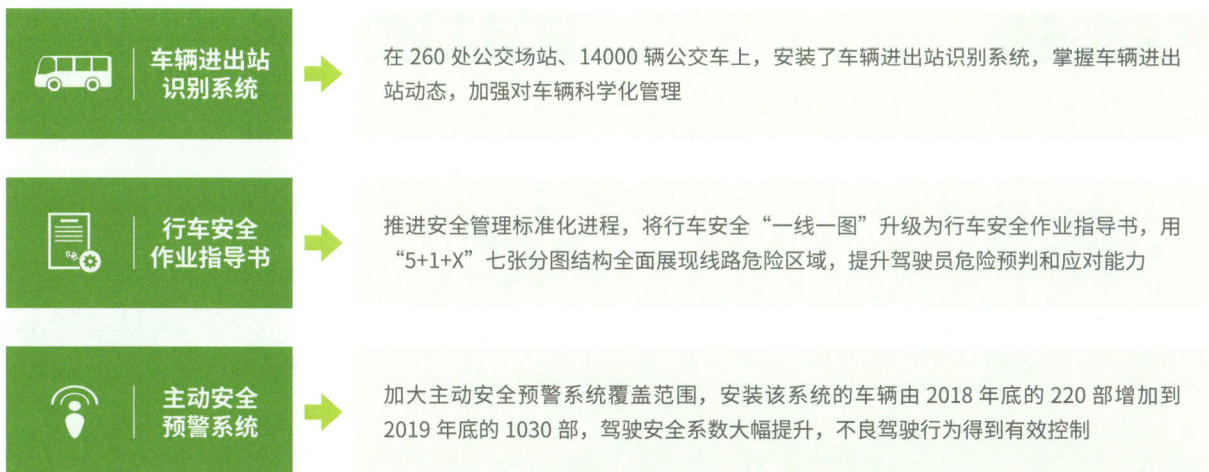

车辆进出站识别系统	在 260 处公交场站、14000 辆公交车上，安装了车辆进出站识别系统，掌握车辆进出站动态，加强对车辆科学化管理
行车安全作业指导书	推进安全管理标准化进程，将行车安全"一线一图"升级为行车安全作业指导书，用"5+1+X"七张分图结构全面展现线路危险区域，提升驾驶员危险预判和应对能力
主动安全预警系统	加大主动安全预警系统覆盖范围，安装该系统的车辆由 2018 年底的 220 部增加到 2019 年底的 1030 部，驾驶安全系数大幅提升，不良驾驶行为得到有效控制

∧ 2019 年安全新技术应用情况

筑牢安全根基

北京公交不断完善和健全安全管理体系，形成了"安全第一、预防为主、从严管理、狠抓落实"的"十六字"安全管理指导方针。加强安全培训、开展安全应急演练、增强反恐应急处突能力、维护信息安全，筑牢安全根基。我们对行车安全管理进行配套改革，修订、调整、实施新的保险方案；建立行车事故管理新机制，各客运分公司组建行车事故处理中心；建立保险经纪服务新机制，保险经纪服务公司专业团队直接参与行车事故处理、法律诉讼、保险理赔和数据分析；各基层车队安全管理人员心无旁骛地将精力全部投入到行车安全预防教育工作。

妥善处置运营车辆上的各类突发事件
4802 起　**5163** 人次

劝阻乘客携带易燃易爆危险品乘车
579 起

协助处理其他治安问题
542 起

开展安全演练
5310 次

参与人数
95600 人次

培训教育
11.5 万余人次

参加"18 个怎么办"安全教育培训的员工比例
100 %

安全培训

- 举办安全管理人员培训、"天地联络、立体救援"应急演练、严重交通违法人员培训班和事故处理专业力量培训
- 举办 2019 年度驾驶员安全文明驾驶教育培训考试，近 4 万名在岗运营驾驶员参加考试

信息安全

- 2019 年推出的"北京公交"App 严格遵守《网络安全法》，符合 GB/T 35273-2017《信息安全技术个人信息安全规范》标准，通过"国家信息安全等级保护三级"测评

安全稳定

- 制定和完善各项规章制度，与各单位签订安全稳定责任书
- 健全应急响应体系建设，制定突发事件应急管理办法，完善突发事件信息报送体系
- 推动"互联网＋信访"深度融合，打造"阳光信访"新系统，建设网上信访办理信息系统

反恐应急处突

- 根据重庆万州事件，制定车厢驾驶舱防护标准；开展反恐防范宣传教育；成立军都培训基地，提升乘务管理员队伍素质水平
- 组织开展大型反恐应急处突演练和反恐防范措施安全检查
- 在重点场所建设微型消防站并组织相关培训

∧ 安全运营管理措施

> 短期安全靠运气，中期安全靠管理，长期安全靠文化。作为百年老企业，北京公交在加强安全管理的基础上，十分注重企业安全文化建设。我们把行车安全工作的重心放在预防事故的发生上，切实抓好安全预防教育、职业素质教育，在员工中牢固树立安全意识、遵章守纪意识；坚持不懈抓好日常的监督检查，及时发现和纠正问题，把事故消灭在萌芽状态。2021 年北京公交将迎来百岁生日，我们将以强烈的责任感，自觉树立履行职责就是守护安全、呵护生命的意识，为安全筑起一道坚实的防护墙。

杨斌
北京公交安全服务部经理

案例　加强突发应急处置演练，实施快速反应

北京公交协调保险公司、保险经纪公司和999急救中心，打造"天地联络、立体救援"体系。在道路拥堵，地面救援受阻无法实施的紧急情况下，利用直升机参与救援，快速将重伤乘客送往医院使其得到最及时的救治。

∧ 开展以大货车追尾刮撞公交车为内容的事故应急演练

营造良好的安全氛围

∧ 北京公交党委书记、董事长王春杰为"金方向盘"获奖者颁奖

北京公交注重企业安全文化建设，将"安全发展，共享安全"理念融入运营中。我们通过设立"金银方向盘奖"、开展行车安全文化论坛、班前宣誓、安全诵读等一系列安全文化活动，努力培育全体驾驶员牢固树立"安全第一，生命至上"安全行车文化理念，提高驾驶员安全行车、遵章守纪的责任意识，营造安全运营氛围，让安全运营成为北京公交人的一种习惯。

- 以"筑牢安全之基，把稳平安之舵"为主题举办第二届行车安全文化论坛

- 以日常教育内容为重点开展诵读工作
- 为近4万名运营驾驶员配发安全专业会笔记本，推行安全管理人员批阅专业会笔记的教育方式

- 坚持每月举办两次（11日、22日）"礼让斑马线"主题宣传日，开展路口安全宣传、引导、检查等活动

安全文化建设活动
（行车安全文化论坛・安全诵读、笔记批阅・安全宣誓・设立"金银方向盘奖"・"礼让斑马线"宣传日）

- 驾驶员班前宣誓
- 重大活动前行车安全专业管理人员迎保宣誓

- "金方向盘奖"对安全行驶累计达到100万公里的男驾驶员、80万公里的女驾驶员予以奖励
- "银方向盘奖"对安全行驶累计达到60万公里的男驾驶员、50万公里的女驾驶员予以奖励

∧ 安全宣誓

∧ "礼让斑马线"主题宣传日活动

∧ 安全生产宣传咨询日活动

6月16日是北京市交通行业安全生产宣传咨询日，我们通过主题展板展示、发放宣传折页和手册、安全知识有奖问答活动、循环播放安全宣教视频等方式，向社区居民宣传交通、用电和消防安全、综合安全生产等安全知识。

设立宣传站
154 处

5000 余名员工接待社会各界人士咨询
3.7 万余人次

设立咨询台
311 处

发放安全生产、应急避险知识资料
2 万余份

展示安全应急黑板报和宣传展板
86 块

∧ 安全生产宣传咨询日期间活动开展情况

让绿水青山
留在身边

北京公交始终坚持绿色发展理念，希望通过持续努力，让每一次出行更加绿色，使城市的发展更加绿色，让绿色成为北京交通的底色，让绿色发展理念成为千万市民的广泛共识。

● 绿色出行
让你我同行

北京公交不断优化车辆结构，淘汰老旧车辆，启用更加环保的新能源车辆，提升新能源和清洁能源使用比例，加大充电桩建设力度，扩大充电站覆盖范围，最大限度地减少车辆运行对环境造成的影响，让每一次出行都更加绿色环保。2019年，在用充电站149座，在用充电桩1070台。同时，我们将绿色环保理念融入公交场站建设过程之中，创新公交场站建设方式，集约化利用土地资源，采用新型工艺和新型材料，降低场站运营对环境的影响。

马秋生
北京公交基建行政部经理

" 面对日益紧张的城市用地和公交场站建设之间的矛盾，北京公交一方面深度挖掘现有场站利用潜能，另一方面优化设计理念，最大限度减少土地使用面积。以二通厂公交场站和立体停车楼项目为例，该项目占地14800平方米，但总使用面积达到27564.17平方米，可以停放169辆纯电动公交车、84辆小轿车，同时配建20个公交车充电桩，比传统平面停车方式节约81.70%的土地资源，为土地资源的集约化利用提供了一种新的模式。"

△ 二通厂公交场站和立体停车楼项目效果图

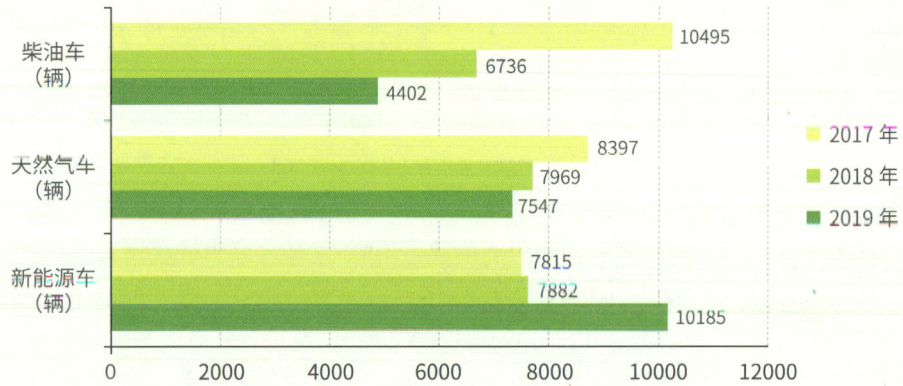

	2017 年	2018 年	2019 年
柴油车（辆）	10495	6736	4402
天然气车（辆）	8397	7969	7547
新能源车（辆）	7815	7882	10185

△ 2017~2019 年各项能源车辆数量变化

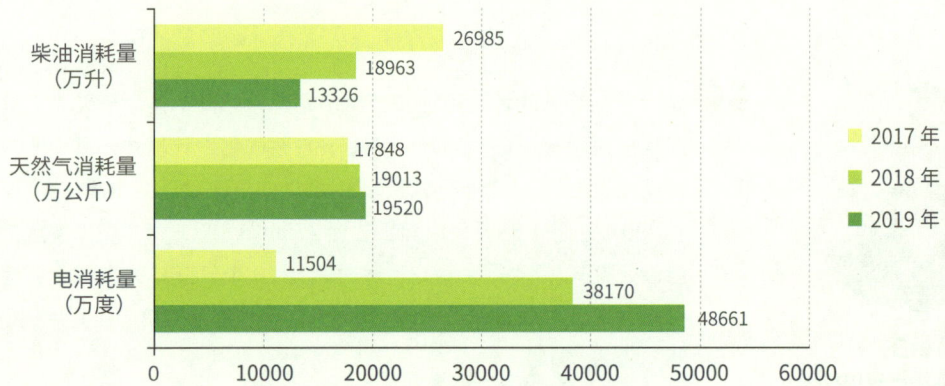

	2017 年	2018 年	2019 年
柴油消耗量（万升）	26985	18963	13326
天然气消耗量（万公斤）	17848	19013	19520
电消耗量（万度）	11504	38170	48661

△ 2017~2019 年各项能源消耗情况

案例　降低污染，营造清洁环境

大型应急移动充电车以其满载电量1400千瓦时的独特优势，被称为公交移动"充电宝"，备受关注。作为北京公交纯电动公交车能源保障单位，隆瑞三优公司已配置四辆应急移动充电车，并于2019年亚洲文明对话大会举办期间正式投入使用，为多处公交场站提供了应急保障服务，充分发挥了其公交移动"充电宝"的优势作用，有效保障了纯电动车的充电服务，为首都市民的绿色出行保驾护航。

△ 应急移动充电车

节能减排 从细节开始

北京公交有效强化能耗管理,加强绿色技术的推广应用,提升污染物管理和处置能力,节约能源消耗,增强环境治理能力,将节能减排的理念落实到车辆运营和管理的每一个环节当中。

2019 年减排污染物

137.48 吨

车辆环保投资约

12529 万元

加强能源监督管理

北京公交围绕节约型企业建设,不断细化节能管理措施,制定多项管理制度,深入挖掘节能降耗潜力,持续开展节能降耗工作,通过采取签订节能责任书、加强指标分析、建立运营车辆节能考核评价制度等多重举措,不断加强能源监督管理,提升能耗管理水平,多家分公司均取得了能源管理体系认证,有效提高了能源管理和环境管理的效率和水平。在北京市生态环境局、中共北京市委宣传部等联合举办的第三届"我是环保明星"评选活动中,北京公交因2019年环保工作成效显著被评为"环保明星"。

> 北京公交有轨电车有限公司将绿色发展融入公司日常运营,制定形成《能源、环境管理体系手册》,实现对公司能源和环境管理工作的动态监控。2019 年,不仅顺利取得能源管理体系认证证书和环境管理体系认证证书,而且完成月度综合能耗小于 0.104 吨标准煤 / 百公里的管控指标,达到国内领先水平。我们大力倡导绿色出行理念,促进公众提高绿色出行意识,希望通过共同的努力让环境更加美好。

韩从笔
北京公交有轨电车有限公司党委书记

加强用能监管考核,签订节能责任书

加强设备用能管理,从严设备用能考核

保修单位组织人员上路服务,帮扶客运单位开展节能工作

加强能耗管理 建设节约型企业

加强指标分析,利用信息技术、辅助节能管理,提高驾驶员节能的主动性和积极性

加强车辆使用管理,提高驾驶员节能操作、规范操作水平

加强车辆维护保障,确保发动机工况、车辆技术状况满足节能需求

组织环保培训

北京公交积极举办环保法规相关知识培训、危险废弃物环境管理相关知识培训与能源管理体系培训，不断提高环保控制工作水平，确保对环境的负面影响降到最低。2019年，累计开展环境保护培训166次，培训员工61225人次。

严格污染物管理

北京公交高度重视尾气、噪声、危险废弃物的管理与处置，加强车辆尾气、噪声的检查与治理，对于尾气排放不合格车辆坚决禁止上路，对于噪声不合格车辆及时进行整改，严格遵循国家有关规定处理危险废弃物。2019年，停驶检修尾气不合格车1474辆次，治理噪声不合格车65辆次，处理危险废弃物2015.30吨。

指标（单位）	2017 年	2018 年	2019 年
节电（万度）	1192	4591	4633
节气（万公斤）	818	447	491
节油（万升）	948	573	438

绿色办公
从点滴做起

北京公交积极倡导绿色办公，提升办公自动化水平，不断降低办公场所和工作中对环境的不利影响，号召员工从我做起，从小事做起，节约每一滴水、每一张纸、每一度电，提倡绿色出行，进一步增强员工环境保护意识。

节能照明设备

及时关闭电源

"无纸化"办公

绿色办公
系列措施

使用节水器具

空调温度限定

绿色出行

平凡中的极致

每一个看似平凡的岗位都肩负着不平凡的责任, 每一位看似平凡的北京公交人都创造着不平凡的价值。北京公交珍视每一位员工, 为员工提供更具潜力的发展空间, 关爱员工工作与生活, 提高员工的积极性、主动性、创造性, 努力让每一位公交人感到幸福与快乐, 创造属于自己的不平凡。

尊重每一位员工

北京公交将每一位员工视为宝贵财富, 构建健康和谐的劳动关系, 始终坚持平等雇佣, 充分保障员工的各项合法权益, 不断健全福利保障体系, 强化民主管理, 畅通员工沟通渠道, 让每一位员工都感到充分被尊重。

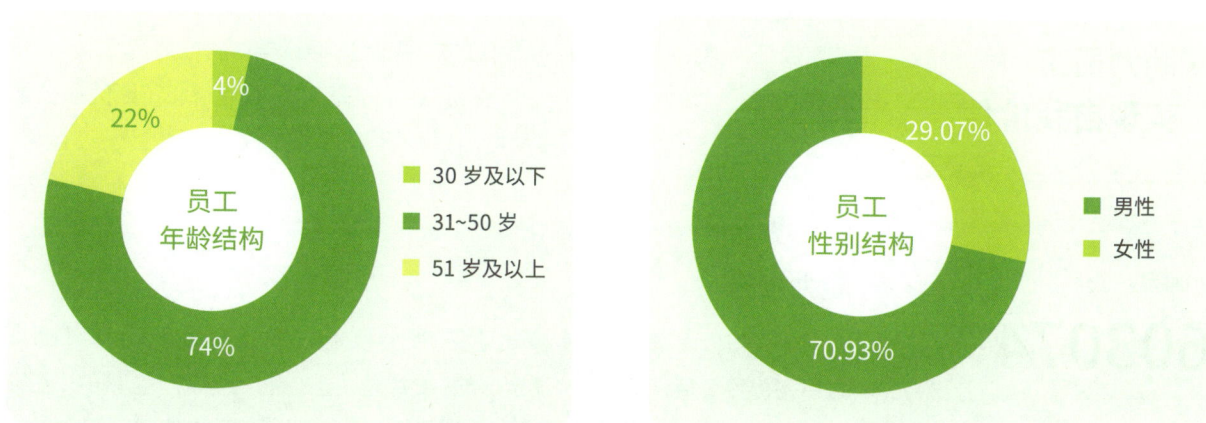

员工
年龄结构

- 4%
- 22%
- 74%

- 30 岁及以下
- 31~50 岁
- 51 岁及以上

员工
性别结构

- 29.07%
- 70.93%

- 男性
- 女性

劳动合同签订率

100%

平等雇佣

我们关注员工权益保护, 严格遵守各项劳动法律法规和有关政策规定, 坚持多元化招聘原则, 坚决反对歧视和强迫劳动, 坚决禁止雇佣和使用童工, 充分保护员工个人隐私, 为每一位员工提供平等的就业环境。

社会保险覆盖率

100%

薪酬福利

我们持续完善以业绩和激励为导向的薪酬体系, 进一步优化工资管理制度, 明确岗位划分标准, 向技能人才倾斜, 细化绩效考核管理体系, 为员工缴纳"五险二金", 加强企业年金的管理, 提供全方位的薪酬福利保障。同时, 积极建立和完善奖励机制, 提升员工积极性与创造性。

民主沟通

我们高度重视民主管理工作, 组织召开第二届第九、第十、第十一次职工代表大会, 深化厂务公开民主管理工作机制建设, 畅通员工沟通渠道和诉求表达渠道, 丰富信息公开方式, 充分保障员工的知情权、表达权、参与权、监督权。

坚持职工代表大会
会议制度

健全职工董事监事
制度

升级职工触摸查询
系统

组织召开劳模先进、
职工代表座谈会

**民主沟通
多样渠道**

助力员工
实现自我价值

北京公交为员工提供实现自身价值的广阔平台，通过丰富的培训资源、多元化的培养路径，助力员工提升综合能力，畅通的职业发展通道和不断完善的激励机制，激发员工积极性和主动性，让每一位员工都能绽放自己的光芒。

培训时数

603074 小时

培训人数

25352 人次

能力提升

北京公交积极促进员工专业素质培养、职业技能提升与综合能力发展，不断丰富和完善教育培训资源，构建全层级、全岗位、全工种、全过程、全素养"五维度"培训体系，举办高中级管理人员高级研修班、"常青藤"训练营等特色人才培养项目，在培训网格化布局的基础上，创新培训方式，打通"线下+线上"两条教育培训主干道。

∧ 创新创意大赛比赛现场

∧ "公交好讲师"大赛

"公交在线学习平台"发布各类课程

391 门

培训建班

21 个

组织考试

224 次

累计参考

2307661 人次

累计激活用户

8.1 万人

累计激活率

94.7 %

累计参加学习

2414656 人次

管理人员职业能力强化培训

青年人才蓄力培训

优秀经营管理者培训

职业技能等级认定和职业资格鉴定

高技能人才培训

工人职业化能力提升培训

专业技能提升培训

新员工岗前培训

新型学徒制培训

∧ 多样化员工培训

岗位锻炼

我们持续搭建年轻管理人员轮岗交流锻炼平台，注重提升他们的综合能力。建立双向交流轮岗机制，在基层一线、关键岗位培养、锻炼年轻管理人员。建立优秀年轻管理人才库，加大优秀年轻管理人员培养力度。落实"人才启航计划"，招聘"大学生调度员"，开展定制化培养，通过岗前培训、轮岗实习、辅导交流、独立顶岗、成果展示等多种方式，为城市公共交通运输板块培养输送管理人才。

职业发展

北京公交注重员工职业发展，帮助员工实现自身价值，与员工共同成长。通过职业技能等级企业自评价体系，将员工技能等级晋升年限与学历水平挂钩，建立一线员工职业发展的"快速通道"。同时，通过在员工工资中设置技能工资，激励员工不断提升技能等级，增强职业生涯不断前行的内生动力。

∧ "常青藤"训练营

∧ 职业化能力提升培训

用心关爱员工

∧ 北京公交党委副书记、总经理朱凯慰问员工

北京公交开展多样化的业余文化活动，平衡员工工作与生活，开展职业健康宣传活动，保护员工的身心健康，关爱女性员工和困难员工，帮助解决员工工作生活当中的实际困难，让每一位员工都能体会到温暖与关怀。

举办员工文体活动

76 项

参与员工达

95245 人次

多彩文化活动

我们积极开展丰富的业余文化活动，通过举办第七届职工运动会，组织台球、中国象棋和围棋比赛，开展健步走、征文、书画、摄影等活动，不断充实员工业余生活，提高员工凝聚力，增强员工幸福感。

保障身心健康

我们切实关注员工实际作业中的健康安全，制定一系列制度，编制职业健康知识问答手册，定期组织召开职业安全卫生专业会议，组织"安康杯"竞赛活动，开展职业健康培训、应急演练和心理健康帮扶，保障员工健康安全。2019年，员工体检覆盖率100%。

关爱员工生活

我们走进困难员工生活，深入了解员工实际需求，帮助解决工作生活实际困难，持续开展送温暖系列帮扶活动、金秋助学活动，让员工感到贴心、暖心。2019年，累计帮扶各类困难职工1705人，发放补助款达338万元，为418名困难员工子女发送助学款32.31万元。

不期而遇的温暖

企业的发展得益于经济和社会的共同发展。北京公交秉承公益性定位，与爱同行、传递温暖，为满足人民对幸福美好生活的向往贡献力量。我们积极推进责任采购，充分发挥自身优势，助力脱贫攻坚，倡导文明出行，促进社会就业，热心公益慈善，持续提升社区居民的获得感和幸福感。

脱贫攻坚 我们在行动

2019年是打赢脱贫攻坚战的关键之年。北京公交积极落实各级政府扶贫攻坚工作部署，不断完善扶贫协作工作机制，因地制宜、因户施策，认真做好"一企一村"结对帮扶和助力外埠受援地区脱贫摘帽工作。

我们在北京市密云区大城子镇南沟村建立"五位一体综合施策"的结对帮扶模式，完善低收入村基础设施建设，扎实推进乡村振兴工作。2019年，北京公交领导班子成员先后五次到南沟村进行调研指导，建立党委、机关部室、二级单位和驻村干部四级推进、高效运行新机制，为推动脱贫攻坚工作奠定了坚实基础；推动政企联合帮扶，与密云区经信局、农业服务中心等单位联合发展南沟村木耳种植项目，惠及低收入农户20户，直接增收近50万元，形成林下经济木耳种产销一条龙产业链。

帮扶南沟村低收入农户脱低增收
303 人

消费扶贫购买贫困地区农副产品
353.36 万元

河北省涞水县北京公交智造产业园累计签约企业
32 家

开展受援地消费扶贫

与河北省涞水县贫困村受援地区建立扶贫产品直采供应关系，购买河北省、内蒙古自治区、湖北省十堰市等受援地的扶贫产品

深化南水北调对口协作

与北京市对口协作地区湖北省十堰市公交集团签订首都公交与水都公交"手拉手"对口合作意向书，加强京堰两地公交高层定期磋商，推动多层次、全方位合作

推进区域协同发展

加快河北省涞水县北京公交智造产业园项目落地

∧ 北京公交多措并举助力受援地区打赢脱贫攻坚战

文明出行
从你我做起

构建安全、畅通、和谐、文明的交通环境，最重要的是让文明出行理念扎根于每个人内心深处，成为一种习惯。北京公交积极开展各类宣传活动，倡导利益相关方文明出行，传递社会正能量。2019年，我们开展每月11日排队日、22日让座日和重大节假日站台服务等文明出行宣传活动，引导乘客有序排队，提供咨询解答、义务指路等服务，营造文明出行的良好氛围。

∧ 开展文明出行宣传活动

用爱温暖
用心奉献

奉献是涓涓细流，沁人心脾；志愿是潜移默化，融入血脉。北京公交关心、支持各项社会公益事业，积极组织环境保护、爱心捐助等公益活动，鼓励员工参与关爱弱势群体、爱心服务、重大时期和重大活动保障等志愿服务，用爱心温暖他人，用行动回馈社区，为构建和谐社会添砖加瓦。

志愿者注册人数	志愿服务活动	累计发动志愿者	服务时长超过
1.5 万余人	**5.2** 万次	**20** 万余人次	**50** 万小时

∧ 员工志愿者的身影活跃在各种活动中

促进社会就业

北京公交充分发挥企业优势，为残障人士、退伍军人等人群提供了大量就业机会，促进社会就业和区域经济增长，对社会进步起到了积极作用。我们响应市政府"北京市低收入农村劳动力就业帮扶"工作要求，主动拓宽安置岗位认定范围，提供驾驶员、场站保洁和内部警卫等公共服务类岗位，接纳低收入农村劳动力就业，促进低收入人群增收。截至2019年底，北京公交已招收农村劳动力驾驶员672人，提供400个乘务管理员工作岗位。

责任采购

北京公交不断加强与供应商合作交流，积极推动责任供应链建设，建立公开、透明、可追溯的采购体系。2019年共组织完成集中采购项目140项，通过集中采购管理，实现了阳光采购、降本增效的管理目标。我们不断优化集中采购业务流程，完善货物类和服务类供应商管理制度，开展电商平台在采购中的应用试点，满足个性化和多样化的采购需求。

开展电商采购
- 倡导实施线上采购，提高采购效率，降低采购成本
- 扩大采购渠道，产生规模效益

实行阳光采购
- 按照"公开、公平、公正"的原则实施采购
- 立足于科学化、合理化的采购制度和监管制度
- 采购流程公开，使采购更透明、更规范

推行绿色采购
- 在采购过程中，优选绿色、节能产品和服务
- 通过网站信息共享，节省纸张，实现无纸化办公

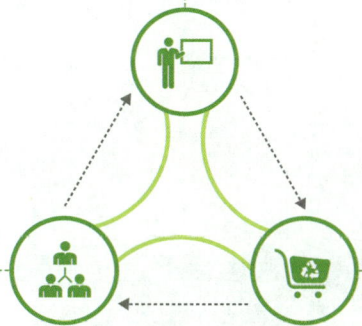

∧ 采购管理措施

人物
匠人筑心，匠心筑梦

怀匠心，践匠行，做匠人。在北京公交，匠人是技能人才，更是每一位北京公交人追求的目标。虽然技能和岗位不同，但精神是一致的，那就是"让更多的人享受更好的公共出行服务"的光荣使命。只有吃苦耐劳、乐于奉献、勇挑重担、先进引领，才能让"一路同行、一心为您"的同行文化铭于心、立于言、践于行、成于效。

致敬
最美奋斗者

人物风采

她从事公交工作 36 年，始终用真情为乘客服务，在 2019 年荣获"最美奋斗者"称号。"最美奋斗者"在全国范围内评选出 278 名个人、22 个集体，北京公交李素丽为其中之一。

李素丽

北京公交客服中心原主任

为隆重庆祝中华人民共和国成立70周年，经党中央批准，中央宣传部等部门决定在全国范围广泛开展"最美奋斗者"学习宣传活动，热情讴歌中华人民共和国成立以来各地区、各行业、各领域涌现出来的先进人物，激励广大干部群众以"最美奋斗者"为榜样，自觉把自身的前途命运同国家和民族的前途命运紧密联系在一起，在实现个人理想价值的过程中，为决胜全面建成小康社会、夺取新时代中国特色社会主义伟大胜利、实现中华民族伟大复兴的中国梦贡献力量。

2019年国庆前夕，李素丽在人民大会堂举办的"最美奋斗者"表彰大会上荣获"最美奋斗者"荣誉称号。当全场齐唱国歌，她抬头仰望五星红旗，心中默默地说："感谢祖国的培养和厚爱，我一定不忘初心、牢记使命，做出公交人新的贡献！"

她从事公交工作的36年，用奉献践行北京公交人的初心与使命，在平凡的岗位上，做出了不平凡的业绩。

"对内我代表首都，对外我代表中国。国内外旅客

下了火车，接受北京的第一次服务，可能就是来自我这个售票员，服务的好坏直接关系到首都的声誉和中国的形象。我一定要让他们从一开始就享受到北京人的美好服务。"这是她挂在嘴边的话。

"北京公交有个李素丽，服务那可真周到。"几十年过去了，公交车售票员李素丽，仍被人们津津乐道。

从事售票员工作的18年里，她用真情架起了与乘客理解沟通的桥梁，赢得了市民的尊敬，被誉为"老年人的拐杖，盲人的眼睛，外地人的向导，病人的护士，群众的贴心人"。

售票员每天接待天南地北的乘客，工作量大，特别需要耐心。有一次，李素丽正在车上服务，有个小伙子随口就往地上吐了一口痰。她走下售票台，俯下身，轻声对小伙子说："请您不要往车上吐痰。"小伙子赌气似的又吐了一口。李素丽没吭声，从包里拿出卫生纸，蹲在地上，一下一下把痰迹擦干净，之后回到售票台，利用报站名的间隙一路宣传精神文明。快下车时，小伙子红着脸走到李素丽身边，不好意思地道歉。李素丽笑着说："没关系，希望您下次再坐我的车，支持我的工作。"在这平凡的岗位上，她用自己日复一日的劳动给乘客带来真诚的笑脸、热情的话语、周到的服务、细致的关怀。

我很高兴，很快乐。热线之所以热，不是对我个人的信任，是对我们企业的信任，更是对党的信任。

为了更好地服务百姓，扩大社会各界对公交整体运营、安全、服务、管理等方面的监督，1999年北京公交开通了"公交李素丽服务热线"，李素丽在这岗位一干又是18年。因为李素丽的知名度，热线真的很"热"，最"热"时一天4万多个来电。来电求助五花八门，有公交范围的，也有其他方面的，但不管"分内还是分外"，只要能帮群众解决问题，李素丽都接下来。"当时能解决的就解决，不能解决的就先记下来，下了班再给来电者回电。帮助别人，快乐自己。"在她看来，百姓相信她，才会寻求她的帮助，这份信任不能辜负。

根据工作的需要，李素丽2008年担任新开通的北京交通服务热线主任。作为"市非紧急救助服务中心12345"和"市交通委举报投诉中心12328"的分中心带头人，她潜心研究如何更好地为广大市民服务，搭建好企业与乘客沟通的平台。在任期间李素丽带领团队荣获了"青年文明号""巾帼文明岗"等多项荣誉称号。

公交车有起点站、终点站，但为人民服务永远没有终点。

2017年，工作了36年的李素丽退休了。没等好好安排退休生活，她又应"中国志愿者服务基金会"的邀请，踏上了公益之路，接续奋斗传递爱。李素丽说："这两年从事公益，让我越来越坚定要在这条路上走下去。把爱心献给最需要关爱的人，把服务献给最需要帮助的人，用正心正念正能量感染更多的人，就是我的初心和使命！"

为人民服务，
一车一线一路情

人物风采

他在 313 路公交线上往返了 11 年，爱岗敬业，认真奉献，获得"首都劳动奖章"、2018 年度十大"北京榜样"、全国"时代楷模"等称号，2020 年被授予"全国交通运输系统劳动模范"称号。

刘宝中
第三客运分公司 313 路驾驶员

313路公交是北京公交的一条特殊线路，它属于定班车，只有一名专职司机和一辆公交车。2009年，安全行车50万公里、驾龄19年的刘宝中作为第6代驾驶员，从前辈们手中接力313路，一路传承40余载"为人民服务"的不变初心。

除了早晚高峰，车上乘客并不多，大多数时间都是刘宝中一个人行驶。这段路程这趟车，刘宝中一开就是11年，被乘客们称为"最寂寞"的公交司机。"其实我从小就喜欢车，当公交驾驶员是我的梦想，尽管一人一车一线，但我并不觉得孤独。"刘宝中说。

> 只要有一颗爱心，干什么事都有温度，只要有一颗追求出彩的心，再平凡的岗位也能出彩。

313路每天发6趟车，途经9站地，由于线路是定点开车，如果错过了一趟车，就要等好几个小时才能坐上下一趟车。因此，如果遇上大堵车等特殊情况，刘宝中就会通过微信通知常客路况信息，让大家有所准备。无论刮风下雨、冰雪铺路，313路公交车每天都会按时按点出发。在小小的车厢，刘宝中把公交服务平平常常的"小事儿"，做成了不平凡的善举，展现出北京人独特的"局气"。

大家信任我，我就得对得起这份信任。

由于313路的大多数乘客都是老年人，刘宝中觉得他们去医院取药太折腾，主动当起了义务"送药员"。只要老人赶在发车之前和他说一声，他记下药名，到了终点站就跑趟医院，把药取回来。日复一日，年复一年，刘宝中与乘客们建立了浓厚的感情，彼此间成为了"亲人"。乘客们都说，313路对于年轻人来说，是上下班的"通勤车"，对于老年人来说，是去城里医院取药的"专车"，对于小孩子来说，则是上下学的"校车"。

平凡造就伟大。随着北京城市的发展，公交线路的调整优化，很多像刘宝中这样的驾驶员，披星戴月、夜以继日地坚守在自己平凡的工作岗位上，为千万首都市民提供方便周到的出行服务。

公交车的精准"医生"

人物风采

他在工作中始终坚持脚踏实地的工作干劲和细致入微的工作态度，荣获"北京市交通工作先进个人"和"首都劳动奖章"称号，2020 年被授予"全国交通运输系统劳动模范"称号。

侯兴光
第二保修分公司特修车间工人管理

自2007年进入北京公交后，侯兴光在生产一线用脚踏实地的工作作风和细致入微的工作态度，慢慢积累起个人管理的经验，从起初的一名保修工慢慢走入班组管理、车间管理的岗位，他依托车间自身环境推行的定位管理、行迹管理、分类管理等一系列质量安全举措至今使车间受益深远。

他珍重这份终身受益的馈赠，同时也努力把这份公交精神带给身边的人。

"公司的领导和班组的师傅给予了我莫大的关心与帮助，教会了我'干一行、爱一行'的工作态度，教会了我在车辆维修过程中做到精检细修、用心用脑，用责任守护车辆健康安全的工作担当。"侯兴光说。他发挥自身维修技术过硬的特长，积极参与技术培训教室的建立和教具制作，并以此为载体，言传身教，精心培养了四届100余名车间实习生，现在他们均已成长为车间生产的主力干将。此外，侯兴光积极参加技术保障志愿服务队，并以精益求精的工匠精神为车辆进行健康体检，协助车间解决难题，大家都亲切地称呼他为"侯儿哥"。

2018年8月以侯兴光命名的创新工作室正式创建后，他积极协调一线生产车间技术骨干为公司业务发展建言献策，并围绕生产中心任务，和团队成员们一起研发了多项创新成果。很多项创新成果因使用方便、操作简单、效率提升等优点，已得到广泛的推广和应用，其中"漆雾遮挡器"在2019年通过审核，申请了国家实用新型专利。

"北京公交不仅是我工作生活的地方，更是我体现人生价值、实现人生梦想的平台。"

侯兴光把自己的奋斗目标作为矢志不渝的初心和使命，在平凡的岗位上发光发热，与初心相伴、携责任同行，认真当好运营车辆的"车医生"，为百姓乘坐公交安全出行贡献力量与智慧。

预备役方阵中的
公交铁血男儿

人物风采

他通过层层选拔从全国 51 万预备役人员脱颖而出，成为预备役部队方队中的一员，在 2019 年 10 月 1 日国庆 70 周年阅兵典礼上接受祖国和人民的检阅。

张金鑫
电车客运分公司安保部一般管理人员

> **张金鑫作为预备役部队方队的一员从天安门广场经过，接受祖国和人民的检阅。**

2019年10月1日上午，庆祝中华人民共和国成立70周年大会在北京天安门广场隆重举行。张金鑫作为预备役部队方队的一员从天安门广场经过，接受祖国和人民的检阅。"这是我一生无上荣光、毕生难忘的经历。2009年，我刚上大学，正好赶上国庆60周年阅兵，在电视上看到隆重壮观的阅兵场面时，内心汹涌澎湃之余也充满了无限憧憬。没想到十年前的一个梦想，今年就有机会实现了！"当他得知自己能参加受阅预备役部队方队训练的消息后，不禁喜出望外。

> **这次活动我代表的不是我自己，在方队里代表的是北京公交的形象，在阅兵现场代表的是国家的形象。**

作为一个已退伍七年的士兵，初入全封闭的集训基地，高强度的队列动作训练和纪律严格的日常管理让张金鑫承受了巨大的压力。几年前做过的一个小手术也因为高强度的训练而复发，持续不断的身体伤病、每日不断的高强度训练，时刻都在考验着他的意志。"但我从未产生打退堂鼓的念头。我深知，这次活动我代表的不是我自己，在方队里我代表的是北京公交的形象，在阅兵现场我代表的是国家的形象。"他践行"向汗水要动作"的训练誓言，在夜晚收操后常常戴沙袋加班练腿功至深夜。功夫不负有心人，在营训练期间他成功登上中队龙虎榜，最后从全国51万预备役人员中通过了层层选拔，越过了无数关卡，成为了预备役部队方队受阅队员的一分子。

10月1日上午，"66秒、96米、128步、踢腿高度30厘米、步幅间距75厘米"，当他和战友们迈着矫健、整齐、有力的步伐从天安门广场前经过时，"那一刻，我的腿踢得更高、更有力，眼睛也湿润了。"这种状态一直保持到他们走到人民大会堂西路走上车的那一刻，"因为走过天安门后，沿途有很多市民在为我们欢呼、加油，市民的热情也感染着我们，让我们不敢有丝毫的松懈。"张金鑫说。

228天，5472小时，328320分，19699200秒，正步行进3000余公里，平均一天近30000步，衬衫一天换三件，7个月减肥50斤，对于这些数字，这个"90后"的小伙如数家珍，坚定语气中流露的是一种无上荣光的幸福感和自豪感。

"码"上开往美好生活

人物风采

他带领团队设计出"北京公交"App，提供了扫码乘车、到站查询等服务，让更多的人能够享受高品质的智慧生活与出行体验。

殷 悦

"北京公交"App 扫码支付项目
技术专家

早上7点半，乘客打开"北京公交"App，查看上班常坐的那趟车的准确到达时间，然后卡着时间离开家，花几分钟走到公交站，排进等车的队伍，打开App用二维码支付车费。"北京公交"App记录下乘客平时换乘站点和车次，在快要到达换乘站点时，向乘客推送即时道路交通状况和换乘预报信息。乘客可以放下心来，今天不会迟到了……这是"北京公交"App扫码支付项目技术专家殷悦心目中"北京公交"App为乘客提供高效便捷的出行服务的真实写照。

"在'北京公交'App图标设计过程中，我们采用代表Origin（起点）和Destination（终点）的'O'和'D'。行程的结束不是终点，而是全新旅程的起点。因此，我们将'D'的形象拟人化，变换为代表出发的箭头。"殷悦说道，"我们希望它不仅是人们的出行工具，还是路上的伴侣。"

乘客在选择公交出行时，即使没带乘车卡、没带零钱，也可通过"北京公交"App扫码支付，尽享"码"上出行的便捷和高效。

"北京公交"App的二维码乘车功能，创新性地提供了"先享后付"的乘车体验。殷悦和他的团队充分考虑客户需求，在"北京公交"App中实现了线路查询、出行规划、车站查询、用户到站提醒、车辆拥挤度查询、支持"双离线"模式等特色功能，获得了乘客的高度肯定。

北京市委副书记、市长陈吉宁
对"北京公交"App车辆拥挤度查询功能批示：
点个赞，把好事办好

"公交不仅仅是一种交通运输工具，更是引领乘客触达理想生活方式的途径。我们希望通过'北京公交'App赋予公交更深刻的内涵，为乘客提供更多样化的生活方式、生活理念。"殷悦说。

未来，北京公交将继续挖掘整合"人、车、线、站"的大数据资源和相关配套资源，通过刷码乘车、实时公交、定制公交和未来覆盖智慧交通领域的众多业务，构建更为精准、高效、便捷的公共交通服务体系，满足更多人的出行需求，让更多的人能够选择绿色出行。

印象

我眼中的北京公交

公交车是首都这座城市的流动名片，穿梭在大街小巷里，融入你、我、他每个人的生活。寒来暑往真情服务，披星戴月永葆初心，北京公交与您一路同行。一路走来，公交车辆的变化、支付方式的更迭、优质服务的多样化……记录着时代的变迁，见证着我们的发展，承载着难忘的记忆。

实现北京有轨电车的
跨越发展

唤起城市的记忆，站在新的起点，北京有轨电车又迎来了崭新的发展时代，再次成为北京公交多元化服务体系中的重要一员。

提起北京有轨电车，不一样的人会有不一样的记忆和感触。宋淑慧作为北京公交第一代无轨电车女驾驶员，不仅对无轨电车充满回忆，也对北京公交的有轨电车印象深刻。在驾驶无轨电车之前，宋淑慧曾经是一名有轨电车的驾驶员。"当时的有轨电车头上有根大'辫子'，脚下有轨道，车厢里有两排木质的长凳，但是没有专门的驾驶室，当夏天到来的时候，车厢里十分的闷热。但更困难的是，当时有轨电车驾驶起来十分费力，行驶过程中司机还需要经常性地踩击铜铃，发出'铛铛'的声音，因此，有轨电车也被大家称作'铛铛车'，驾驶和乘坐体验都不是很好，噪声也是比较大的。"宋淑慧的描述，仿佛将我们带回到了那个有轨电车的年代，"铛铛"的铃声与周围的街景和人群的嘈杂声融合在了一起。

∧　"五二式"有轨电车

阔别尘封的历史，时隔半个世纪之后的2017年，北京首条现代有轨电车线路落户西郊。现代有轨电车甩掉了车顶上的大"辫子"，将供电源挪到了地面上，行驶得更加快速、平稳，噪声也基本消失不见。

作为一名曾经的小轿车驾驶员，李学华经过一系列培训和严格的考核后最终顺利成为北京有轨电车西郊线驾驶员。从开小轿车到开有轨电车，李学华感触颇深，"责任更大了，价值也更大了，现代有轨电车运力可以达到5000~14000人/小时，2019年西郊线单日客流量达到9.6万人次，刷新了纪录，而且有轨电车更加节能环保，它的人均能源消耗量是普通公交车的一半，是小轿车的1/30，更值得一提的是车上有很多细节都特别为乘客着想，比如车辆是100%低地板，给残障人士的出行带来了极大的便利，用实际行动践行着'让更多的人享受更好的公共出行服务'的企业使命"。

站在新的起点，北京有轨电车又迎来了崭新的发展时代，再次成为北京公交多元化服务体系中的重要一员。除了已开通运营的有轨电车西郊线外，在不久的将来，有轨电车将穿行在更多区域，有力缓解北京交通压力，带动绿色出行，为乘客提供多样化、差异化、品质化的公共出行服务，让乘客对有轨电车拥有全新的认识和不同的乘坐体验。

> 有轨电车有力缓解北京交通压力，带动绿色出行，为乘客提供多样化、差异化、品质化的公共出行服务，让乘客对有轨电车拥有全新的认识和不同的乘坐体验。

∧ 现代有轨电车驾驶员李学华

南沟村里奏响
乡村振兴"变奏曲"

在北京公交的持续帮扶下，南沟村在 2018 年底实现了低收入农户全部脱低，提前两年达到脱低率 100% 的帮扶目标。现如今，整个村落不仅旧貌换新颜、多元产业齐发展，当地群众脸上的笑容也比以前更多、更灿烂了。

扶贫脱困，任重道远。作为国有企业，北京公交积极帮助贫困地区摆脱贫困，这不仅是一种政治责任，更是一种社会责任。北京公交深知，扶贫脱困不仅需要满腔的热情，更需要精准施策、科学帮扶，只有充分挖掘并释放当地发展潜力，才能真正地满足当地群众对美好生活的向往。

从建设美丽乡村出发，北京公交积极拓展精品民宿产业扶贫项目——"南山乡居"民宿项目，盘活村庄资源，探索可持续发展路径，助力乡村振兴。"2019年8月9日，我们南沟村'南山乡居'高端精品民宿正式开门迎客，四个多月的时间，接待游客近1000人次，这为我们村未来发展创造了一条新的产业致富路径。"南沟村党支部书记张英道出心中期盼。

"南山乡居"民宿项目以红色教育服务为特色，以党建培训为先导，植根民俗文化活动，形成"党建+文旅"的新时代民宿产业帮扶模式，引导一产三产融合发展，大幅提升了南沟村"造血"能力。"'南山乡居'民宿项目带来的连锁反应使当地村民的就业率、农产品的销量提高了，已经有不少村民参与厨师、民宿用工的面试。"张书记说，"游客在乡村风景餐厅的农产品展区购买现摘现卖的水果和蔬菜，也促进了我们南沟村的增收和发展。"

∧ "南山乡居"建成前后对比

∧ "南山乡居"建成前后对比

"一路同行，一心为您"是我们北京公交的品牌特质，从驻村工作的第一天开始，我就把它带到了南沟村，一路与南沟村同行，一心为百姓服务。

民宿是美丽乡村的发展方向，用民宿带动产业，用产业回馈民宿，为南沟村探索出一条新的致富路，这也是北京公交的初衷。在密云区南沟村的帮扶过程中，北京公交创造了"五多"——领导调研考察指示多、派驻扶贫工作组人数多、扶贫方法多、扶贫项目多、脱低人口多。

"刚来的时候，南沟村的低收入农户有259户，一共618人，占总户数的63.17%，占总人数的58.08%。村民家里的红肖梨很多都卖不出去，滞销现象特别严重，卖不出去就只能扔掉。"北京公交派驻南沟村的第一书记姜浩远回忆起当时刚来时候的景象。在北京公交的持续帮扶下，南沟村在2018年底实现了低收入农户全部脱低，提前两年达到脱低率100%的帮扶目标。现如今，整个村落不仅旧貌换新颜、多元产业齐发展，当地群众脸上的笑容也比以前更多、更灿烂了。

谈起这些变化，姜浩远深有感触，"'一路同行，一心为您'是我们北京公交的品牌特质，从驻村工作的第一天开始，我就把它带到了南沟村，一路与南沟村同行，一心为百姓服务。三年来，老百姓看着红肖梨烂在家门口的无奈、农产品有了销路时的雀跃、当了乘务管理员时的满足、一家人盖起了新房子时的幸福，我都历历在目。付出的是艰辛，收获的是美好，这些都离不开北京公交这个强大的后盾，是全体公交人的共同努力，加快了南沟村脱低致富的步伐。"

用我的相机
记录你的成长

十年的时间，两位年轻人透过一张张照片记录着北京公交的发展与变化，切身感受到了公共交通的飞速发展，北京公交也陪伴着两位年轻人从少年成长为青年。

拿起相机，调整焦距，对准即将驶入站台的公交车，"咔嚓"一声，按下快门，王兆峰和刘清扬两位年轻人对自己拍到的照片充满了期待。在北京，有这样一群对公交文化充满热爱的人，他们通过一张张照片记录着北京公交的发展与变化，记录着北京公交文化的传承与创新。他们不只是摄影爱好者，更是北京公交文化的爱好者和记录者，他们用每一张照片诠释着北京公交文化的独特魅力。

谈起公交摄影，还是大三学生的王兆峰打开了话匣子，"拍公交车看着很简单，但其实不仅需要一定的拍摄技巧，有时候更需要运气，可能你等了好久都没有等到适合的场景，没法拍到你心仪的照片。有时候四五点起床，穿越整个城市只为拍到一张照片；有时候为了拍摄一些郊区线路的照片，更是需要付出时间和精力。"虽然有时比较辛苦，但不管是烈日还是寒冬，他们都利用自己有限的业余时间来释放自己对北京公交的独特情怀，这份独特的情怀不单单是对公交车的喜欢，而更多的是对北京公交文化的一种迷恋，也正因为这份迷恋，才让他们一直坚持着拍摄。

北京公交越来越多的节能环保车型、不断多样化的公交线路、持续优化的公交线网，给刘清扬和王兆峰留下了深刻的印象。"即使有些线路可能就只有一辆车，但是为了当地群众的出行需求依旧在运行着。"说到这里，刘清扬竖起了大拇指。

王兆峰 摄　　　　　　　1 路公交车的变化与发展　　　　　　　刘清扬 摄

∧ 384 路公交车的变化与发展

"北京的公交车越来越让人觉得舒服了，车辆更加宽敞、座椅更加舒适、台阶也越来越少了，尤其是对于特殊群体来说，上下车都十分便利。"

——热爱公交摄影的北京市民 王兆峰

近年来，北京公交为有力缓解交通拥堵，倡导公交绿色出行，促进节能减排，满足市民多样化的出行需求，推出了定制公交平台，已经陆续开展了商务班车、快速直达专线、节假日专线、集体出行和休闲旅游专线等多个服务项目，不断优化、创新服务方式，构建日趋完善的安全、快捷、舒适、环保、优质的公交服务体系，为北京市民提供安全、便捷、绿色的出行体验，也让乘客对北京公交有了更深的认识与了解。

"北京的公交车越来越让人觉得舒服了，车辆更加宽敞、座椅更加舒适、台阶也越来越少了，尤其是对于特殊群体来说，乘客上下车都十分便利。很庆幸自己作为志愿者参加了庆祝中华人民共和国成立60周年和70周年大会活动。这两次活动，我乘坐的车型有了很大的变化，变得越来越环保、越来越舒适了，让我感受到了北京公交的发展和祖国的强大。"王兆峰补充道。

一直以来，北京公交积极优化线网结构，不断改善公交车型结构，持续提升服务质量，用实际行动践行着"让更多的人享受更好的公共出行服务"的企业使命。因为热爱所以坚持。十年的时间，两位年轻人透过一张张照片记录着北京公交的发展与变化，切身感受到了公共交通的飞速发展，北京公交也陪伴着两位年轻人从少年成长为青年。

"一路同行，一心为您"。北京公交深深地热爱着这座古老而又现代的城市，用最真挚的服务陪伴着广大市民，合理规划运力投入，加大线网优化力度，增加服务覆盖范围，拓展服务类型，提供更加优质的出行体验，满足广大市民多层次的出行需求。

小车模、小车票里的
百年公交文化记忆

一件件小巧精致的公交车模型无不浓缩着北京公交科技、绿色、人文的发展历程。一张小小的北京公交车票都是百年公交温暖记忆的见证者和讲述人。

作为城市交通系统的重要组成部分，公共交通的发展体现了城市文明进步和绿色出行时尚。回顾北京公交车辆一次次更新换代，行驶噪声不断减少、舒适程度不断提升。更加清洁环保、美观大方的车型记录着城市绿色发展的进程，不断变化的公交车票也深刻体现着城市的文明进步。

有这样一位关注北京公交历史文化的"80后"，为了记录北京公交百年风采，用二十多年时间，精心搜集档案史料，悉心捕捉老车影像，收集和定制一个个公交车模，自筹经费举办公益巡展，孜孜不倦，从未间断，他就是袁洋一。二十年来，袁洋一收集和制作的北京公交模型达500余件，拍照和留存公交车图片近14万张，收藏公交老地图220余份。走进袁洋一的家，就像进入了一座北京公交微缩博物馆，从1924年100型有轨电车到1957年BK640型公交车，从1979年BK670型公交车到1999年BK6111CNG型公交车，再到2019年最新款福田新能源公交车，一件件小巧精致的公交车模型无不浓缩着北京公交科技、绿色、人文的发展历程。

说起北京公交的绿色发展，袁洋一深有感触，"可以说每一个十年都会有标志性车型诞生，新中国成立50年大庆时，北京公交在全国率先使用天然气环保公交车；60年大庆时，首批油电混合动力公交车上路；70年大庆时，纯电动公交车开始大规模普及。从传统燃油车到现代电动车，从过去乘车时冬冷夏热到如

^ 袁洋一定制的车模和搜集的档案史料

> "从最开始的纸质车票和月票，到2006年纸质月票被IC卡取代，再到2019年乘车扫码支付全面普及……这些革命性的转变见证了科技的进步和经济实力的增强，绿色生活理念和绿色出行观念深入人心。"
>
> ——热爱公交文化的
> 北京市民 马腾腾

今冬暖夏凉，车辆造型在变化，舒适程度在提升，绿色出行理念越来越深入人心。我之所以付出巨大努力还原历史，就是要把公交文化名片作为城市文化符号永远留存和传承。"

在袁洋一的鼓励下，同样关注北京公交历史文化的"90后"北京小伙马腾腾用了五年时间，撰写并出版了自己的第一本著作《北京公交车票史话》，填补了北京公交车票历史文化研究的空白。在马腾腾眼里，车票不仅仅是乘车凭证，里面的学问可不少：票面上包含了公司名称、票种、站名、面值、票号等方方面面乘车信息，后来还增加了旅游文化景点和商业广告画面。这些细微的变化，深刻见证了城市公交的发展和进步。

公交车票的变化也反映出北京公交线路的不断完善和乘车支付方式的绿色转变。"从最开始的纸质车票和月票，到2006年纸质月票被IC卡取代，再到2019年乘车扫码支付全面普及……这些革命性的转变见证了科技的进步和经济实力的增强，绿色生活理念和绿色出行观念深入人心。纸质车票逐步淘汰是对环境的保护，体现了城市的文明进步。"马腾腾说。

曾经方寸之间印满铅字的小小票券如今逐渐成为历史，取而代之的是更加科技环保的数字化电子车票。乘客在掏出手机扫描二维码的一瞬间，悄然完成了乘车方式由传统到现代的一次转变。无论时代如何变化，一张小小的北京公交车票都是百年公交温暖记忆的见证者和讲述人。

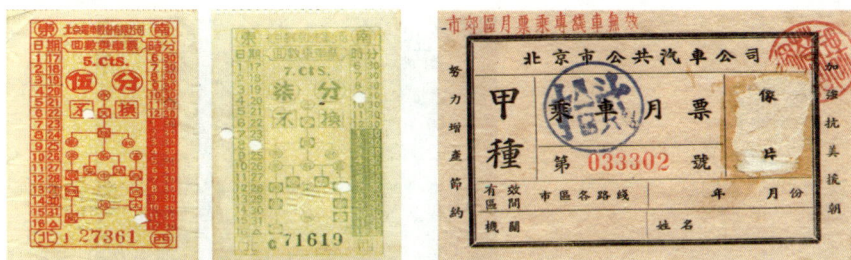

📁 | 马腾腾 提供（前三张）　　∧ 乘车方式变化

精神背后是
文化传承

精神的传承是点滴影响的汇聚，是一代又一代公交人责任的传递，是每一位公交人的坚守与奉献，是每一位公交人在工作岗位上的奋进与努力，是每一位公交人对自身工作岗位的热爱。

北京公交的建设发展离不开一代又一代的北京公交员工的努力，离不开每一位北京公交员工的辛勤劳作与工作创新。同样的责任，不变的初心，每一位北京公交人都践行着自己的使命，担当着自己的责任。

新中国第一代劳模朱临（1920.02—2013.11.15）对北京公交人来说并不陌生，他的精神激励着很多北京公交人勇于奉献、敢于担当。朱临出生于浙江嘉兴，16岁时即考入江苏省公路管理处，参加工作后为了弥补自身在技术方面的不足、更好地服务社会，他刻苦钻研不断学习深造，并于1948年从国立武汉大学毕业，获学士学位，毕业后担任南京公共汽车公司工程师。

解放初期，我国经济困难，汽油、柴油供应极为紧缺。1950年，时任北京公共汽车公司修理厂副厂长兼工程师的朱临克服重重困难，攻克技术难关，带领员工们成功试制"五一式煤气炉"。"五一式煤气炉"的推广使用，不仅解决了燃油紧张的困难，还节约了大量木材，降低了运营成本，减轻了员工的劳动强度。由于朱临对交通运输和汽车工业的贡献，1950年被评为北京市劳动模范；1955年2月朱临任北京公用局副局长，周恩来总理亲自签发任命书。朱临把毕

∧ 新中国第一代劳动模范朱临

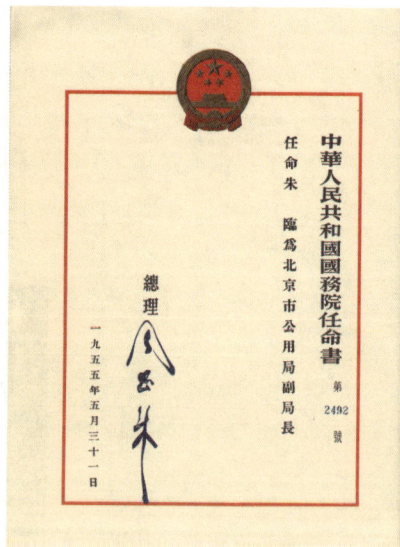

∧ 周恩来总理亲自签发任命书

^ 朱临荣获的证书

生精力献给北京市交通运输、汽车制造事业，其勇于奉献、敢于担当的宝贵精神被一代代北京公交人传承着。

精神的传承是点滴影响的汇聚，是一代又一代公交人责任的传递，是每一位公交人的坚守与奉献，是每一位公交人在工作岗位上的奋进与努力，是每一位公交人对自身工作岗位的热爱。

"只有不懈的追求和努力，才会把服务百姓出行工作做得更好，才会在平凡的岗位上做出不平凡的成绩。"这是北京北汽九龙出租汽车股份有限公司驾驶员刘韶山的人生座右铭。刘韶山通过对自己多年运营经验的研究，总结出了"CBD优质运营服务法"——超前服务、本色服务、递进服务，用独具匠心、精益求精的工匠精神为每一位乘客提供优质的服务。

结合"不忘初心、牢记使命"的主题教育活动，他通过"刘韶山劳模创新工作室"平台，推广"小圆镜、大视野"的安全运营服务法：在车厢右侧立柱上安装两面小圆镜并张贴警示标语，不仅可以随时提醒乘客下车时携带好随身物品、注意来往车辆，也为百姓安全出行和营造首都安全和谐交通环境做出贡献。

^ 北京市劳动模范刘韶山

2014年4月，刘韶山被北京市交通委员会运输管理局选定为"的士之星宣讲团"成员。他跟随宣讲团一起上军营、下社区、进企业、走学校，完成了200余场宣讲任务。

在数据新时代，刘韶山和同行们与时俱进，通过微博及时传播行业中的好人好事，弘扬工匠精神。不仅如此，刘韶山通过多年运营的经验和自己的观察，谏言应用基于大数据、区块链、5G等技术构建城市智慧公共交通系统。

展望未来

2020年是"两个一百年"奋斗目标的历史交汇点，也是北京公交"十三五"收官之年、"十四五"谋划之年，还是我们迎接公交百年华诞，实现现代化公交企业的机遇期。我们将继续秉承"让更多的人享受更好的公共出行服务"的企业使命，积极推进企业数字化转型，不断提升北京公交的竞争力和影响力，携手更多利益相关方，打造卓越的城市客运出行综合服务商，全面推进企业可持续发展和基业长青。

努力成为品质服务创造者。坚守公益性定位，以乘客为中心，优化线网布局，持续推进准点工程、公交走廊建设和"一码通乘"，完善公交集约化出行服务，提供多样化、多层次的公交服务。持续做好"接诉即办"，不断提升乘客满意度。

努力成为放心出行守护者。强化红线意识和底线思维，落实安全生产主体责任。强化安全隐患排查治理工作，营造安全文化氛围。加大科技创安工作力度，全面提升科技管理手段，用心做好乘客和员工的安全保障工作。

努力成为绿色生活引领者。持续提升公交车辆安全舒适、节能环保水平，加大公交车更新购置力度，不断提高清洁能源和新能源车辆占比。继续完善环境管理，推进节能减排，倡导绿色出行。

努力成为和谐社会建设者。坚持以人为本，尊重员工价值，关爱员工成长，鼓励员工创新，为员工提供良好的发展平台。倡导文明出行，助力乡村振兴，促进社会就业，热心慈善公益，开展志愿服务，传递爱与温暖。

阔步向前新征程，追梦扬帆再起航。站在新的历史起点，北京公交继续坚持"以人为本、乘客至上、创新发展、追求卓越"的核心价值观，努力建设国内领先、世界一流的现代化公交企业，让更多的人享受更好的公共出行服务。

关键绩效

指标（单位）	2017 年	2018 年	2019 年
年营业收入（亿元）	89.97	94.16	98.02
企业总资产（亿元）	460.72	597.37	579.46
企业净资产（亿元）	276.61	352.70	387.03
资产负债率（%）	39.96	40.96	33.21
纳税总额（亿元）	2.11	3.38	4.76
在册运营车辆（辆）	32259	30926	31959
运营线路条数（条）	1028	990	1162
公共电汽车年行驶里程（亿公里）	12.63	12.07	12.79
公共电汽车年客运量（亿人次）	31.87	30.17	31.34
乘客原始意见（件 / 百万人次）	23.31	14.86	12.10
投诉解决率（%）	100	100	100
乘客满意度（%）	92.50	94.00	93.20
因为社会责任不合规被否决的潜在供应商数量（个）	0	0	0
报告期内供应商审查覆盖率（%）	100	100	100
因为社会责任不合规被中止合作的供应商数量（个）	2	0	2
供应商社会责任培训次数（次）	4	4	2

经济绩效

指标（单位）	2017 年	2018 年	2019 年
员工数量（人）	99410	94946	97168
劳动合同签订率（%）	100	100	100
社会保险覆盖率（%）	100	100	100
女性员工比例（%）	32.00	30.49	29.07
女性管理者比例（%）	39.00	36.50	37.00
人均带薪年休假天数（天）	9	9	9
员工体检覆盖率（%）	100	100	100

社会绩效

续表

指标（单位）	2017 年	2018 年	2019 年
员工流失率（%）	1.90	1.13	1.47
安全生产投入（万元）	164535.29	251413.56	250022.66
安全培训覆盖率（%）	100	100	100
安全演练覆盖率（%）	100	100	100
交通违法率（%）	0.37	0.31	0.35
甲方责任事故死亡率（人／百万公里）	0.00237	0.00166	0
累计志愿服务时间（万小时）	55	40	50
困难员工帮扶资金投入（万元）	182	214	338
困难员工帮扶人数（人）	1805	1788	1705

社会绩效

指标（单位）	2017 年	2018 年	2019 年
车辆报废淘汰数量（辆）	1676	3910	3941
碳排放量（吨）	321487	346491	334644
二氧化碳排放量（吨）	1178784	1270466	1227029
非化石能源比重（%）	4.21	7.57	10.18
清洁能源和新能源公交车占比（%）	60.70	69.07	80.10
全年能源消耗总量（吨标准煤）	588374	619729	586550
单位产值综合能耗（吨标准煤／万元）	0.33	0.33	0.29
车辆单位里程能耗（吨标准煤／公里）	5.72	5.13	4.82
天然气能源使用量（万公斤）	17848	19013	19520
电能源使用量（万度）	11504	38170	48661
柴油消耗量（万升）	26985	18963	13326
年度新鲜水用水量（万立方米）	261.19	207.49	250.56
氮氧化物减排量（吨）	144.30	130.50	114.70
颗粒物减排量（吨）	12.50	6.90	0.38
碳氢化合物减排量（吨）	19.20	24.30	22.10

环境绩效

指标索引

目　　录		GRI Standards	CASS-CSR4.0 之 公共交通运输服务业	页码
卷首语				P3-4
我们的问候		102-14 102-15 102-23	P2.1 P2.2 P3.2	P6-7
走进北京公交	关于我们	102-1 102-2 102-3 102-4 102-5 102-6 102-7 102-8 102-16 201-1	P4.1 P4.2 P4.3 P4.4 G1.1 G2.2	P8-9
	组织机构	102-18 102-22	P4.2 P4.5	P10-11
	公司治理	102-30 205-1 205-2	M1.1 M1.2 M1.3 M2.12 M3.5 M3.6 S1.1 S1.2	P12-13
社会责任管理	责任理念	102-16	G1.2	P14
	责任管理	205-2 419-1	G2.3 G2.4 G3.1 G3.2 G3.3 G4.1 G4.3 G5.1 M1.1 M1.3 M1.4 M1.5 M2.14 M3.5 S1.1 S1.2	P14
	责任沟通	102-12 102-13 102-21 102-29 102-31 102-33 102-34 102-40 102-42 102-43 102-44 102-46 102-47 103-1	G2.1 G4.3 G6.1 G6.2 G6.3 M3.4 M3.6 A3	P15-17
	责任荣誉		A3	P18-19
	责任大事记			P20-21
忆时 与祖国同庆，与时代同行			S1.7	P22-33
成长 为了您，我们全力以赴	用心奔跑在路上	203-1 203-2 413-1	M2.1 M2.2 M2.3 M2.4 M2.5 M2.6 M2.7 M2.8 M2.9 M2.20 M2.21 M2.22 M2.25 S1.4 S1.6 S1.7 S4.2	P36-43
	安全送达每一站	103-2 410-1 416-1 416-2	M2.17 M2.19 S3.1 S3.2 S3.3 S3.4 S3.5 S3.6 S3.7 S3.11 S3.12	P44-48
	让绿水青山留在身边	203-1 301-1 302-1 302-3 302-4 302-5 305-1 306-2 306-4	E1.1 E1.2 E1.4 E1.5 E1.7 E1.8 E1.9 E1.10 E1.11 E2.3 E2.4 E2.5 E2.7 E2.8 E2.9 E2.12 E2.16 E2.17 E2.22 E3.1	P49-52
	平凡中的极致	102-8 401-2 402-1 404-1 404-2 405-1 405-2 406-1	S2.1 S2.2 S2.3 S2.4 S2.6 S2.7 S2.8 S2.10 S2.11 S2.12 S2.13 S2.14 S2.15 S2.16 S2.17 S2.18	P53-56
	不期而遇的温暖	102-9 103-2 413-1	M3.1 M3.7 S1.8 S4.1 S4.6 S4.7 S4.11 S4.12 S4.13 S4.15	P57-59
人物 匠人筑心，匠心筑梦			S2.8	P60-67
印象 我眼中的北京公交			S4.2 S4.5 S4.6 S4.13	P68-79
展望未来			A1	P80-81
关键绩效		302-1 302-3 305-1 305-4 305-7 306-2 416-2	M1.6 M1.7 M1.8 M2.21 M2.23 M2.25 M3.8 M3.11 M3.13 M3.15 S1.3 S2.3 S2.15 S3.6 S3.11 S3.12 E1.12 E1.13 E1.14 E2.5 E2.6 E2.7 E2.13 E2.19 E2.23 E3.2 A2	P82-83
指标索引		102-55	A5	P84
关于本报告		102-1 102-50 102-51 102-52 102-53 102-54	P1.1 P1.2 P1.3	P85
意见反馈			A6	P86

关于本报告

时间范围

2019年1月1日至12月31日，为增强数据可比性、内容延续性，部分内容超出上述范围。

发布周期

本报告为年度报告，是北京公共交通控股（集团）有限公司发布的第7份社会责任报告。

报告范围

本报告主要披露了北京公共交通控股（集团）有限公司践行可持续发展、履行社会责任的意愿、行动和绩效。为便于表达和方便阅读，报告中，"北京公共交通控股（集团）有限公司"也以"北京公交""集团公司"和"我们"等称谓之。

数据说明

本报告中所使用数据均来自集团公司正式文件和统计报告，所引用的数据为最终统计数据。财务数据如与年度审计报告有出入，以年度审计报告为准。我们保证，本报告发布前所有数据和内容已通过集团公司管理层审核。我们承诺，本报告内容不存在任何虚假记载、误导性陈述和重大遗漏，对报告中数据的客观性和真实性负责。

参考依据

本报告编写参照国际标准化组织《ISO 26000: 社会责任指南（2010）》、全球可持续发展标准委员会（GSSB）《GRI可持续发展报告标准》（GRI Standards）、联合国《2030年可持续发展议程》、中国国家标准《社会责任报告编写指南》（GB/T 36001-2015）、中国社会科学院《中国企业社会责任报告指南之公共交通运输服务业》（CASS-CSR4.0之公共交通运输服务业），兼顾中国和国际准则。

编制过程

前期准备	报告撰写	内容审核	设计发布	反馈计划
● 组建工作小组	● 确认报告框架	● 审核报告内容	● 形成报告设计	● 收集各方反馈
● 同行对标分析	● 编制报告内容	● 确定报告内容	● 公开发布报告	● 部署下步计划
● 收集报告资料				

报告获取

本报告有中文和英文两种版本，均以纸质版和网络版两种形式提供。您可以在北京公共交通控股（集团）有限公司官网http://www.bjbus.com/home/index.php下载和阅读PDF电子版报告，获取更多关于我们的社会责任信息。

联系地址：北京市丰台区莲花池西里29号
联 系 人：冯帅
邮政编码：100161
联系电话：0086-10-63960088

意见反馈

尊敬的读者：

您好！感谢您阅读本报告。为进一步提升我们的工作水平，并使下一份报告更符合您的期望，衷心地希望您在以下方面给予反馈与建议。

1. 您对本报告整体是否满意？

☐是 　　　☐否 　　　☐一般

2. 您所关注的信息在报告中是否均有所体现？

☐是 　　　☐否 　　　☐一般

3. 您认为报告是否如实反映北京公交的社会责任工作和对利益相关方的影响？

☐是 　　　☐否 　　　☐一般

4. 您在报告中能否方便地找到您所关注的信息？

☐是 　　　☐否 　　　☐一般

5. 您对报告的排版设计是否满意？

☐是 　　　☐否 　　　☐一般

6. 您对我们今后社会责任工作和社会责任报告有何意见？

请留下您的信息，我们将严格保密：

联系电话： _____ 电子邮箱： _____

通讯地址： _____ 邮政编码： _____

我们的联系方式：

北京公共交通控股（集团）有限公司 战略和改革发展部

联系地址：北京市丰台区莲花池西里29号

联 系 人：冯帅

邮政编码：100161

联系电话：0086-10-63960088

一路同行 一心为您

Accompany You All The Way
Serve You Heart And Soul

北京公交®
Beijing Public Transport

地址:北京市丰台区莲花池西里29号

邮编:100161

电话:0086-10-63960088

传真:0086-10-63962003

网址:www.bjbus.com

北京公交
官方网站二维码

北京公交
官方微信二维码

100

百年同行 疫刻同心

北京公交®
Beijing Public Transport

2020 社会责任报告
2020 SOCIAL RESPONSIBILITY REPORT

图书在版编目（CIP）数据

北京公交社会责任报告：2018-2020/北京公共交通控股（集团）有限公司编著 . —北京：经济管理出版社，2021.9

ISBN 978-7-5096-7751-3

Ⅰ.①北… Ⅱ.①北… Ⅲ.①公交公司—企业责任—研究报告—北京—2018-2020 Ⅳ.①F512.71

中国版本图书馆 CIP 数据核字（2021）第 195135 号

组稿编辑：张莉琼
责任编辑：张莉琼
责任印制：张馨予
责任校对：王淑卿

出版发行：经济管理出版社
　　　　　（北京市海淀区北蜂窝 8 号中雅大厦 A 座 11 层　100038）
网　　址：www.E-mp.com.cn
电　　话：（010）51915602
印　　刷：廊坊市洪峰印刷有限公司
经　　销：新华书店
开　　本：880mm×1230mm/16
印　　张：18.5
字　　数：412 千字
版　　次：2021 年 10 月第 1 版　2021 年 10 月第 1 次印刷
书　　号：ISBN 978-7-5096-7751-3
定　　价：198.00 元（全三册）

100

百年同行 疫刻同心

回望百年，北京公交有轨电车叮当当的铃声，穿越世纪风云，回荡在沧桑巨变的 2021 年。百年春耕秋耘，风雨兼程；世纪薪火相传，生生不息。指针走过百年，定格今天，北京公交传承百年薪火，锐意创新发展，将梦想描绘成一幅幅崭新的画卷：建设人文公交、科技公交、绿色公交、人民群众满意公交——跨越百年，继往开来。指针指向未来，展望明天，传递着北京公交为人们缤纷生活的坚守和奉献，多彩的弧线承载着人们更加美好的未来——追求卓越、愿景壮美。

北京公交社会责任管理委员会

主 任

王春杰　朱　凯

副主任

沙　勇　高渝蓉　洪崇月　高　明　王秀英　常　江　马京明　陈万成　耿振诚

季朗超　曹　炎　邹艳环　孟　红

委 员

徐正祥　刘　岗　张泽莹　刘惠忠　高　原　孔维峰　万逸飞　徐立泉　杨　斌

邵　强　李庆元　周建勇　崔　迪　邵　丹　王永杰　蒋华茂　博红涛　洪晓洁

南子烨　崔　剑　赵　超

北京公交社会责任报告编辑委员会

主 编

徐正祥

副主编

胡利文　韩韫喆

成 员

蒲晓敏　冯　帅　赵一璞　李静雅　刘宝来　崔清德　王　超 (运营调度指挥中心)　于佳圆

范思琪　唐文兰　肖蓉蓉　邵博文　田家淼　张　杰　白　岩　杨丽芝　魏　民

纪沛龙　赵　颖　赵柳茵　吴　涛　宋　巍　许振华　董　铮　孙丹丹　朱配辰

宋殿宇　刘　琛

摄 影

王　超 (集团机关宣传部)　李天赐　刘　晨　宋振兴　郑　利　王荆晶　朱颖萍　朱玉成

韩智宇

目录
CONTENTS

至社区，进乡村

与日月同行，连万家灯火

迎八方来客，送一路平安

百年初心，历久弥坚

让更多的人享受更好的公共出行服务

始终真诚在心，奉献于行

是全心全意，服务乘客的不断追求

是朝乾夕惕，迎来送往的征程漫漫

是战疫路上，笃行不怠的坚持守候

是绿色出行，守护碧水蓝天的责任担当

是和融共生，惠众利民的真情奉献

世纪相传，生生不息

站在下个百年的历史起点

北京公交，初心如一

坚持与您一路同行

沿着纵横交错的时空连廊

驶向更加美好的明天

卷首语

穿行大街小巷的公交车
迎来送往的公交站点
在不知不觉中
律动着首都发展的脉搏
寒来暑往，春去秋来，时光年轮一圈又一圈
北京公交悄然迎来了一百年
百年征程，砥砺奋进，留下成长的印记
时光荏苒，岁月如歌，见证城市的变迁
北京公交始终与时代同频共振
与您同行的
每一站，都蕴含了一心为您的真情
每一路，都演绎着首都文明的韵律
每一程，都引领着绿色出行的风尚
百年发展，行稳致远
阡陌交错，线路密织

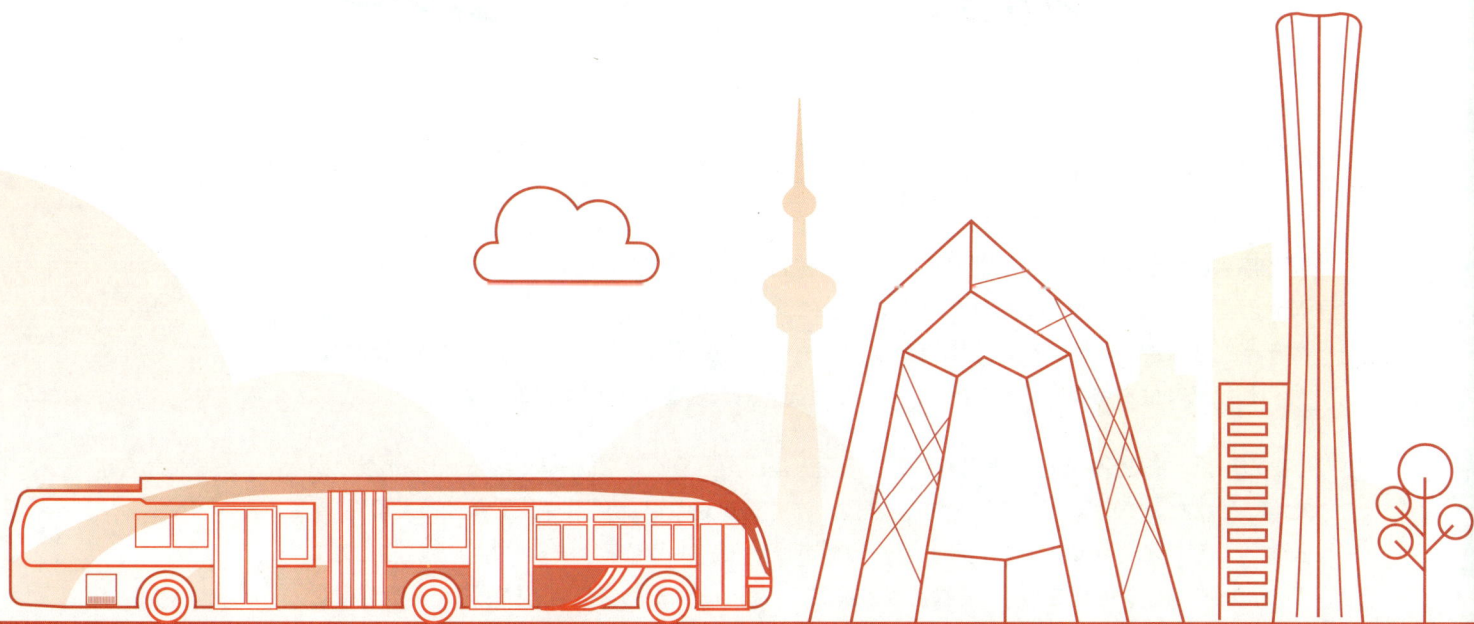

我们的问候

党委书记、董事长 ✍　　　　党委副书记、总经理 ✍

百年公交从"铛铛车"走来。1921 年，北京电车股份有限公司成立，开启了北京市现代公共交通的序幕。北京公交，一个与党同岁、与党同行的百年企业，走过峥嵘岁月，见证世纪风雨沧桑，成为我国地面公交发展和城市现代化建设进程的缩影。特别是新中国成立以来，在伟大的中国共产党坚强领导下，北京公交披荆斩棘、砥砺前行，打开新天地，事业大发展，昂首阔步新时代，为首都经济社会发展做出了卓越贡献，谱写了我国公共交通事业的壮丽篇章。

2020 年是新中国历史上、中华民族历史上乃至人类历史上极不寻常的一年。这一年是北京公交七年"三六九"改革和"十三五"规划的收官之年，也是谋划"十四五"和未来五年改革发展之年。面对世纪疫情和百年变局叠加，我们坚决贯彻市委市政府决策部署，统筹抓好疫情防控、复工复产、脱贫攻坚、运营生产、安全稳定等各项工作。我们在新冠肺炎疫情防控上取得重大成果，顺利完成了全年各项工作任务和"十三五"规划目标任务。

坚持百年传承，全心全意提升服务水平。顺应数字化转型趋势，我们深耕厚植运营服务各环节。落实北京地面公交线网总体规划，制订了 27 条走廊分批次落规实施计划。加快运营机制创新，在 41 处推行了区域调度，300 条线路实施准点工程，准点发车率 98.94%。"接诉即办"成绩显著，居市属国企第三名。客运市场持续扩大，承接北京经济技术开发区公交运营。亦庄新城现代有轨电车 T1 线正式开通试运营。中标雄安新区首个建成区地面公交运营服务项目，并开通运营。圆满完成了全国"两会"、党的十九届五中全会等重大政治活动交通服务保障任务。践行总体安全观，安全生产平稳有序。

坚持乘客至上，全力以赴做好疫情防控。疫情就是命令，防控就是责任。面对突如其来的新冠肺炎疫情，我们第一时间成立疫情防控领导小组，形成"统一领导、统一指挥、统一行动"工作格局。采取大站快车、区间车等调度措施，严格控制满载率，开展全员核酸检测，对所有运营车辆、场站定时消毒，确保疫情期间正常运营，实现了一线司乘人员"零感染"。响应市政府号召，及时推出定制公交服务升级版，服务复工复产。勇担援鄂医疗队、小汤山医院、地坛医院运输和新发地封闭人员的紧急转运任务，累计出车 1179 辆，运送 7.16 万人次。一方有难，八方支援。547 名党员干部义务献血，近 1.4 万名党员爱心捐款 85 万余元，25 名集团机关党员下沉，参加社区（村）疫情防控工作。

坚持绿色发展，成就首都公交最美底色。把"绿水青山就是金山银山"理念落到实处，以绿色转型推动高质量发展。加快建设现代化立体公交场站，康家沟、郭公庄、王佐、东小营 4 处规划场站基本建成。建成投运充电桩超过 1300 台，新能源和清洁能源公交车占比 87.34%，为建设绿色北京做出了新贡献。深入开展垃圾分类，参与垃圾分类活动 76592 人次。推出"一码通乘"服务，让出行更便捷。加快数字公交建设，"北京公交"App 功能全面优化，电子站牌建设取得实质性进展，提升了乘客出行体验。组织开展各类文明出行活动，带动更多人加入文明出行行列。

坚持共享发展，不断为相关方谋求福祉。我们始终与客户、员工等相关方共同成长，共享改革发展成果。打造人才引擎，开启公交行业设立博士后科研工作站先河，建设具有全球视野、走在世界前列的新型公交智库和高端智库。我们提交的《北京市公共交通地方性法规议案》被市人大常委会城建办明确建议列入立法计划。北京公交百年志取得阶段性成果。我们成功举办全国公交行业第一届"好讲师"大赛；为残障人士、农民等提供就业机会，帮助 468 名残障人士解决就业问题；充分发挥国有企业脱贫攻坚重要作用，多措并举助力河北、西藏、新疆、湖北等受援地区打赢脱贫攻坚战；开展维护站台秩序、清理站杆站牌等志愿服务，累计服务时长超过 69 万小时。

2021 年是中国共产党成立 100 周年，是北京公交建企 100 周年，也是"十四五"开局之年。站在百年公交新起点，北京公交将与利益相关方一道，立足新定位，把握新发展阶段，深入贯彻新发展理念，构建新发展格局，万众一心、开拓进取、坚毅前行，奋力在现代城市客运出行综合服务商建设新征程上开好局、起好步，以优异成绩庆祝中国共产党成立 100 周年。

走进北京公交
关于我们

北京公共交通控股（集团）有限公司是以经营地面公共交通客运业务为依托，多元化投资，多种经济类型并存，集客运、汽车修理、旅游、汽车租赁、广告等为一体的大型公交企业集团。根据"十四五"发展规划，北京公交确立城市客运出行综合服务、汽车服务与贸易两大主业，立足首都，服务京津冀，努力打造国内领先、世界一流的现代城市客运出行综合服务商。

我们承担着北京地面公交的主体任务，在北京城市公共交通发展中发挥着重要作用。截至 2020 年底，北京公交总资产 651.79 亿元，净资产 410.72 亿元，共有员工 92264 人。在册运营车辆 34025 辆，其中，公共电汽车 23948 辆。公共电汽车常规运营线路 1207 条，公共电汽车线路长度 28418 公里。运营多样化线路 535 条次。同时，运营 2 条现代有轨电车线路——西郊线和亦庄 T1 线。克服疫情影响，年客运量达 18.85 亿人次，日均客运量 514.99 万人次，行驶总里程 14.17 亿公里。

使命
让更多的人享受更好的公共出行服务

愿景
引领公众出行方式，提升城市生活品质，成为国际知名的现代城市客运出行综合服务集团

核心价值观
以人为本 乘客至上 创新发展 追求卓越

企业精神
一心为乘客 服务最光荣
真情献社会 责任勇担当

组织机构

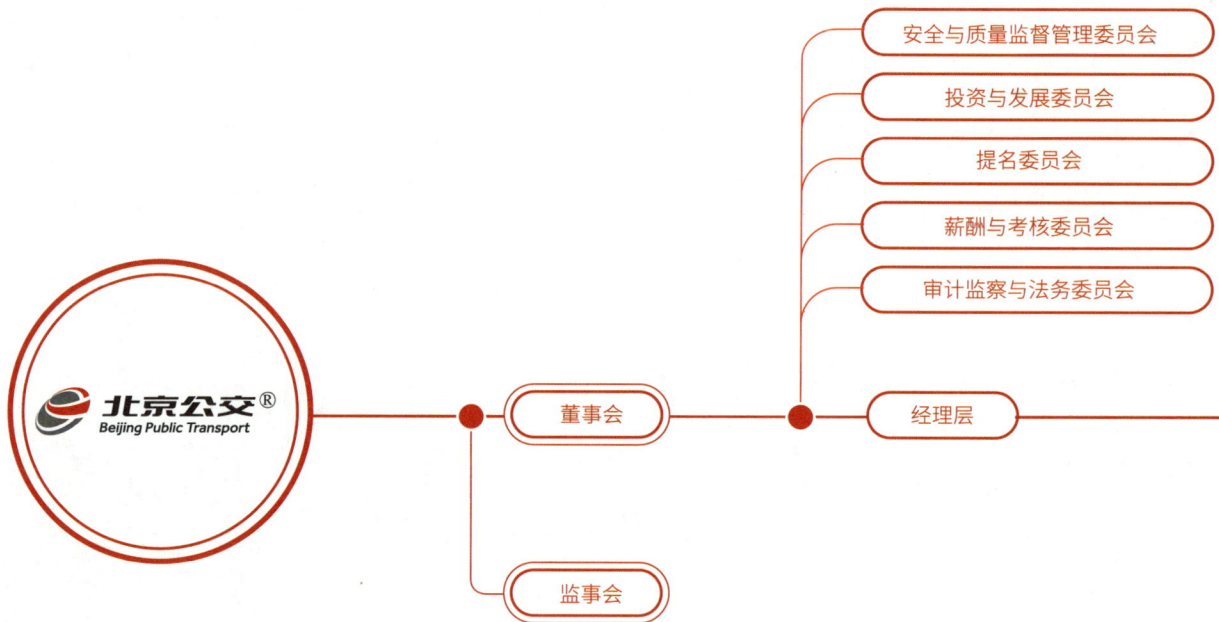

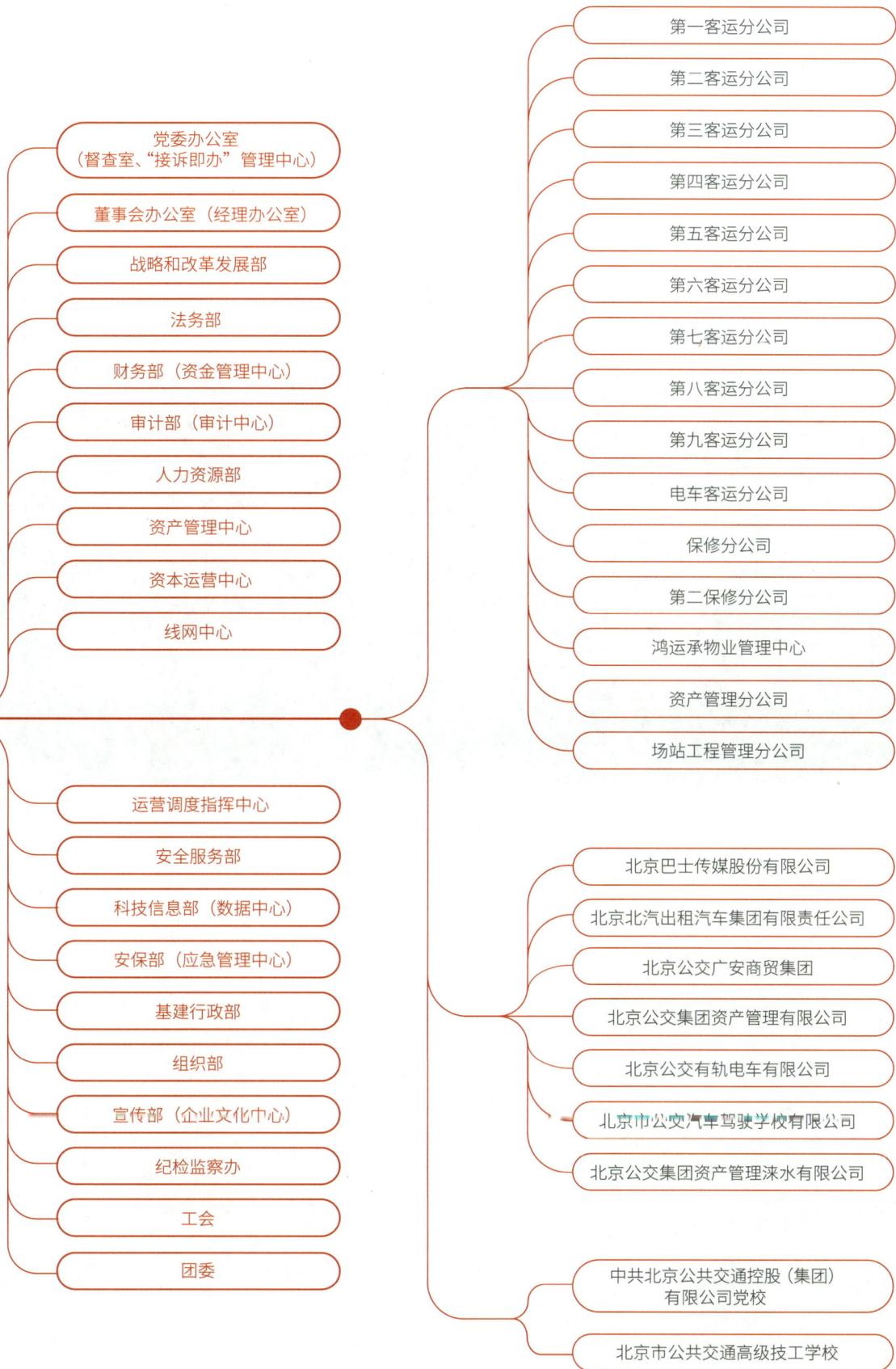

第一客运分公司

第二客运分公司

第三客运分公司

第四客运分公司

第五客运分公司

第六客运分公司

第七客运分公司

第八客运分公司

第九客运分公司

电车客运分公司

保修分公司

第二保修分公司

鸿运承物业管理中心

资产管理分公司

场站工程管理分公司

党委办公室
（督查室、"接诉即办"管理中心）

董事会办公室（经理办公室）

战略和改革发展部

法务部

财务部（资金管理中心）

审计部（审计中心）

人力资源部

资产管理中心

资本运营中心

线网中心

运营调度指挥中心

安全服务部

科技信息部（数据中心）

安保部（应急管理中心）

基建行政部

组织部

宣传部（企业文化中心）

纪检监察办

工会

团委

北京巴士传媒股份有限公司

北京北汽出租汽车集团有限责任公司

北京公交广安商贸集团

北京公交集团资产管理有限公司

北京公交有轨电车有限公司

北京市公交汽车驾驶学校有限公司

北京公交集团资产管理涞水有限公司

中共北京公共交通控股（集团）
有限公司党校

北京市公共交通高级技工学校

公司治理

北京公交坚持党委领导，不断完善治理机制和法治公交建设，坚持合规运营，加强风险管控，全方位提高管理效率和水平，推动北京公交实现高质量平稳发展。

北京公交 2020 年党政工作会

召开党委常委会
32 次

研究议题
238 项

开展党建活动
4789 次

党建培训时长
544 小时

党建引领

中共北京公交集团党委坚持"改革创新、提质增效、安全稳定、从严治党"总方针，把握新时代、新思想、新形势、新要求，全面推进党建与企业中心工作深度融合，积极提升发展质量与服务水平，为企业改革发展、安全维稳提供坚强的思想政治和组织纪律保障。

我们不断加强廉政教育，营造良好政治生态和廉洁氛围，开展"以案为鉴"警示教育，深入剖析违法违纪案例发生的根源，起到"警钟长鸣、守住红线"的警示教育效果；充分发挥"清风公交"教育平台作用，开展党风廉政警示教育，引导广大党员干部保持为民务实清廉的政治本色。

治理机制

北京公交严格推进"三重一大"决策管控，重新修订董事会议事规则，进一步完善法人治理结构，规范董事会决策程序和党委前置程序，将总法律顾问制度纳入集团公司章程，有效规避风险，促进工作程序更加规范、决策更加民主和科学。扎实推进国企改革三年行动落地。2020 年，完成信息披露 92 件，报送企业信息581 条。

召开董事会

8 次

讨论议题

61 项

专委会研究议题

47 项

经理办公会讨论议题

189 项

市国资委对公交集团公司开展 2019 年度董事会工作企业测评

天安门广场沸腾了，北京公交代表现场聆听总书记讲话

扫一扫
观看习近平总书记
激动人心的讲话

北京公交代表现场聆听习近平总书记在庆祝中国共产党成立 100 周年大会上的重要讲话

法治公交建设

北京公交加强党对法治建设的领导，推进企业法务与内控工作，提升企业风险防控能力，强化知识产权管理，有序推进标准化建设，以法治建设筑牢企业改革发展根基。

2020 年 9 月 24 日，集团公司总经理助理、总法律顾问季朗超在北京公交 2020 年度法治工作会上作法治工作报告，回顾了 2019 年集团公司法治公交建设工作在七个方面取得的新进展、新成效，分析了当前存在的四个问题，并对 2020 年加强法治公交建设的重点工作进行了部署，围绕中心、服务大局，做到六个"坚持"，更好地发挥法治在集团公司改革发展中的引领和规范作用，为打好集团公司七年改革任务和"十三五"发展规划目标收官战提供法治保障，奋力谱写国内领先、世界一流的城市客运出行综合服务商的法治新篇章。

申请发明专利

2 项

实用新型专利

4 项

出台团体标准

2 项

北京公交 2020 年法治工作会

2020 年，我们制定并发布《规章制度、重大事项、经济合同合法合规性审查管理规范》，成为市属国有企业中首个以企业标准的方式规定规章制度、重大事项和经济合同合法合规性审查的企业。首次实现案件总量和涉案总金额"双降"，其中，案件总量同比下降 43.51%，涉案总金额同比下降 3.24%。在市属国企中首次组织召开二级单位党政主要负责人现场述法评议。组织召开法治工作会、"12·4"国家宪法日宣传活动、"改革·发展·法治"培训等，深耕"法治公交"企业微信号，强化员工的法治思维和风险防控意识，推动法治公交文化深入人心。

人在法中
法在心中

第二客运分公司 经理

第七客运分公司 经理

北京市公共交通高级技工学校 校长

第八客运分公司 党委书记

资产管理分公司 党总支书记

北京公交首次召开二级单位党政主要负责人述法评议工作会

审计监督

北京公交聚焦重点领域管控、重点资金使用、重点项目实施等方面，实现审计监督全覆盖。我们不断强化审计监督力度，开展运营车辆空驶里程、线路开调延流程再造、保修全承修管理和重点基建项目专项审计等，提升企业治理能力和风险防范水平。2020 年，完成审计项目 65 项、222 项次，为企业深化改革管理提供了有力保障。

社会责任管理

责任先行是北京公交追求可持续发展的内生动力。我们坚持把企业发展融入到国家改革发展的时代大潮之中，积极推进社会责任管理工作，开展特色社会责任实践，携于利益相关方创造综合价值，实现企业与社会、环境的共同可持续发展。

责任理念

北京公交始终坚守公益性定位，秉承绿色发展理念，致力于缓解城市道路拥堵、减少大气污染、保障城市有序运行，认真践行"让更多的人享受更好的公共出行服务"的企业使命，为乘客提供安全、方便、快捷、舒适的出行服务。

安全　　　方便　　　快捷　　　舒适

北京公交社会责任理念

责任管理

面对发展新格局、经济新常态、行业新动向，北京公交实施可持续发展战略，建立了机构完整、权责明确、运转高效的社会责任管理组织，并通过不断完善社会责任制度，组织开展社会责任管理培训，提升社会责任管理水平，推动社会责任融入企业管理和运营的各个环节，提升企业责任竞争力。

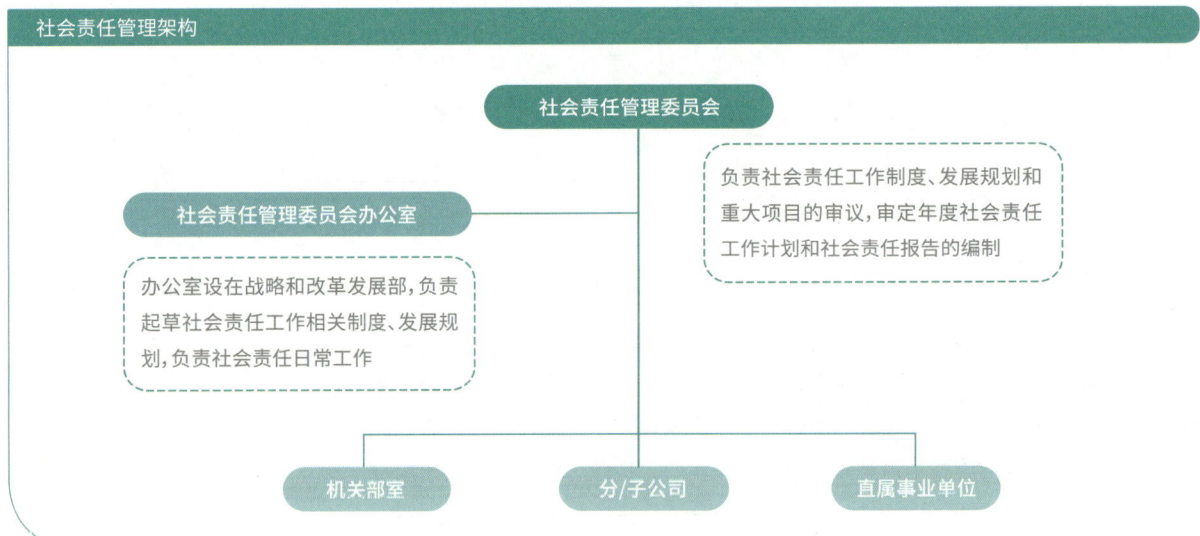

社会责任管理架构

社会责任管理委员会
负责社会责任工作制度、发展规划和重大项目的审议，审定年度社会责任工作计划和社会责任报告的编制

社会责任管理委员会办公室
办公室设在战略和改革发展部，负责起草社会责任工作相关制度、发展规划，负责社会责任日常工作

机关部室　　　分/子公司　　　直属事业单位

责任沟通

2020 年初暴发的新冠肺炎疫情让人们重新审视可持续发展的必要性。2021 年是实现碳中和目标倒计时的开始，也是步入一个更加繁荣多变、绿色可持续的新时代的起点。立足新背景，北京公交加强利益相关方沟通交流，携手共赴可持续发展未来。

实质性议题

我们遵循实质性议题分析流程，开展利益相关方问卷调查，整理形成议题库，并按"经济、环境和社会影响的重要性"和"对利益相关方评估和决策的影响"两个维度，进行重要性排序，绘制实质性议题矩阵，筛选和披露实质性较强的关键议题。

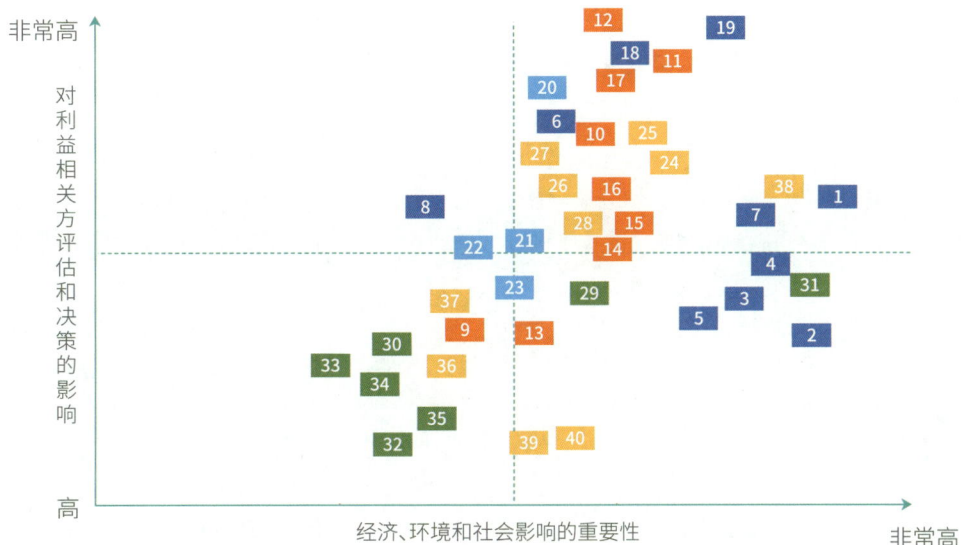

实质性议题矩阵

1 完善公司治理	11 公交服务便利性	21 提升应急保障能力	31 碳中和
2 加强党建	12 乘客满意度	22 强化安全管理	32 节能减排
3 依法治企	13 服务京津冀一体化	23 科技创安	33 绿色办公
4 贯彻宏观政策	14 科技创新	24 员工权益保护	34 应对气候变化
5 深化国企改革	15 "公交+互联网"	25 平等雇佣	35 绿色环保公益
6 责任管理	16 重大活动和重要时期保障	26 职业健康管理	36 促进就业
7 反腐倡廉	17 服务首都发展	27 员工培训与发展	37 乡村振兴
8 引领行业发展	18 保障乘客安全	28 员工关爱	38 应急救援
9 多样化服务	19 加强公共安全	29 倡导绿色出行	39 倡导文明出行
10 无障碍服务	20 培育安全文化	30 优化能源结构	40 志愿服务

利益相关方沟通

我们不断健全社会责任沟通机制，通过多种渠道与利益相关方保持常态化沟通，了解和回应利益相关方对公司的期望与诉求，与利益相关方一起推动企业可持续发展。

利益相关方	期望和诉求	回应方式
政府	守法合规 落实政府交通规划 服务区域经济发展 带动就业 响应疫情防控要求	合规运营与风险控制 依法纳税 主动接受政府监督 服务京津冀协同发展 承担疫情紧急转运任务
乘客	优质贴心服务 保障出行安全	提供多样化出行服务 促进无障碍服务 乘客满意度调查 接诉即办 驾驶员行车安全培训 安全应急管理
员工	员工权益保障 员工成长和发展 关爱员工生活	完善薪酬福利体系 工会、职工代表大会 职业健康与安全管理 开展员工培训 困难员工帮扶
行业 / 合作伙伴	遵守商业道德 促进行业共建	负责任采购 反不正当竞争 推进科技创新 与合作伙伴开展战略合作 积极支持行业协会工作
社区	加强社区共建 助力公益慈善 协同抗击疫情	开展志愿服务 助力乡村振兴 促进社会就业 倡导文明出行 党员下沉社区支援防疫
环境	遵守环境法律法规 保护环境	倡导绿色出行 节能减排 推广新能源车辆 垃圾分类和光盘行动 植树造林绿色公益

与人民交通出版社
签署战略合作框架协议

北京公交驾校开展青少年交通安全训练营

开展北京有轨电车
西郊线小记者打卡活动

与北京工业大学
签署战略合作框架协议

举办第二届职工文化节暨第二届职工嘉年华

责任荣誉

北京公交集团、所属单位部分荣誉

集团荣获
"第十八届全国交通企业管理现代化创新成果"一等奖

集团荣获
第二届交通运输优秀文化品牌推选活动"优秀组织奖"

集团荣获
第七届最美企业之声"最美责任之声"金奖

集团荣获
北京市 2020 年度市级交通安全"优秀系统"称号

集团荣获
北京市生态环境局等委办局颁发的"环保明星"称号

集团荣获
北京市残疾人福利基金会颁发的"2020 年度爱心助残单位"称号

北京市公交汽车驾驶学校有限公司荣获"2018-2019 年度全国交通运输行业文明示范窗口"称号

第四客运分公司荣获"第六届全国文明单位"称号

第一客运分公司工会荣获"全国模范职工之家"称号

电车客运分公司第九车队6 路荣获 2020 年全国"敬老文明号"称号

北京北汽出租汽车集团有限责任公司荣获"北京市模范集体"称号

电车客运分公司荣获第十届书香中国·北京阅读季"书香企业"称号

第一客运分公司
"送温暖、献爱心，大手牵小手"志愿服务项目荣获"首都最佳志愿服务项目"称号

第二客运分公司四惠枢纽站运营管理中心荣获"北京市模范集体"称号

电车客运分公司供电所线路工程队荣获"北京市模范集体"称号

第七客运分公司应急管理中心荣获"北京市青年安全生产示范岗榜样集体"称号

部分个人荣誉和奖项

第四客运分公司驾驶员常洪霞
荣获**"全国劳动模范"**
"十大最美公交司机"称号

第三客运分公司驾驶员刘宝中、
第二保修分公司工人管理侯兴光
荣获**"全国交通运输系统**
劳动模范"称号

第三客运分公司驾驶员刘宝中
荣获**2020年全国**
"敬老爱老助老模范人物"
2019年"最美公交司机"称号

第二客运分公司驾驶员孟大鹏
荣获**2019年**
"最美公交司机"称号

第五客运分公司第二车队
运营队长王宝利
荣获**"全国交通运输系统**
抗击新冠肺炎疫情先进个人"称号

第一客运分公司驾驶员陈颖、
北京市公共交通高级技工学校教师
齐士方等**24名员工**
荣获**"北京市劳动模范"**称号

第三客运分公司驾驶员张景龙
荣获**"北京市抗击新冠肺炎疫情**
先进个人""北京市优秀共产党员"
称号

第八客运分公司驾驶员谢金龙
荣获**"北京市抗击新冠肺炎疫情**
先进个人"称号

第五客运分公司范红雨、高伟、
李卫兵和苏慧丽
荣获**"北京市2020年度见义勇**
为人员"称号

责任大事记

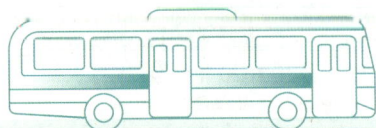

1 月

成功申报北京地面公共交通运营服务标准化试点，被国家市场监管总局批准列入第六批国家级社会管理和公共服务综合标准化试点项目

将首批救灾物资 1.5 万只口罩、1000 瓶消毒液送达武汉，支援武汉公交抗击疫情

2 月

"北京公交" App 开通病患同行查询、车厢拥挤度查询功能

为复工企事业单位提供定制公交通勤服务

8 月

承接北京经济技术开发区地面公交运营工作，推进地面公交城乡一体化战略落地

启用北京首家通过 VR 场景、5G、"互联网＋"技术模拟等为员工提供交互式、场景式、体验式的安全教育体验培训中心

开展垃圾分类工作

第二届职工文化节开幕

7 月

获批筹设北京市公共交通技师学院

举办"北京公交车身颜色及图案创意设计征集"活动并发布获奖作品

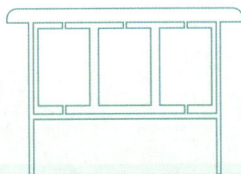

9 月

完成中国国际服务贸易交易会交通运输保障任务

与北汽福田欧辉公司举办交车仪式，接收使用 2120 辆欧辉新能源客车

与首农食品集团签订战略合作框架协议

10 月

中标雄安高铁站定点班车运营服务项目，雄安新区首个建成区地面公交运营服务项目落地

举办北京公交第二届职工嘉年华活动

举办北京公交 2020 年驾驶员"金银方向盘奖"表彰仪式

3月

开通小汤山、地坛医院医护通勤班车；完成援鄂医务人员接机转运保障任务

启用银联卡刷卡乘车功能

发布综合生产要素平台、智能公交助手和升级后的智能调度客户端三项智能公交 1.0 系列软件，数字化转型迈出重要步伐

4月

修订《运营驾驶员分类安全管理办法》，运营驾驶员安全管理体系更加完善

成功注册"北京定制公交"商标；"北京定制公交升级版"推出全新月卡、次卡等多种票型，方便乘客按需购票

6月

提交的《北京市地面公共交通地方性法规的议案》，成为唯一一个被市人大常委会城建办明确建议列入立法计划的议案

与人民交通出版社签署战略合作框架协议

完成新发地疫情突发应急转运任务

5月

完成全国"两会"期间运输服务保障工作

与北京工业大学签署战略合作框架协议

推出"一码通乘"服务

与中石化分公司合资创建中石化公交能源科技有限责任公司

11月

人力资源和社会保障部、全国博士后管理委员会批准北京公交设立公交行业首个博士后科研工作站

郭公庄公交场站及立体停车楼工程完工

12月

中共北京公交集团党委三届七次全会审议通过《中共北京公交集团党委关于制定"十四五"发展规划和二〇三五年远景目标的建议》

举办 2021 年新年音乐会暨 2020 年员工退休仪式

北京首个集停、保、运为一体的公交场站——康家沟电保基地主体结构完工

亦庄新城现代有轨电车 T1 线载客试运营

召开"2020 年劳动模范表彰暨抗击新冠肺炎疫情表彰大会"

100

百年瞬间
100YEARS

北京公交在百年岁月的长河走过，留下一圈圈"涟漪"，承载的是岁月的步伐，积淀的是服务的温度，定格的是美好的瞬间。一百年来，一代代北京公交人同心同德、接续奋斗，推动着公交事业不断发展、持续向前。

响应联合国可持续发展目标

| 3 良好健康与福祉 | 9 产业、创新和基础设施 | 10 减少不平等 | 11 可持续城市和社区 |

100 百年瞬间 100YEARS

定格百年芳华 追忆首都印记

穿梭于时光之中，在白驹过隙间感受北京公交的日新月异。一张张留下时代印记的照片，既是北京公交百年来发展的缩影，也是建党百年首都发展巨变的缩影，印刻着北京公交的发展足迹，印证着这座城市的发展变迁。

1921

- 1921 年 6 月 30 日，北京电车股份有限公司正式成立

1924

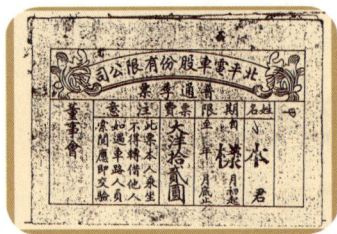

- 1924 年 12 月 17 日，北京电车股份有限公司在前门举行隆重的开车典礼

1950

- 朱临，新中国第一代劳模，1950 年成功试制"五一式煤气炉"

1925

- 北京电车股份有限公司首次发行普通月票、二等月票、普通季票、二等季票。图为 1928~1929 年使用的普通季票票样

1935

- 为了解决地区局限和大站郊区旅游出行问题，弥补电车运力不足，北平市政府从美国购买 T110 型小道奇牌客车 30 辆，组建北平公共汽车管理处

- 电车公司招录了第一批女售票员

- 20 世纪 50 年代西单商业街公交穿行景象

1946

- 1946 年 1 月 1 日，北京电车股份有限公司举行自造"和平""建国""胜利""复兴"4 辆新车通车典礼

1949

- 时任北平市市委第一书记彭真亲自题名的"五一劳动号"有轨电车开出

- 开国典礼上，电车工人经过天安门城楼，毛主席高呼电车工人万岁（刘凤山、郭军 绘）

100 百年瞬间 100YEARS

数说奋进发展　见证沧桑巨变

伴随着新中国的繁荣与昌盛，首都公交事业从百废待兴到实现跨越式发展，取得了卓越非凡的发展成就。每一步成长、每一个数字背后，都是北京公交百年发展的前行足迹，书写着"让更多的人享受更好的公共出行服务"的初心和使命。

	1921 年	1949 年	1980 年	2012 年	2020 年
员工总数（人）	—	1353	50996	106391	92264
车辆数量（辆）	10	164	4587	28707	34025
线路条数（条）	0	11	317	993	1214
线路长度（公里）	0	77	15925	194359*	28532
年客运量（万人次）	0	2885	234667	499986	188487

注：* 数据包含长途线路。

100 百年瞬间 100YEARS

透过人车站线 述说百年变迁

百年风雨征程，世纪沧桑巨变。百年来，北京公交精神薪火相传，秉持"让更多的人享受更好的公共出行服务"的不变初心，一代代北京公交人在历史的传承与创新中不断迎接挑战、创新发展、铸就辉煌。

在奋斗与奉献中谱写一样的初心与使命

聆听劳模故事，传承劳模精神，做新时代的奋斗者

在北京公交百年发展历程中，劳模精神始终代代相传。他们是北京公交员工的先进代表，在各自岗位上勤奋工作、勤勉敬业，诠释着北京公交"一心为乘客、服务最光荣、真情献社会、责任勇担当"的责任精神。

20 世纪八九十年代常坐北京 110 路的乘客都知道，车上有个"满腹经纶"的女售票员，她就是1989 年全国劳动模范任玉琢。在信息技术并不发达的年代，为更好地服务乘客，帮助乘客少走冤枉路，她利用下班时间徒步丈量线路，熟悉线路周边情况，不仅克服困难自学方言，还主动学习英语和手语，满足不同乘客多元化服务需求，让更多人感受到北京公交的温情服务。

一件件小事儿，温暖和感动着她服务过的每一位乘客，1004 封来自全国各地的表扬信，便是对任玉琢车厢服务的最好例证。

任玉琢贴心服务老年乘客

"老一辈劳动模范全心全意为人民服务的精神，让我十分感动。劳动模范称号是一种荣誉，更是一份责任、一份动力。"2020 年全国劳动模范常洪霞说道。她在公交一线运营服务的岗位上，一干就是 26 年，安全行车近 50 万公里。她总结出的"十心实意"服务法、"暖心箱"等优秀工作方法，不仅为乘客提供有品质、有温度、有真情的服务，也感染和鼓励着更多的公交人不断提升服务水平，践行为民服务的最美初心。

常洪霞提出的"暖心箱"

一花独放不是春，百花齐放春满园。常洪霞通过"传帮带"、"创新工作室"、日常沟通交流等多种途径，与同事们一起分享交流工作经验，让劳模精神更好地传承与弘扬。

劳动创造幸福，奋斗铸就伟大。"爱岗敬业、争创一流、艰苦奋斗、勇于创新、淡泊名利、甘于奉献"的劳模精神在一代代北京公交人中传承，为北京公交百年奋斗的历史画卷增添一抹抹浓重的亮色，也为北京公交下个百年的高质量发展提供源源不断的动力。

不同的时代 相同的选择

面对危险，义无反顾、奋不顾身，守护乘客安心出行

在北京公交百年历程中，面对危险，总有人勇往直前、奋不顾身，用自己的行动全力保障乘客安心出行，用奉献诠释人生价值。

静静追思，深深缅怀。1980年2月17日晚上，售票员曹振贤为维护车上的治安秩序，遭到歹徒恶意辱骂和撕打。面对危险，他临危不惧，只身与歹徒英勇搏斗，在被锋利的匕首刺入右胸负伤后，忍着剧痛紧追凶犯150米，终因伤势过重倒在地上，送医院抢救无效壮烈牺牲。这一年，曹振贤年仅21岁，他用自己年轻的生命维护了公共秩序和社会治安。1980年，共青团北京市委授予曹振贤"模范共青团员"称号，北京市人民政府批准其为"革命烈士"。

北京市人民政府在曹振贤牺牲地点附近的会城门公园内建立烈士大理石塑像，供广大人民群众瞻仰

惊险一刻，奋不顾身。2020年9月5日上午，在正常行驶的北京941路公交车上，一名男子与其他乘客因挤撞发生争执并持刀伤人。在危险关头，乘务管理员李斌第一时间冲了上去，站在乘客面前。

该男子在车里疯狂地挥舞着手中的刀，刺在李斌的身上，但他强忍着剧痛与驾驶员乔燕军一起将该名男子控制并报警。由于出手及时，被刺乘客伤势并无大碍，但李斌却身受重伤，最终晕了过去。他的感人事迹得到了社会各界的高度赞扬，被评为2020年度"北京榜样"年榜人物。

乘务管理员李斌

"北京公交坚持对全体司乘人员和乘务管理员开展安全培训，由于日常工作中经常接受应急培训和演练，所以当时面对突发情况，我没有多想就直接冲上去了。"

他们是普普通通的一员，却在平凡的岗位上用汗水、鲜血乃至生命保护乘客的安全，谱写了不同时代的英雄赞歌。他们舍身忘我、无私奉献的正义感和牺牲精神也将激励着一代代北京公交人持续践行守护乘客安全出行的责任使命。

三代人的传承见证跨越时空的变迁

保持初心，满怀热爱，一代代公交人见证着发展与变化

百年光阴，对于历史长河来说，只不过是沧海一粟；而对一个家庭三代公交人来说，却是奋斗精神的传承、对公交事业热爱的传递。他们用自己的岁月见证着北京城市交通的发展变化，为城市的发展不断努力、尽心奉献。

保持行驶里程达 103 万公里无事故记录的 44 路驾驶员张继国，在创造绕城圈数最多纪录的同时，还引导他的儿子张鹏继续干好公交岗位，做一个爱岗敬业的好员工，为首都公交再创新业绩贡献力量。张继国和他的儿子张鹏都是北京公交 44 路驾驶员，爷俩经常一起上晚班，一个跑内环，一个跑外环，夜晚零点后下班到家，一起吃着夜宵，交流一天的感受，然后进入梦乡。

说到在 44 路工作的张继国和张鹏父子俩的故事，还得从祖父辈的张存善说起。张存善是张继国的父亲，也是 44 路的早期员工，1980 年二环准备开新线，作为老 6 路联组长的张存善，带着自己的联组和其他车队抽调来的几个联组，组成了 44 路工作组。1982 年 9 月，张存善退休后，张继国也开始了自己的公交驾驶生涯，这一干便是 30 多年。在爷爷和父亲联合熏陶下，张鹏从小就有了很深的公交情结，毕业后主动参加了 2013 年的公交招聘，干了近 6 年的售票工作后，于 2018 年 10 月坐进驾驶位，也成为了一名驾驶员。

不同年代的公交人，对北京公交有着不同的体验，但也有着相同的热爱，这份热爱在传递，那份精神在传承。

像张存善这样老一辈的公交人，他们经历了公交行业最苦、最累的年代。车型单一、操作复杂、劳动强度大、场站环境简陋、道路条件差，他们在艰苦的环境下，带着满腔热情，克服重重困难，为北京公交积累了很多安全、技术、服务方面的经验，更为公交事业的发展奠定了坚实的基础。相对于父亲经历的艰苦岁月，张继国这代公交人可谓是幸运的一代，他们见证了北京公交的日新月异，见证了北京公交发展开始驶入快速车道的历史性时期。

三代公交人，将近 70 年的时间，他们在不同的时间、相同的线路、相同的岗位，奔着相同的目标奋斗，见证了北京公交翻天覆地的变化，也亲历了公交人勇攀高峰的奋斗历程。

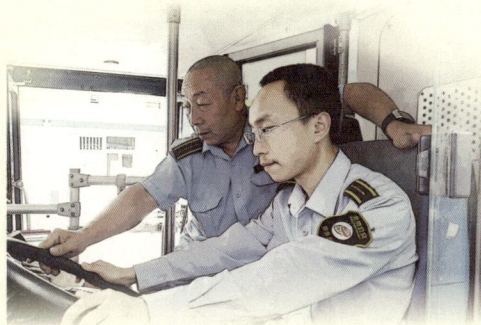

44 路驾驶员张继国和张鹏父子

用我的笔尖带你探寻公交前世今生

用一幅幅精致的图画在回顾历史中记录现在

作为公共交通出行的重要工具，公交车穿梭在城市的各个角落，成为北京城一抹亮丽的流动风景。从第一辆有轨电车出现在北京街头，到背着煤气包的公交车，到马力十足的柴油公交车，再到马路上最常见的汽油车，一直到今天的新能源电动公交车……随着城市的发展，公交车不断更新，它也承载着一代又一代北京人的记忆，见证了首都的发展巨变。

很多关心北京公交事业发展的热心乘客，用他们的方式记录着北京公交发展的点点滴滴。

从小喜欢汽车的"90后"小伙李明卿热爱并关注着北京公交的发展与变化。爱好画画的他，利用业余时间用手中的画笔记录着北京公交的发展与变化，一幅幅生动、逼真的画作，将人们的记忆带回到了不同的年代，通过画作感受记忆里的别样生活。"2021年北京公交即将迎来百岁纪元之年，我希望用手中的画笔，创作出历代北京公交车型的美术作品，向更多的人展现属于自己的那份'北京公交 百年记忆'。"李明卿说。

在创作时，李明卿不仅将车辆的外观写实地描绘出来，也常常会加入一些人物和场景，李明卿说："从画上人们当时的生活环境、建筑、街道等细节，能感受出那个年代北京特有的味道。"让人们看到画作就能回忆起当年陪伴自己的公交车，唤起当年的记忆。平日里，怀旧的李明卿还喜欢收藏公交车模型，当公交车模型和画作放在一起时，这种碰撞便交织出奇幻的火花，仿佛跳跃时间之外，回忆起当年的件件往事。

李明卿和他收藏的北京公交车模型

百年之间，北京的公交车有了日新月异的变化，柴油车、汽油车逐渐被新能源电动车取代，不仅公交车数量越来越多，线路越来越密，车辆也越来越舒适环保，一辆辆公交车为市民提供着安全、便捷的公共出行服务，伴随着一代代市民的成长与发展。

第一台有轨电车与西四牌楼　李明卿 绘

北京『大1路』

驶百里长街 看时代变迁

回顾『大1路』发展历程

感受北京公交的时代变迁

一提到北京公交车，很多人自然而然地就想到了穿越长安街的 1 路公交车。一些上了岁数的北京人，还对 1 路公交车有个爱称"大 1 路"，这一叫就是几十年，经久不衰。回顾"大 1 路"的发展历程，在方寸之间感受北京公交的时代变迁。

1935 年 9 月 5 日，1 路公共汽车正式运营，线路全长虽然仅有 8.66 公里，但 1 路公交车的别样故事由此拉开了序幕。在 1937 至 1960 年间，受战争、燃油紧张等社会和经济因素影响，1 路公交经历了多次停运，直到 1961 年 7 月才重新开线。自此"大 1 路"驶上了长安街，成为横贯长安街的公交主干线，重新焕发了新的生机与活力，也被北京市民亲切地称为"大 1 路"。

随着城市的发展与变迁，乘着改革开放的春风，"大 1 路"也在不断成长和变化，车型历经黄河通道车、白色斯太尔、京华 CNG 单机车、黄海铰接式客车、福田 LNG 通道车、"中国红"纯电动公交车……每一种新车型都是"大 1 路"领跑，成为了长安街上一道特殊的风景线，也见证着北京作为现代化都市与历史文化古都的融合。

1976 年， BK670 铰接车试制成功，这款经典的"黄河通道"首先投入 1 路并很快成为 20 世纪八九十年代北京公交的绝对主力。

2017 年，首批 10 辆以"中国红"为外观主题的 18 米纯电动公交车投入 1 路运营，为长安街再添一道亮丽风景。

"大 1 路"作为最早一批在长安街运行的公交线路，经历了时代的更迭变迁，从"捷克喀罗莎"到"新型中国红"，它就像一张名片，讲述着北京城的故事。

在长安街驰骋绵延数十载的"大 1 路"，承载着不同年代乘客的不同记忆。透过"大 1 路"的车窗，人们可以看到新中国的成立、建设和改革发展的每一个重要历史时刻。通过"大 1 路"的发展，人们可以感受北京公交"一路同行、一心为您"的不变初心。

跟随城市变迁 留住乡愁记忆

让站名留住历史的记忆，记录城市的发展，方便市民的出行

近年来，随着城市的发展以及外部实体的变化，部分站名已不能准确表述车站位置，给乘客辨识和出行带来了一定的不便。为方便乘客出行，北京公交继 2005 年、2014 年之后，第三次对所辖线路集中开展统一规范站名的工作。

2020 年，按照"尊重历史、好记易背、命名先行、规范有序"的原则，北京公交在充分考量市民建议的基础上，对 843 个站名进行调整，让站名留住历史记忆，见证发展变迁。铁辘轳把、东四块玉、东晓市、打磨厂……提起这些地名，不少老北京人可以说是耳熟能详、亲切入耳。在北京公交这次站名调整中，将很多指代相对模糊的站名优先调整为传统地名，最大限度留住历史印记。

站名的背后，有多少思想碰撞、多少现场踏勘、多少调研走访和历史考证。站名绝不是简单的几个字，是标准、规范和体系。

在站名调整的过程中，北京公交积极听取乘客意见，"向社会公示征求意见后，共有 3.2 万市民参与讨论，并提出了 6200 余条意见建议，我们从中采纳了近 900 条。每一条建议，都凝聚着广大乘客对北京公交的关注和对这座城市的热爱。" 北京公交线网中心高级业务主管张宇石说。

站名的调整不单单是公交站名字的更换，更是一项复杂的"大工程"。不仅每条线的所有站牌都要调整，还包括制作新的费率卡、车厢标志标识，重新录制语音报站提示，以及信息系统更新、App 和网站服务升级等工作。在站名更改的背后凝结着北京公交人的智慧与辛勤，也承载着乘客对便捷出行的期待、对传统文化的尊重和对城市的记忆。

匠心织线网 阡陌达万家

持续优化线网结构，让公共出行更加便捷、高效

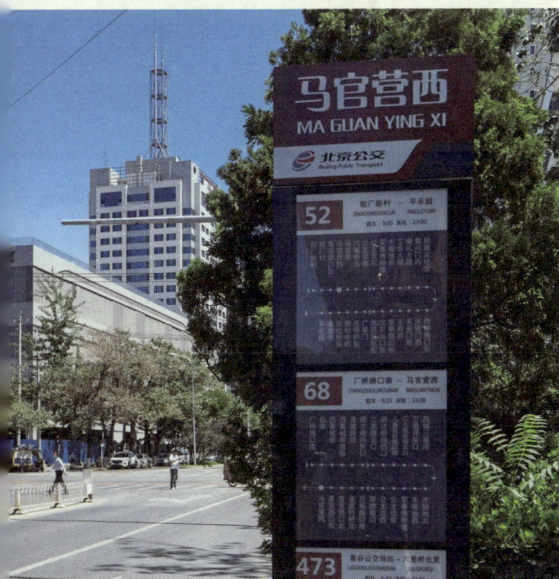

驰骋的公交满载温情、日复一日地穿梭于大街小巷，将南来北往、络绎不绝的乘客安全、便捷地送达目的地。随着北京市城市规模和经济半径的扩大，以及不断完善的路网和道路环境，人们对于美好出行生活的需求也更加迫切。

北京公交积极探索、主动改变，持续优化线网结构，创新开拓定制公交，促进服务能力和服务质量的不断提升，用点滴行动诠释着初心与使命。

北京公交根据城市功能布局和人口空间分布变化，结合轨道交通的发展，持续减少中心城区线路重复，将资源重新分配到外围区域。着力打造多级线网体系，利用公交走廊和高快速路专用道，在安立路等多条道路形成骨干线路格局。围绕地铁、公交干线和社区织密普微线网，让更多乘客能够快速换乘、便捷出行。

为满足乘客差异化、多样化出行需求，北京公交一方面持续优化调整全市夜班公交线路，建立了由 37 条线路构成的夜班线网，线路长度达到 892 公里，实现三环内中心城区主要骨干道路及城市副中心、"回天"地区的夜班线网覆盖；另一方面，积极推进多样化公交服务，创新推出商务班车、快速直达专线、节假日专线和休闲旅游专线等多种服务产品。

北京公交在中心城区范围内和周边部分大型社区已经基本实现全天候运营服务，不断完善能够全方位满足乘客出行需求的多样化公交服务体系。

无论是线路调整，还是多样化公交服务，都源自广大市民乘客的出行需求，所有的改变都是"一路同行、一心为您"的价值体现。北京公交秉持初心，与时俱进，创新服务，践行为公众提供安全、快捷、方便、准时、舒适的"公共出行服务"这一郑重承诺。

助力京津冀协同发展
承载发展梦想

让梦想的实现更近一步
『幸福线』『惠民线』『致富线』

河北燕郊与北京通州区只有一河之隔，独特的地理位置、较低的居住成本以及相对完善的配套设施，吸引了数以万计的"北漂"族在此安家。他们在燕郊生活、在北京工作，日复一日地奔波往返于北京与河北之间。930 路公交车便是这样一条连接梦想的惠民线路。

作为北京公交第一条跨省运营的公交线路，930 路也是全国第一条高速公路免费通行的公交线路。从国贸郎家园开到河北三河，全程 60 余公里、35 个站点。自 1996 年 6 月开通以来，它便成为了连接河北三河、燕郊与北京的东郊大动脉。伴随着日益便捷的出行，930 路的客运量从最初的每天 2000 多人次，增长到最高峰的 2 万人次；从最初只有 10 辆车，到现在的 52 辆，日发车达到 231 车次，疫情前每日运送乘客 1.8 万至 2 万人次。

930 路让"跨省上班"这件不可思议的事情逐渐变为现实，并且更加方便，也把北京公交的热情优质服务带给广大乘客，为他们的发展梦想增添翅膀。

乘车人数的不断增加，对公交服务也提出了新的挑战和更高的要求。为更好地满足市民的出行需求，北京公交积极完善基础设施建设，科学合理调配车辆，用更加充沛的运力、更加舒适的车型，让更加美好的出行服务体验陪伴在北京追梦的奋斗者们。25 岁的 930 路，是北三县兴盛发展的见证者，也是地区经济发展的参与者和贡献者。

与此同时，北京公交积极参与雄安新区公共交通建设，取得雄安高铁巴士线路的经营权。北京公交雄安高铁巴士线路的正式开通与城市副中心区域公交承接工作的快速推进，标志着京津冀交通一体化发展取得实质性突破。

京津冀协同发展，交通是基础和先导。无论是开通更多跨省线路，还是推出京津冀一卡通，北京公交都始终以满足广大群众的公交出行需求为己任，心怀发展大局，助力京津冀协同发展，让更多的人享受更好的公共出行服务。

疫刻同心

2020年伊始，一场突如其来的疫情使曾经车流如织的都市变得安静、空旷。空寂的背后，是全国人民众志成城抗击疫情的决心与努力。作为首都地面公交运行主体和国有特大型公益性企业，北京公交始终把广大乘客的生命健康安全放在第一位，勠力同心保证首都地面公交安全有序运转，用坚守带来最温情的陪伴。

响应联合国可持续发展目标

3 良好
健康与福祉

11 可持续
城市和社区

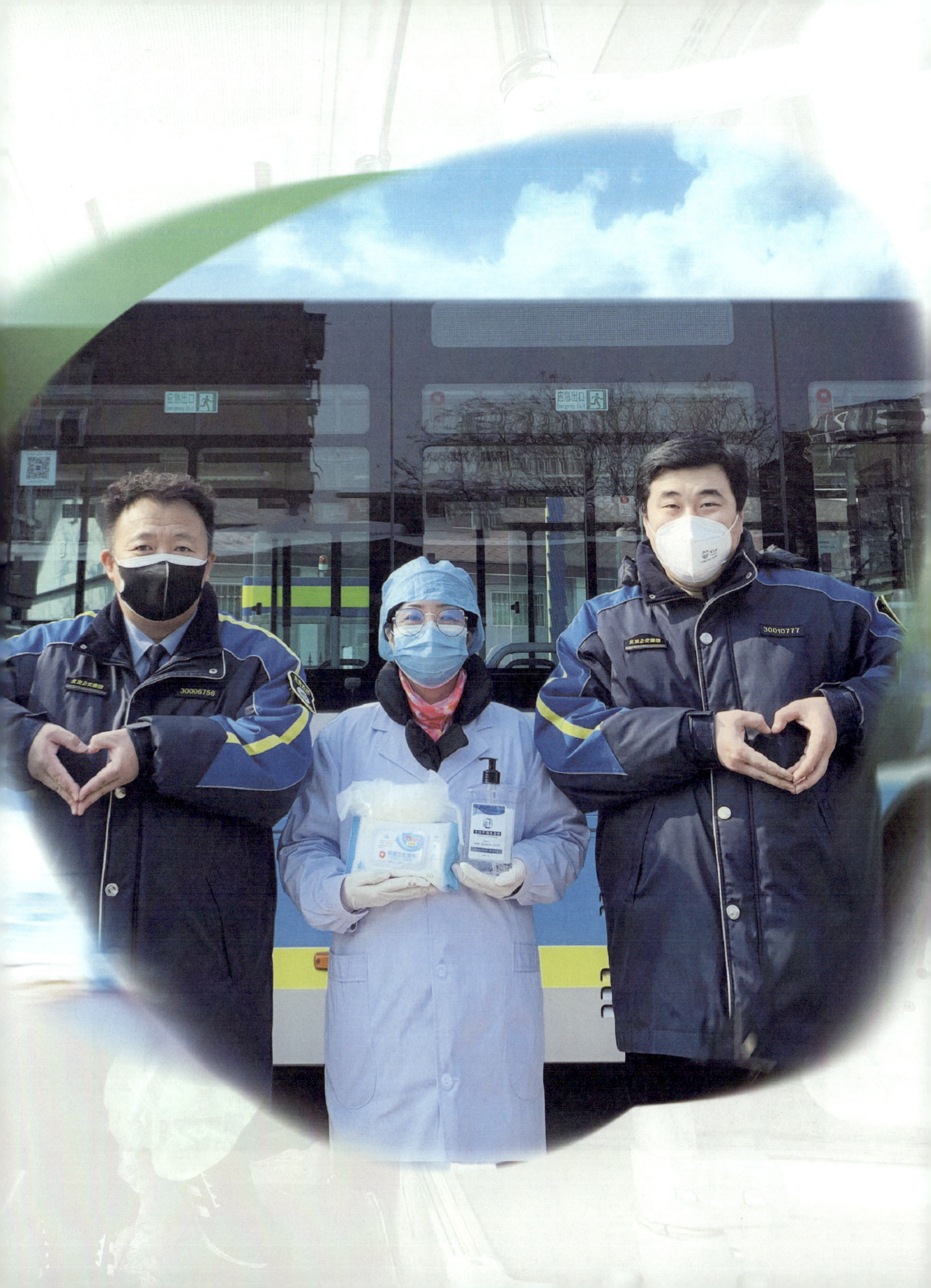
应急出口
应急出口
30006756
30010777

疫刻同心

周密部署 强化防控管理

在疫情暴发初期，北京公交第一时间根据市委市政府疫情防控部署专题会议的工作精神，成立由党委书记、董事长和党委副书记、总经理担任组长的疫情防控工作领导小组以及 6 个工作组，全面统筹防疫和保运工作。

综合协调　疫情防控

舆情监测　北京公交疫情防控工作组　应急安稳

运营保障　监察督导

科学防控

我们严格遵守北京市疫情防控相关指引，迅速应对，制定实施地面公交车辆、场所和人员的防控措施，先后 4 次修订《疫情防控指南》，印制发放乘务管理员"应知应会卡片"4 万张，让员工迅速掌握消毒、佩戴口罩、通风等各项防控要领，并每日对 2 万多辆运营车、726 处场站警卫岗亭、610 处备勤室、1582 处乘务管理员和场站安保人员租住场所进行全面消毒，实现科学防控。

场站车辆消毒及检查

1945 年，建立修造厂党支部，标志着北京公交首个党的基层组织建立

物资统筹

疫情发生以来，我们克服种种困难，及时调配和购买口罩、消毒液、体温计等防疫物资。2020 年疫情防控期间，北京公交为全体员工发放防护手套 33,74 万双、防护服 3183 件、护目镜 3454 个、体温计 14384 个、手持测温仪 6132 个、喷壶 21920 个，并协调保险公司和保险经纪公司，为集团公司募集 15 万只口罩、1 吨消毒液的防控物资，为乘客、一线驾驶员、管理员等群体的健康安全提供保障。

出门戴口罩
病毒不侵扰

集团设立
"疫情防控专项资金"
4000 万元
专款专项用于
员工疫情防控保障

发放消毒液
193.30 吨
发放口罩
1226.10 万只

完成全员
9 万余人核酸检测
实现一线司乘人员
零感染

加强排查

面对瞬息万变的疫情形势，我们时刻做好内部员工的排查、核酸检测工作，及时更新人员信息，落实每日测温、戴口罩、返京备案等措施。自疫情发生以来，北京公交全体员工团结一心，筑牢疫情防控的钢铁防线，实现一线司乘人员零疑似、零确诊、零感染，为首都城市的正常运转提供保障。

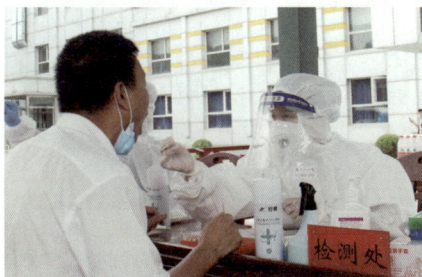

出动管理人员
27 万人次

检查场站
20.25 万站次

叮嘱乘务管理员、安保员
810 万人次

员工核酸检测

人员测温登记

疫苗接种

我们高度重视疫苗接种工作，为确保尽快打赢病毒"歼灭战"，我们成立了疫苗接种工作领导小组，由各单位党政正职负责，积极联络各区卫健委，制定方案预案，细化责任分工，加强沟通协调，并做好现场检查工作。截至 2021 年 6 月 28 日，北京公交所有单位接种率达 90% 以上，一线人员接种比例为 97.05%。

疫刻同心

尽心竭力 保障城市运行

北京公交认真履行公共服务企业的防控责任，确保各项疫情防控工作要求传达迅速、宣传到位、培训到位，采取多种措施将防控工作落实到每一班次、每一环节，制定梯次运力投入方案。同时在 2020 年 2 月正式开通运营"北京定制公交升级版"，助力企业复工复产，全力密织安全防护网，保障城市交通有序安全运转。

> " 从核酸检测到疫苗接种，这段时间大家都特别辛苦，我们北京公交从领导到每一个员工，到二级单位、三级单位、车队，每一个统计人员，还有工作人员，都要做到应检必检、应接必接。因为这是政治任务，我们必须要完成，对社会高度负责。 "

许立双
基建行政部副经理
疫情防控工作小组成员

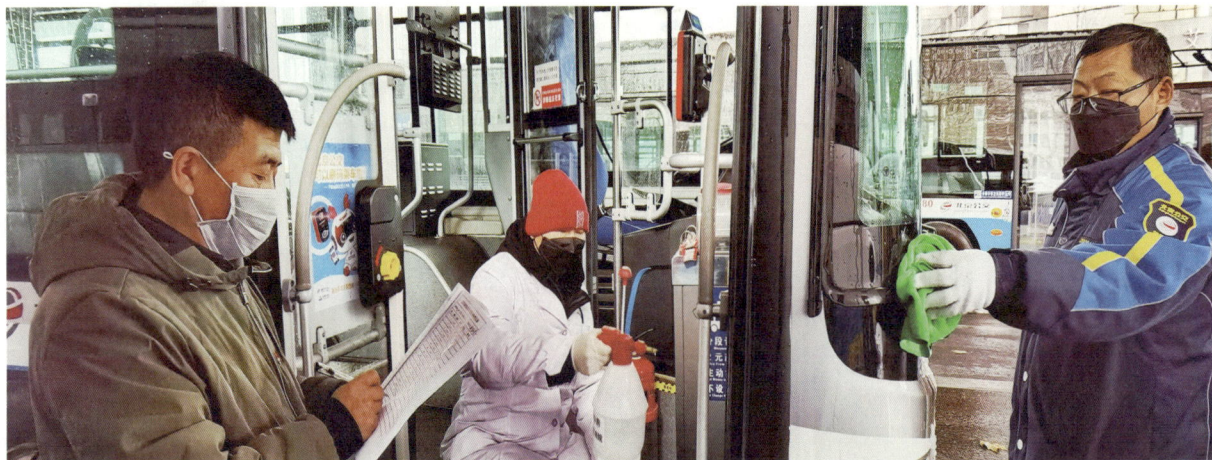

车辆消毒、登记

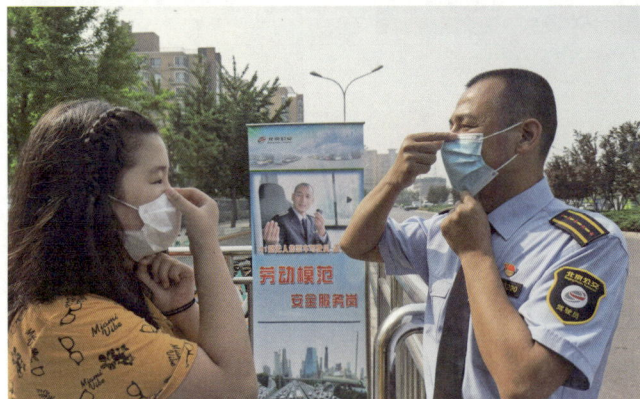

提醒乘客戴好口罩

张贴通风标识

控制满载率

- 通过市民意见系统和网络舆情加强对市民意见的监控，对满载率高的路线重点关注，及时增加运力
- 在智能助手 App 上线单车满载率监控功能和单车满载超标统计功能
- 通过远程车载视频监控、历史视频监控调取，及时发现、核实满载率情况

人员防控

- 专人负责信息排查工作
- 上班前必须测量体温，正常方可上岗
- 配备专用防护口罩，运营中全程佩戴

北京公交
疫情防控工作举措

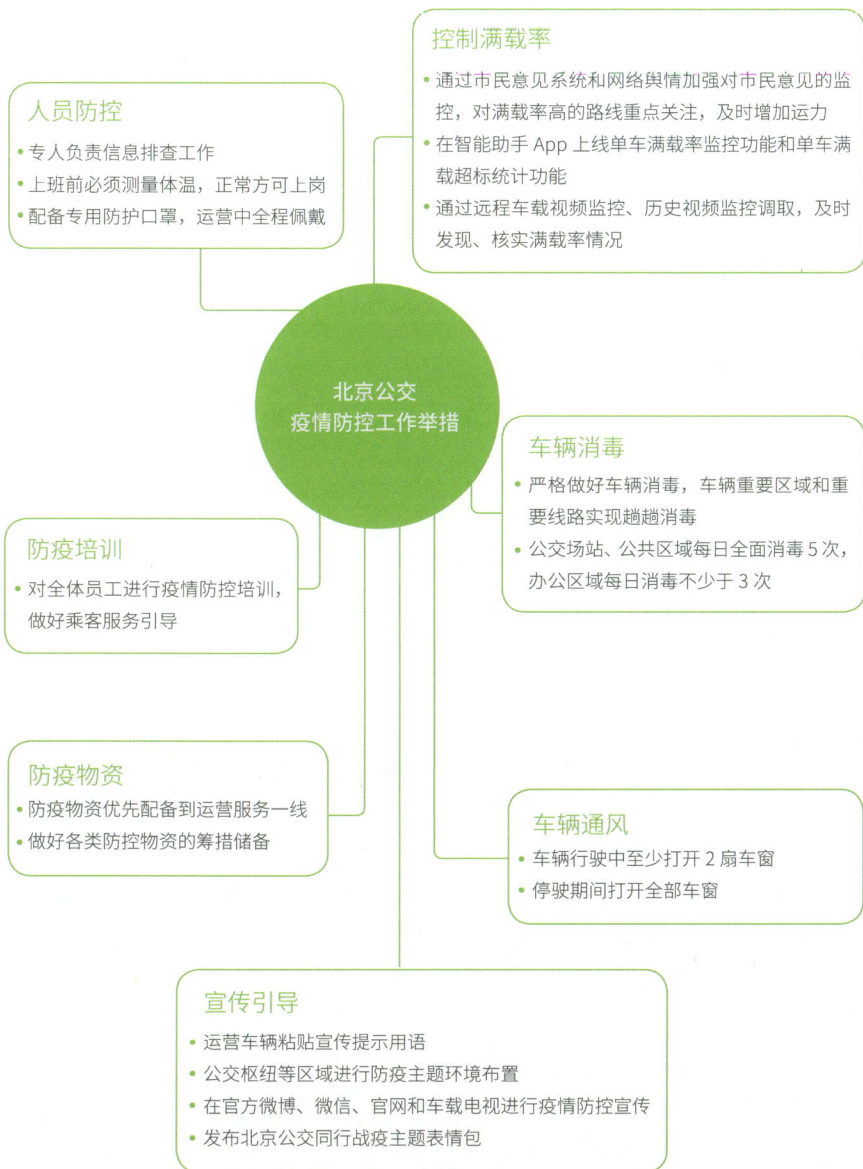

空气流通
开窗通风

车辆消毒

- 严格做好车辆消毒，车辆重要区域和重要线路实现趟趟消毒
- 公交场站、公共区域每日全面消毒 5 次，办公区域每日消毒不少于 3 次

防疫培训

- 对全体员工进行疫情防控培训，做好乘客服务引导

累计张贴疫情防控标识

23 万余张

完成 **2** 万余辆公交车
滚动屏防疫宣传语
录入工作

防疫物资

- 防疫物资优先配备到运营服务一线
- 做好各类防控物资的筹措储备

车辆通风

- 车辆行驶中至少打开 2 扇车窗
- 停驶期间打开全部车窗

全系统 **700** 多处场站、
2 万多辆运营车、所有办公区域公共场所落实消毒通风措施

宣传引导

- 运营车辆粘贴宣传提示用语
- 公交枢纽等区域进行防疫主题环境布置
- 在官方微博、微信、官网和车载电视进行疫情防控宣传
- 发布北京公交同行战疫主题表情包

" 作为物管行政部经理、一名党员干部，在抗击疫情的工作中更应该以身作则。为了及时搜集防控信息、下达防控指令、掌握疫情防控情况，我平均每天要接打电话 100 多个，成了部室中最'话多'的人。"

苏建
物业管理中心物管行政部经理

战疫之路相随守望
——战疫定制公交

2020 年对每个人来讲都是极为特殊的一年，"戴口罩、少接触、保持距离"，大街小巷都是疫情防控的宣传标语，疫情也让许多乘客的出行犯了难。定制公交可线上预约、一人一座、便捷直达，并且所有乘客行程可追溯，成为守护复工路的"网红"交通工具，它们有个响亮贴切的名称——战疫定制公交。

战疫定制公交是指一辆辆身披红色祥云"铠甲"的公交车，兼具防疫和定制两大特色，最大程度满足了疫情期间乘客的个性化需求，响应了疫情期间为出行苦恼的通勤族，引发广泛关注。

每天清晨，数百辆身着中国红"新装"的定制公交驶向京城大型居住区，将通勤族从家门口直接送至位于国贸、金融街、望京等商圈的写字楼。傍晚，再把他们从单位接回家。准时准点，让他们在奔赴梦想的道路上多一份从容。

道阻且长，行则将至。战疫定制公交能成功面世并不容易，一条新线路从有人提出需求，到真正开通，要经过需求收集、算法匹配、人工验证，从线路走向设计、明确上下车站点、线下进行站点走合等一系列过程。短短半个月左右的时间，定制公交团队夜以继日地加班加点、改进升级，实现定制公交从企业制定线路到乘客制定线路的转变，让乘客的美好生活从出行开始。

那些在深夜里打来电话给自己在医院工作的妻子、妈妈定制线路的丈夫、女儿，那些追着定制公交线路而搬家的乘客，那些在定制公交微信群里相互提醒的人们，他们执着的追求、不断的反馈就是对战疫定制公交最大的认可。在战疫定制公交上，乘客之间的间隔远了，人与人之间的心却更近了。未来，定制公交将继续坚持以乘客为导向的使命和坚韧的信念，为疫情常态化下人们的公共出行保驾护航。

支持线上预约、一人一座的战疫定制公交

公交100年 1951 年，打破技术封锁，成功仿制、试制新型有轨电车

勇于担当 携手共战疫情

疫情期间，北京公交勇担重任，肩负起小汤山医院、新发地市场等首都疫情防控应急运输和服务保障任务。同时，充分发挥党支部战斗堡垒和党员先锋模范作用。践行初心与使命，积极捐款、献血、支援社区抗疫，为疫情防控贡献公交力量。

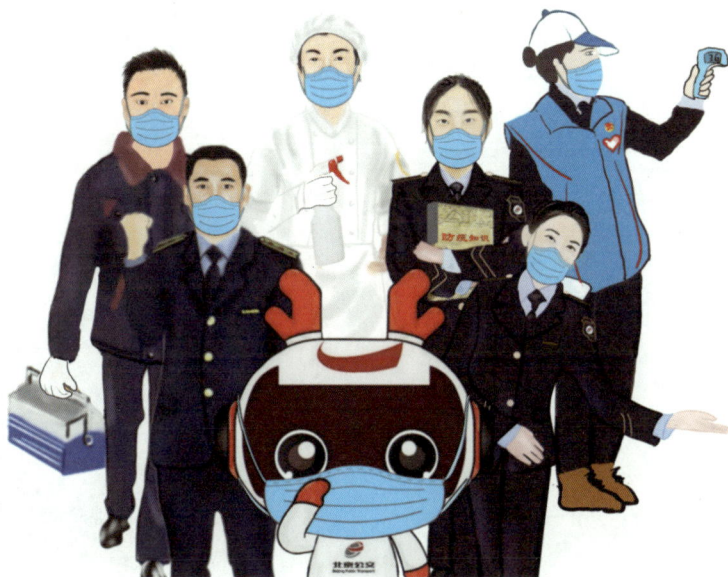

"

我 17 年前参加过抗击'非典'的战役，在大兴区 120 急救中心排查转运队，开过专用转运车，我有防护经验！现在抗击新冠病毒，我自愿请战！如果组织需要，不计报酬，不计生死！

"

王铁营
客五分公司 997 路驾驶员

"

在疫情防控工作中，我再次重温了入党誓言，坚守初心使命，奋战在疫情防控第一线，充分发挥党员干部先锋模范作用，用真心服务群众，用真情无私奉献，用本领解决难题，确保疫情防控网不出问题，尽自己的力量防止疫情扩散蔓延。

"

张立军
客七分公司第九车队运营队长

先后执行援鄂医疗队、小汤山医院、
地坛医院运输保障任务和新发地市场
的紧急转运任务

累计出车　　运送
1179辆　　**7.16**万人次

向公共文明引导协调办及广大站台
文明引导员支援防护口罩

2万只

547名
党员干部参与义务献血

近**1.4**万名
党员爱心捐款
85万余元

25名
集团机关党员下沉社区参与防疫

迎接援鄂医疗队返京

承担新发地市场转运任务

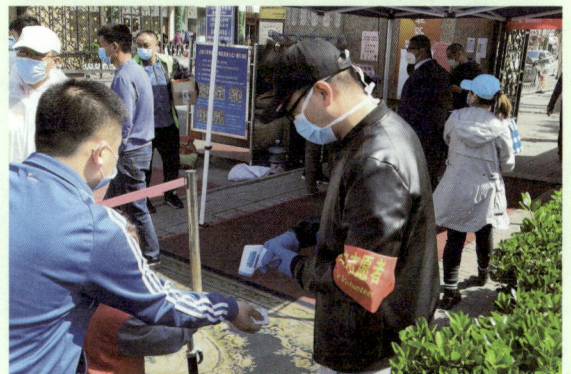

集团机关党员下沉社区防疫

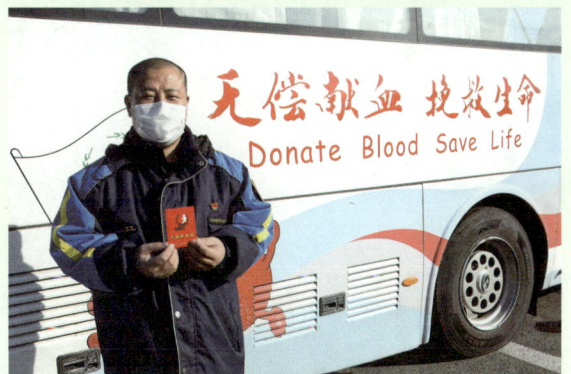

积极报名献血战疫

无畏前行 谱写抗疫赞歌

疫刻同心

疫情就是命令——用行动诠释责任与担当

没有人天生就是英雄，只是因为有人需要。从疫情初期的员工防疫、承担转运任务、支援社区抗疫，到疫情逐渐好转后的定制公交，承载着城市运行血脉的北京公交不惧挑战、勇敢前行。在北京公交的各个岗位上，涌现出很多可亲可敬的英雄。他们有一分光，发一分热，到群众最需要的地方，做人民最坚实的守护者。

车辆消毒、测温、提醒乘客戴好口罩……疫情下，北京公交每一位驾驶员上班的工序又多了几个。453 路驾驶员张景龙是北京公交一名普通的驾驶员，不管人多人少，每天发车前，他都要认认真真做好车辆里里外外的消毒工作。业余时间，他还协助车队做好场站消毒、体温检测、站岗值守、防疫知识宣传等疫情防控工作。"这期间，经过我消杀过的车有 1000 余车次了。"张景龙自豪地说道。在北京市抗击新冠肺炎疫情表彰大会上，张景龙获得北京市抗击新冠肺炎疫情先进个人、北京市优秀共产党员双项殊荣。与张景龙一道获得北京市抗击新冠肺炎疫情先进个人的还有 Y47 路驾驶员谢金龙。"疫情期间，乘客难免担心坐公交车的安全性，每次有人上来，我都微笑着打招呼，这件事虽然是小事，但对乘客时刻有笑容，可以让乘客安心。"谢金龙说道。

他们的热情和奉献不仅停留在本职岗位和社区，更发挥到疫情防控最艰险的前线转运任务中。

2020 年 6 月中旬，新发地市场疫情突发，在疫情尚不明朗的高危情况下，张景龙主动请缨驾驶转运队伍的"第一车"。正值酷夏，在不开空调、身着厚厚防护服的情况下，张景龙硬是凭借娴熟的驾驶技术，在漆黑陌生的道路连续作战十余小时，累计驾驶 300 余公里，最终顺利抵达转运路程最长的房山十渡，完成转运工作。2020 年 4 月，谢金龙主动报名参与小汤山医院医务工作者特殊保障运送任务，根据院方、医护人员"点单式"需求，夜以继日，每半小时发车一趟，为医护人员提供坚强的后勤服务保障。

那些深夜里仍然来来往往的转运车辆，承载着北京公交人勇往直前的担当。在疫情的大考面前，北京公交人不仅积极做好本职车辆疫情防护和社区防疫，更以生命赴使命，用作为公交人的勇气和自信交出了一份完美的答卷。

第三客运分公司 453 路驾驶员　张景龙　　　　第八客运分公司 Y47 路驾驶员　谢金龙

舍小家只为保大家
——抗疫时期的爱情——

"婚期延迟，并非我不爱你，而是我的岗位更需要我，我也将用行动对你的一生负责。"这是客一分公司第二十车队团支部书记王昆对未婚妻许下的承诺。

疫情突发，一边是公交车辆的消毒任务，一边是等候自己回家结婚的未婚妻和家人，犹豫再三，王昆终于鼓足勇气跟家人说将婚期延迟，并且春节期间将坚守岗位，不回家过年。父亲第一个"反对"，"亲戚朋友都通知了，你说延期就延期？这怎么行？"但作为公交人，王昆深知自己的职责，从公交车开始全面消毒的那天起，他就下定决心，要和北京公交人共同奋战在一线。未婚妻和家里人了解他的执着，更明白他的决心和意志，最终支持了他的决定。

于一人之间，展现"一心为乘客，服务最光荣"的北京公交精神；于一事之中，诠释舍小家为大家的无私奉献。

有了家人的理解，王昆全力投入消毒工作。细节之处方能体现一个人的态度，为了营造一个干净、卫生的环境，王昆从不放过任何一处卫生死角。不仅对公交场站如此，王昆对每日流动在大街小巷的公交车消毒更是细致入微。深夜11点半，待全部公交车都停好后，王昆与同事们一起对车厢内部进行消毒处理。

疫情让很多约定被推迟，但承诺和责任不会因此有一丝删减，反而愈加珍贵耀眼。迟来的婚礼，是王昆和妻子幸福的见证，也闪烁着王昆作为公交人的坚守与担当。

王昆认真进行车辆消毒工作

2020年10月1日，王昆与妻子举行浪漫的婚礼

下沉社区践初心
抗疫一线担使命

社区是人们生活居住的地方，是城市社会最基础的单元和细胞，守好社区，就是守好疫情防控的第一道屏障。作为首都国企，疫情时刻，北京公交全体员工义不容辞地加入了防疫抗疫的队伍，这里面不仅有一线公交驾驶员，还有集团机关党员们。他们回社区、下基层，与社区一同冲锋陷阵，充分展现出党员的责任与担当。

疫情防控重点在哪里，支援力量就下沉到哪里。

从 2020 年 2 月初开始，北京公交分批次安排党员下沉到社区对口支援防疫工作。疫情期间，共有 25 名集团机关党员下沉社区参与防疫，纪沛龙就是这些下沉机关党员中的一员。社区是直接面对群众的地方，社区防疫需要恪尽职守，更需要根据民众需求，及时调整工作方案。纪沛龙所在的社区外来人口较多，人员管控难度加大，和社区居委会一起走访排摸、站岗值守、调配生活物资，他的日常工作紧张又忙碌。

2020 年 6 月，新发地市场疫情突发，纪沛龙所在的社区离新发地直线距离只有几公里，而且还有密切接触者，居民们对此忧心忡忡。纪沛龙一边协助社区做好居民安抚工作，一边合力组织大家进行核酸检测。"因为物资到位和通知检测有时间差，居民排队等待的时间久了一些，加上天气不太好，难免有些抱怨，我和社区工作人员一起努力向大家解释，尽力安抚不满情绪。"纪沛龙说道。一遍遍地解释、一次次地劝导，最终完成了所在社区全体居民的核酸检测任务。

在社区小小的一方天地里，像纪沛龙一样的机关党员们作为社区疫情防控的"宣传员"、联防值守的"值勤员"、社区摸排的"监督员"、居民群众的"服务员"，"疫"刻不松，用自己的实际行动在防疫一线展现了机关党员的政治担当，为社区抗疫做出了突出贡献。

集团法务部纪沛龙支援社区抗疫

平凡的光

扫一扫
倾听北京公交人原创
抗疫歌曲《平凡的光》

作词：郝东晨
作曲：郝东晨

抗疫先锋

小汤山应急运输服务保障突击队

很多人都说，2020 年世界仿佛被按下了暂停键，人们深居家中，整个城市喧嚣不再。但若是我们把镜头转向北京小汤山医院附近，便会发现这里又似乎被按下了加速键，无数个身影在奔跑着、紧张忙碌着。除了医护人员，还有一群特殊的逆行者穿梭其中，他们就是负责小汤山疫情应急运输服务保障的北京公交突击队员们。

为更好地应对新冠肺炎疫情挑战，北京市委市政府决定启用小汤山医院，北京公交毅然承担起医护人员的应急运输服务保障任务。北京公交完成了解医院用车需求、踏勘线路、选拔驾驶员、培训动员等各项前期工作后，2020 年 3 月 26 日，小汤山疫情应急运输服务保障突击队正式成立。"当接过北京公交党委书记、董事长王春杰同志亲手递过来的突击队队旗，我用力地挥舞着，我看到每个人的脸上都是坚定的眼神，看到了这支保障队伍的决心与力量。"突击队临时党支部书记张国伟说。

"疫情应急运输服务保障小汤山突击队"，鲜红旗帜上的大字是使命，是召唤，更是沉甸甸的责任。

为了给医护人员做好精准保障，突击队员们不断优化、调整行车计划，圆满完成各项工作。任务保障历时 57 天，突击队人员共计 72 名，参与保障车辆 47 辆，保障期间共发出车次 5780 车次，运送医务人员 61408 人次。真正做到了安全、舒心、周到，每日 24 小时全天保障医护人员用车。突击队一位队员在日记中写道："今天和家里女儿通了话，发现家里的小孩懂事了，学会照顾奶奶了。"队员们用寥寥几笔的日记记录下自己对家人的思念。4 月 16 日，突击队员们收到来自北京儿童医院全体医务工作者的来信，信中流淌着对突击队员们莫大的肯定和赞许。

一个个数字背后，是突击队员奋力一鼓作气的士气，也是北京公交敢于临危受命的担当。

初心如磐，非常时期，突击队员们用一往无前的勇气奔赴小汤山；使命如山，任何情况，突击队员们都义无反顾地坚持了下来。疫情面前，慢不得、等不得、拖不得、更耗不得。他们勇挑重担、迅速作战、分秒必争，为医护工作者提供了良好的运输保障服务，向每位逆行者致敬。

"您们是特殊时期的最美逆行者，感谢你们，有你们的精心照顾，我们才能安心在一线与病魔斗争……"

突击队员们收到来自
北京儿童医院全体医务工作者的感谢信

北京公交党委书记、董事长王春杰为小汤山应急运输服务保障突击队授旗

小汤山应急运输服务保障突击队

100
本色笃行
100YEARS

北京公交在发展历程中，始终坚持尽责、担当，坚持"以人为本、乘客至上、创新发展、追求卓越"的核心价值观，不断满足乘客便捷、安全、绿色等出行需求，引领公众出行方式，提升城市生活品质。一辆辆公交车，日复一日奔跑在路上，风里、雨里、暮夜、晨曦，时时相伴，让出行的人们感觉踏实、安心。

响应联合国可持续发展目标

| 1 无贫穷 | 3 良好健康与福祉 | 4 优质教育 | 7 经济适用的清洁能源 | 8 体面工作和经济增长 | 10 减少不平等 | 12 负责任消费和生产 | 13 气候行动 |

100

本色笃行
100YEARS

像乘客一样思考

北京公交始终铭记"让更多的人享受更好的公共出行服务"的使命，扎实推进全市地面公交"一张图""一张网""一个标准""一套体系"建设，更好地贴合乘客需求，让公共出行更加便捷和舒适。

让每次出行更加便捷

北京公交积极贯彻落实北京市地面公交线网总体规划，不断创新优化各级线网布局，为北京和周边地区居民出行提供更多便利。2020 年，我们配合市重点工程，落实"回天计划"、城市副中心线网布局、场站腾退，依托公交走廊，推进全市干线网规划落地实施，全力推进区域调度和准点工程，努力便捷乘客的每一次出行。

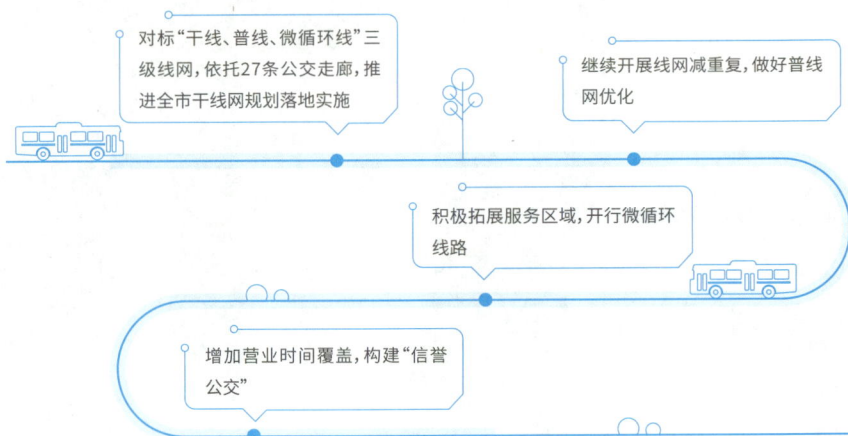

对标"干线、普线、微循环线"三级线网，依托27条公交走廊，推进全市干线网规划落地实施

继续开展线网减重复，做好普线网优化

积极拓展服务区域，开行微循环线路

增加营业时间覆盖，构建"信誉公交"

持续优化线网，让乘客出行更便捷

完成 **23** 处
区域调度的投运

累计实现
41 处区域调度

在 **109** 条线路
112 个首末站实施了
"提进准发"工作

300 条线路
实现准点工程

公交准点发车率
98.94%

行驶中的公交车

案例

持续拓展服务范围，助力推进"三城一区"建设

2020 年 10 月 9 日，北京公交与经开区管委会共同举办北京公交承接经济技术开发区区域公交暨亦庄公司正式运营启动仪式，全面开启区域合作，这对于北京公交拓展服务范围和"三城一区"建设都具有深远的战略意义。

北京公交党委常委、副总经理洪崇月宣布亦庄运营公司专 181 路发车

	指标	2018年	2019年	2020年
运营线路	运营线路总数(条)	990	1162	1214
	公共电汽车线路条数(条)	856	1158	1207
	公共电汽车线路长度(公里)	18521	27632	28418
	线网长度(公里)	4938.40	7238.60	7628.60
	站位数(个)	13558	18186	18834
	优化线路总数(条)	123	315	212
	减少重复线路长度(公里)	336.00	178.60	470.70
	削减重复设站(个)	596	379	1083
	解决有路无车里程(公里)	68.30	171.40	167.80
	方便小区出行(个)	267	513	440

满足多样化需求

北京公交致力于满足不同乘客的出行需求，不断完善旅游公交、节假日公交、定制公交等多种服务方式，让乘客可以享受到公共出行的便利，提升出行的幸福指数。

多样化公交线路总量达
535 条次

定制公交累计开行线路
236 条次

开行节假日专线
9 条次

2月25日上线定制公交升级版微信小程序，开拓业务市场，扩大线路规模，助力广大企事业单位和市民复工复产

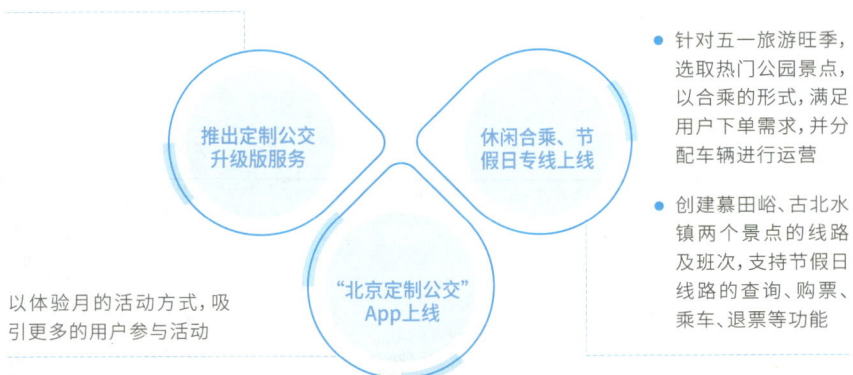

推出定制公交升级版服务

休闲合乘、节假日专线上线

"北京定制公交"App上线

以体验月的活动方式，吸引更多的用户参与活动

针对五一旅游旺季，选取热门公园景点，以合乘的形式，满足用户下单需求，并分配车辆进行运营

创建慕田峪、古北水镇两个景点的线路及班次，支持节假日线路的查询、购票、乘车、退票等功能

多样化公交产品与服务

熊先生
北京公交定制公交乘客
乘坐时间：从 2019 年 6 月至今

" 定制公交是连接梦想和港湾的专属定制，让奋斗的路上更从容，回家的路上更舒适。 "

定制公交

1968 年，公共汽车、电车市区普通票的票制票价进行改革试点

数字公交，智慧畅行

北京公交紧跟互联网时代潮流，积极与互联网公司开展合作，利用智能技术开发新产品，打造新的运营模式，让新技术为乘客提供更为快速、高效、便捷的出行体验。同时，充分将信息技术运用在运营调度、日常管理中，推动企业的数字化转型实践。

完成 8109 辆车辆车载设备更新，配备新型车载设备车辆数达 17000 余辆

提升网络通信能力，提升基层车队专线带宽，支持车队实现视频会议

开展智能调度系统、二维码保修业务系统等数字化升级，拉动调度与保修系统的数据融合

二维码扫码乘车一码通乘全面上市

2020 年智能技术应用情况

首次在公交行业着手搭建混合云基础平台，形成了具有 3200 个虚拟核计算资源和 500TB 的存储资源池

积极推动数据中台（数据湖）建设，实现车载、场站、终端设备等的接入，体现数据融合

发布"智能公交 1.0"系列软件，初步实现"场景化、角色化、多终端、多页面"的应用

累计完成重点道路和重点地区电子站牌建设
2133 个

"北京公交"App 累计下载量
1100 万

注册用户
800 万

刷码交易量
1.84 亿笔

定制公交新平台注册用户
23.90 万人

乘车达到
101 万人次

累计实现安装主动安全预警系统车辆
3995 辆

北京公交运营调度指挥中心

一切为了让您满意

北京公交注重倾听乘客声音，积极了解他们的想法和需求，确保与乘客之间的沟通渠道畅通无阻、乘客需求及时得到反馈，同时不断增加优质服务内容，为乘客提供更贴心、更温暖的服务。

"进社区、上站台"工作调研

202 个社区

673 个站台

发放问卷 **11380** 份

> 我一直觉得坐公交车是一件很浪漫的事情（在不拥堵的情况下）……

北京公交官方微博粉丝群

在这寒流天里，当你连跑带颠赶公交，发现司机师傅留着门在等你，这是一种什么心情？感谢，感谢，感谢……小举动里有大爱！

北京公交官方微博评论

多元沟通渠道

乘客的反馈是我们提高服务的不竭动力。我们积极通过线上线下多种方式，及时了解和解决乘客意见，增强与乘客的沟通和交流，让乘客走进北京公交、了解北京公交、参与北京公交。

通过 12345、96166 等热线、微信微博等平台，及时解答乘客疑问，做好数据收集和分析，收集乘客建议，对乘客关注的热点问题进行针对性治理

组织"热心市民走进公交"、北京公交百年徽标、主题曲网络投票活动、北京公交车身颜色及图案创意设计征稿等活动

建立北京公交官方微博粉丝群，积极邀请乘客参与北京公交相关活动，努力增强与广大乘客的联系和交流

多元沟通方式

截至 2020 年底

官方微博粉丝数达到 **341** 万

官方微信粉丝数突破 **79** 万

官方抖音粉丝数突破 **2.5** 万

发布北京公交集团 2019 年社会责任报告

强化"接诉即办"管理

2020 年，我们修订完善"接诉即办"相关制度，严格执行 7×24 小时全时响应机制，保证 24 小时签收、下达北京市 12345 服务热线派单，强化约谈、通报机制，加强部门联动，从"接诉即办"向"主动治理"转变，努力实现"未诉先办"，切实打通服务群众"最后一公里"。北京公交"接诉即办"全年综合考评成绩由 2019 年的 87.75 分提升到 98.72 分，全年考评成绩名列 46 家国有企业第三位。

提升乘客满意度

北京公交引入第三方专业调查机构，以乘客核心需求为导向重新设计满意度调查指标，优化调查内容，建立科学的调查体系，全面客观公平地开展乘客满意度调查。

2020 年，我们修订完善《公交集团公司市民意见办理及审核管理办法》，修订考核制度，增加"首派负责制"及二级单位 96166 "三率"百分制排名考核指标，建立对零诉求车队、办理好车队的奖励机制。北京公交服务质量与水平显著改善，乘客满意度持续提高，乘客满意率由 2019 年的 93.20% 提升到 94.49%。

奉献优质服务

我们不断创新员工服务方式，增设"委屈奖"，鼓励员工面对乘客不理智、不文明行为耐心解释、顾全大局，在全系统内倡导文明服务理念；按照"一车一主题、车车有文化、线线有特色"的原则，对示范线路进行车厢文化设计，提升车厢文化氛围和乘客乘车体验；打造优质服务品牌，2020 年度集团级优质服务车组达到 894 个。同时，按照"集团树品牌、公司树亮点、线路树标兵"的工作思路，评选出 9 条优质服务示范线路、100 个优质服务示范车组；努力为乘客打造干净温馨的乘车环境，持续在每月 20 日开展车辆卫生清洁日活动，对车辆破损标识进行及时更换，在疫情防控期间为乘客营造美好的乘车环境。

布置车厢文化的线路达到 **27** 条

车辆超过 **1200** 辆

组织人员 **7.1** 万余人次

清洁车辆 **13.7** 万余车次

更换老旧破损标识 **1.4** 万余张

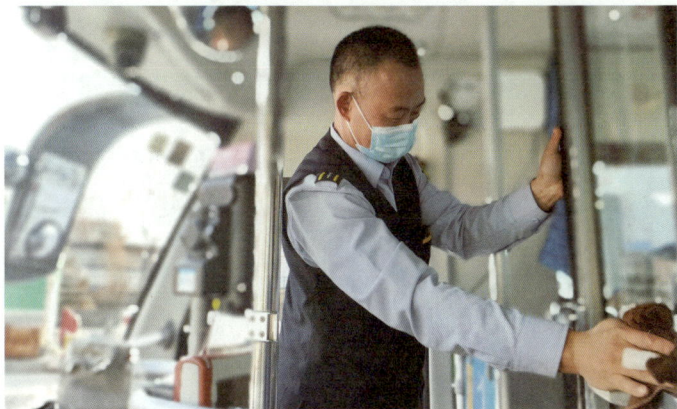
车辆卫生清洁

车厢文化实景

承担政治任务和重大活动保障

北京公交始终铭记自身使命和职责，充分发挥服务保障能力，认真完成疫情防控、全国抗疫表彰大会、全国"两会"、中国国际服务贸易交易会、党的十九届五中全会等重大活动期间的交通运输保障、车辆反恐和防抛撒任务。

国庆期间地面公交
日均发车

12 万次

全国抗击新冠肺炎疫情表彰大会交通服务

派出上会车辆 **177** 辆

出车 **1000** 余车次

运送 **6700** 余人次

服务全国人民代表大会

承担援鄂医疗队返京接机和休养期间运输服务任务

立足首都，服务京津冀

北京公交始终坚持立足首都、服务京津冀，持续完善城市副中心地面公交线网布局，积极与北三县、通州区等政府进行交流，对常规线路、接驳线路进行优化。同时，紧跟京津冀协同发展的步伐，认真开展雄安新区、公交智造产业园、冬奥会等重大项目的服务保障，推进京津冀协同发展。

2020 年 3 月 18 日，公交资产公司与河北省安新县文旅局签订《白洋淀码头及周边道路景观改造提升工程特许经营权项目特许经营协议》。改造后的白洋淀码头将实现向城市滨水生态绿地、公共开放空间和环雄安新区起步区生态堤的华丽转型。

深度参与雄安新区、涞水县等地合作建设，努力打造京津冀服务网

开通雄安高铁巴士线路

白洋淀码头

多举措服务京津冀协同发展

盲文公交站牌

让每个人都能享受到便捷的公共出行服务，是北京公交不懈追求的目标。北京公交关注老年人、残障人士等弱势群体，竭力为他们营造自如、安心、方便的出行氛围和出行体验。

北京公交积极响应《北京市进一步促进无障碍环境建设（2019-2021年）行动方案》，积极开展公交无障碍服务工作，组织召开公交无障碍服务环境建设推进会，制作《公交无障碍踏板使用及服务流程》视频，多次开展无障碍服务的培训教育与专项整治活动，不断完善视力残疾乘客携带导盲犬乘车服务工作相关规定，进一步明确操作细节及要求，为特殊人群公共出行创造无障碍条件。

目前，北京公交车均配备了"老幼病残孕"专座，张贴了提示标识，并配备语音报站机和滚动屏，方便乘客收听、查看车辆运营情况。不断完善服务规范，进一步明确乘务人员遇到老年乘客、乘轮椅乘客、视障乘客等的一系列服务标准。加强对乘务人员的日常培训教育，广泛邀请老年乘客、残障乘客来到现场参与座谈交流，并通过体验式、模拟式、互动式的培训形式，增强乘务人员对老年乘客、残障乘客乘车痛点的切身感受。同时，手语也被纳入乘务员技能大赛实操考试。

无障碍设施的完善程度彰显着城市的文明和底色，北京公交希望让每个人都拥有诗和远方，享受出行好时光。

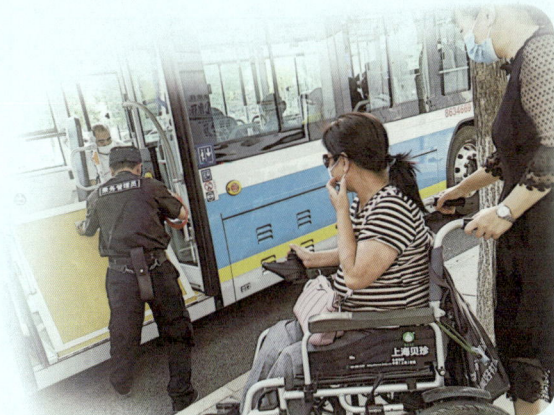
关怀特殊乘客

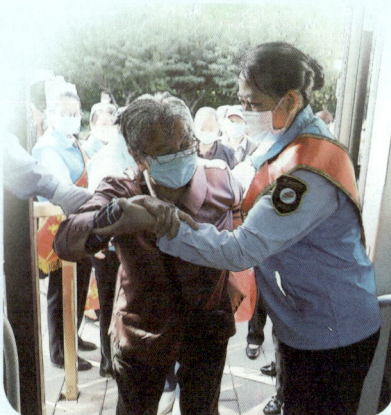
帮助老年乘客乘车

100 本色笃行 100YEARS

让平安伴随每一站

安全是企业的生存之本，北京公交牢记"公交无小事"的责任意识，不断完善安全管理工作体系，加强隐患排查治理，充分发挥科技力量强化安全管理，营造良好的安全文化氛围，建设平安公交，守护乘客安全出行。

开展安全演练
6320 次

参与人数
89000 人次

隐患排查
3278 项

修订集团级
应急预案
25 个

修订 22 家二级单位
应急预案
438 个

"六查六防"行车安全
60 天专项整治行动
安全检查
9.3 万人次

纠违
1972 人次

锻造安全管理盾牌

北京公交持续完善安全管理工作体系，健全安全生产规范制度，积极推进安全生产三年专项整治行动，进一步强化隐患排查与治理，加强应急管理，提升突发事故的预防与处置能力，全力保障集团各项工作安全平稳发展。

隐患排查治理
深入开展安全隐患排查，规范隐患排查治理报送机制，利用信息化手段加强安全隐患排查治理工作的监管

完善应急管理
梳理完善应急预案体系，组织开展各类安全应急演练

加强消防安全
提升运营生产火灾预防处置能力建设水平，开展消防教育培训

安全管理举措

案例

强化消防安全，提高防范意识

为进一步防范消防安全隐患，加强全体员工消防安全意识，提升应急处置能力，北京公交持续完善消防安全管理制度和应急处置预案，积极推进微型消防站建设，强化微型消防站的管理与使用。同时，组织开展消防安全教育活动，提高全体员工的消防安全知识储备和灭火技能，确保消防安全。2020 年，新建微型消防站 45 个，并在 119 消防宣传月期间，在重点场站和人流密集站台设置主会场 22 处、分会场 130 余处，按照"灭真火""出真水"的原则，广泛利用微型消防站开展消防运动会、应急处突演练等活动，有效提升了基层员工的火灾防范技能。

守护每一趟出行

北京公交始终高度重视行车安全，将行车安全放在安全管理的首要位置，按照"安全第一、预防为主、从严管理、狠抓落实"的行车安全管理工作方针，不断加强驾驶员安全教育培训，关注关心驾驶员心理与身体状态，防范行车安全隐患。同时，积极践行科技创安理念，进一步加大科技创安方面的投入力度，让安全管理智能化，实现从传统被动安全向主动安全的转变，为行车安全管理注入新动能。

安装主动安全预警系统，防患于未然，尽可能避免或减轻事故影响

智能语音安全提示系统，及时提示驾驶员线路危险隐患和安全通行措施，实现车辆全程控速和分段限速的自动监控

驾驶员异常行为识别系统，对驾驶员疲劳、抽烟、接打电话等有碍行车安全的行为进行实时预警和提示

科技创安举措

妥善处置运营车辆上的各类突发事件

2718 起

涉及人员

3198 人次

劝阻乘客携带易燃易爆危险品乘车

239 起

协助处理其他治安问题

573 起

公交车主动安全报警显示屏

公交车盲区报警显示屏

项目	指标	2018年	2019年	2020年
人防、物防、技防	乘务管理员(名)	43842	45747	39069
	封闭电子围栏(处)	500	500	500
	一键报警系统(辆)	12520	12520	17530
	自动识别系统(辆)	13000	14000	15600

驾驶员	乘务管理员
修订《运营驾驶员分类安全管理办法》，对不同类别的驾驶员制定差异化的安全教育管理措施 加强对员工的人文关怀和心理疏导，完善员工情绪管理体系，增强驾驶员的心理调节和情绪控制能力，累计完成 4 万余名驾驶员的心理适宜性测试工作，基本实现公交运营一线驾驶员全覆盖，建立健全驾驶员心理健康档案	制定《进一步加强乘务管理员项目管理工作实施方案》等多项管理制度，进一步完善乘务管理员岗位职责和工作流程，充分发挥乘务管理员作用 开展不同层次的培训工作，组织乘务管理员项目能力提升班等培训活动，提升乘务管理员队伍的履职能力

司乘人员安全管理举措

安全维稳演练

案例

体验式培训开启安全教育新"姿势"

为提升安全教育培训效果，北京公交积极创新培训形式、丰富培训手段，设立北京市首家公共交通行业安全教育体验培训中心。通过 VR 场景、5G、"互联网＋"技术模拟还原各类型体验项目真实环境，为一线员工提供了交互式、场景式、体验式的培训，让驾驶员能够寓教于乐，在潜移默化中提高安全意识和应急能力。

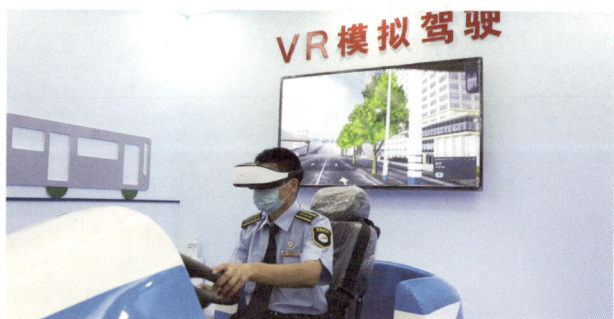

北京公交安全教育体验培训中心

牢记心间的责任

北京公交大力弘扬"生命至上，安全第一"的思想，以安全生产月活动为契机，积极开展安全宣传咨询日活动，并通过"一盔一带、安全常在、礼在公交、让出文明""系好安全带，平安防意外；视线有盲区，心中无死角"等多种主题教育形式，向广大公交驾驶员和交通参与者宣传行车安全，营造良好的安全文化氛围，促使安全文化深入人心。

北京公交党委副书记、总经理朱凯为"金方向盘奖"获得者颁奖

持续推进驾驶员班前宣誓、安全诵读、专业会笔记批阅等，引导驾驶员将安全铭记心间

组织开展"全国交通安全日"宣传活动，并以公交车高速路爆胎为场景，开展应急演练，提升突发事件处置能力

班前宣誓、安全诵读、笔记批阅

全国交通安全日

安全
文化
建设

"金银方向盘奖"表彰

礼让斑马线活动

举行 2020 年"金银方向盘奖"颁奖仪式，激励广大驾驶员时刻想安全、懂安全、保安全

坚持开展礼让斑马线活动，宣传交通安全知识，营造遵章守纪、文明礼让的交通出行环境

安全宣传咨询日活动

设置宣传展台

41 个

黑板报

87 块

发放各类宣传材料

7800 余份

开展"全国交通安全日"主题宣传活动

2020 年 12 月 2 日,北京公交围绕"知危险会避险、安全文明出行"主题,与东城交安联办、东城交通支队在客七分公司南彩公交场站联合组织开展了"全国交通安全日"启动活动。活动过程中,全体参会驾驶员庄重宣誓,承诺为广大市民提供更加安全、优质的公共出行服务。同时,向广大市民发送交通安全宣传折页,宣传交通安全出行法规。本次交通安全日主题宣传活动,共设立宣传站点 135 处,摆放宣传展板、横幅 413 块,发放宣传折页 2090 份。参与的安全管理人员、驾驶员、志愿者达 1749 人,在全市各个交通重点区域,营造出良好的安全行车氛围。

"全国交通安全日"主题宣传活动

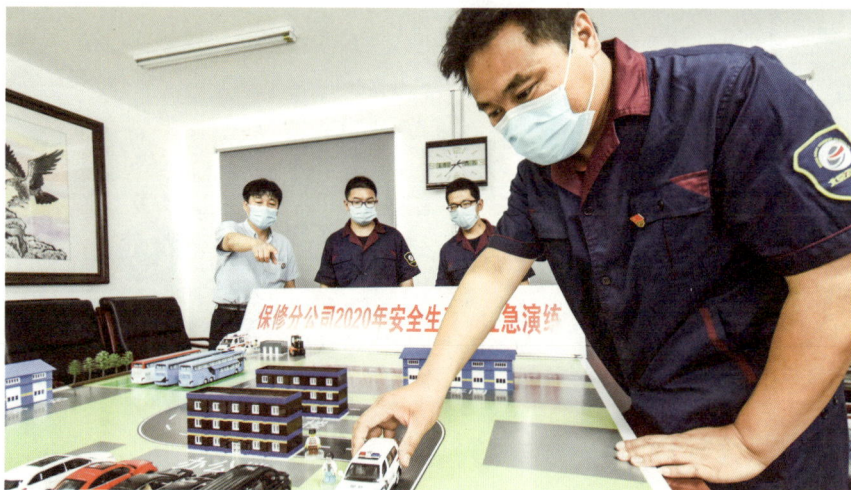

"安全生产月"系列活动

公交行车安全关系着千家万户，每一位公交驾驶员都肩负着安全驾驶的重要责任。北京公交 2014 年起设立"金方向盘奖"，对安全行驶每累计达到 100 万安全公里的男驾驶员和每累计达到 80 万安全公里的女驾驶员授予"金方向盘奖"。

在 2020 年颁奖仪式上，665 路女驾驶员张颖举着"金方向盘"奖杯激动地说："这是我们公交人心目中的奥斯卡奖，31 年从业生涯圆满了！"18 岁就进入北京公交的张颖，从最初的售票员转岗至驾驶员。"甭管是市区线路，还是郊区线路，安全驾驶都是第一位的。"张颖说，从事驾驶工作近 27 年，她始终保持着零违章、零事故、零投诉。每天，张颖都提前到公司，严格依照公司的规定对车辆进行细致的检查，确保安全上路。把车开好，靠的是认真和热爱，她在工作中不断创新，先后自创"安全进出站三五秒操作法""文明并线手势法""路口安全行车操作法"等，并践行微笑服务，让乘客乘车时感受到安全、舒心。

在北京公交还有许许多多像张颖一样的驾驶员，他们将安全行车谨记心间，确保每一位乘客安全出行。

从 2014 年至今，北京公交已举办七届"金方向盘奖"颁奖仪式，共有 777 名驾驶员获此殊荣，安全行驶总里程达到 7.7 亿公里，相当于绕地球赤道行驶约 19250 圈。从 2018 年度起，北京公交增设安全行车"银方向盘奖"，对安全行驶每累计达到 60 万安全公里的男驾驶员和每累计达到 50 万安全公里的女驾驶员授予"银方向盘奖"。2020 年，共有 1288 名驾驶员获得"银方向盘奖"。

为了保障乘客的出行安全，北京公交一方面加强驾驶员教育与培训，另一方面通过车辆盲区监测等技防手段保障安全驾驶。不懈的努力、共同的目标，就是将乘客舒适安全地送达目的地，让每位乘客的出行都充满笑容。

"金方向盘奖"获得者 张颖

每个人都了不起

平凡铸就伟大，英雄来自人民，每个人都了不起。北京公交秉持"以人为本"的人才发展理念，尊重、珍视每一位员工的才能和贡献。我们相信员工是企业最宝贵的资产，是企业发展的强大基石。我们努力为每一位员工营造开放、多元、包容、成长性的环境和发展空间，让他们在北京公交绽放自己的风采。

保障奋斗者权益

北京公交平等尊重每一位员工的就业权利，严格遵守劳动法等相关法律法规，并建立完善的薪酬福利制度，切实保障员工的各项合法权益。另外，我们开通多样化的沟通渠道，让员工畅所欲言，充分表达自己的想法。

多元雇佣

我们严格遵守公开公平的招聘原则，建立健全用工管理制度体系，保障员工和退休人员的各项合法权益。我们反对歧视和强迫劳动，坚决禁止雇佣和使用童工，并保护员工个人隐私，为所有员工的平等就业和发展护航。

员工社会保险覆盖率
100 %

员工劳动合同签订率
100 %

人均带薪休假天数
10 天

女性管理者比例
39.34 %

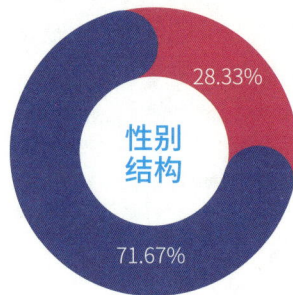

性别结构
28.33%
71.67%
女性
男性

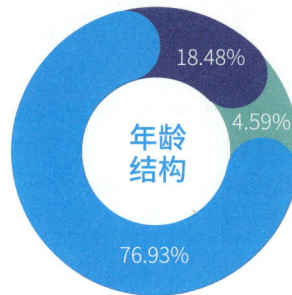

年龄结构
18.48%
4.59%
76.93%
30 岁及以下
31~50 岁
51 岁及以上

薪酬福利

我们持续完善以业绩和激励为导向的薪酬体系，足额、按时为员工缴纳"五险一金"，并进一步探索企业年金管理方法，在合法合规、确保安全的基础上，以员工利益最大化为目标，与合作各方共同努力，共享收益成果。2020 年，我们修订完善了多种奖励办法，提高员工的积极性、主动性和创造性。

开放沟通

我们坚持职工代表大会会议制度，通过网络热线、座谈会、电子邮件、信访、工会主席接待日等方式，畅通员工表达渠道，充分保证员工的知情权、参与权、表达权和监督权。2020 年，召开北京公交三届一次职工代表大会，听取审议相关报告，确保职工代表参与企业管理。

让员工更加出色

北京公交重视每一位员工的发展，为员工打造多元化的职业发展路径，提供丰富的培训活动，积极举办、承办多种赛事，在员工中营造你追我赶、不断拼搏的竞争氛围，希望员工与企业共同成长。2020 年，北京公交成功获批设立博士后科研工作站，人才智库建设又迈上了新的台阶。

体系建设

2020 年，我们在原国家职业资格鉴定的标准要求基础上，将集团的技能等级评价体系结合企业自身对技能人才的需求与企业人才培养的实际需要，通过技能、学历、激励三个要素联动配合、互相限制、同步提升的方式设计技能人才评价制度，从而形成"技能 + 学历 + 薪酬" 三驾并驱式的技能人才评价体系，获得第十八届全国交通企业管理现代化创新成果一等奖。

职业培训

我们积极为员工提供针对性、多样化的培训体系，从线下到线上，从管理人员到一线员工，使每一位员工都能不断提升自我，得到更广泛的发展空间，获得更大的成长。

新员工培训	管理人员能力培训
安全生产培训	车组培训
工伤预防培训	高技能人才培训
职业技能等级认定和职业资格鉴定	班组长骨干培训

多样化员工培训

培训次数
122070 次

培训时数
5290260 小时

"公交在线学习"App
累计激活用户
88574 人

组织考试
435 次

参考次数达
3085158 人次

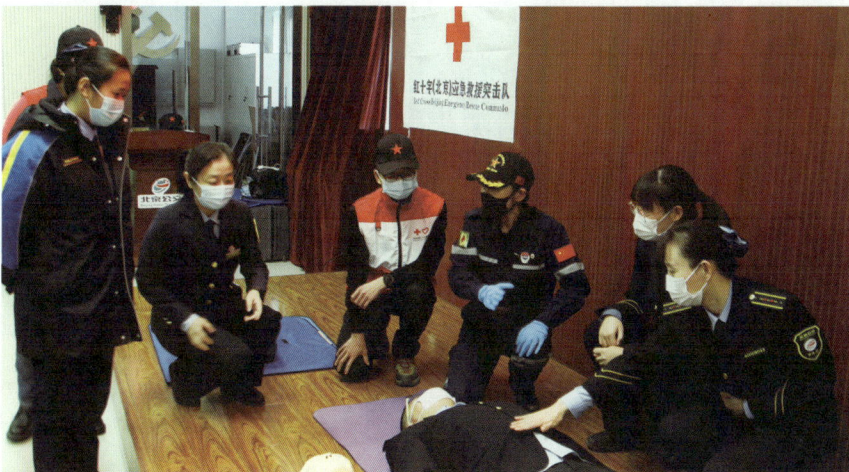

应急救援培训

能力竞赛

我们注重激发员工的潜力，通过举办面向不同岗位的竞赛活动，持续提升员工的个人能力，使员工在充满活力、奋发进取的氛围中绽放自己的无限可能。

北京公交党委副书记沙勇为
第四届"创青春 汇梦想"青年创新创意大赛
颁奖仪式暨总冠军争夺赛获奖选手颁奖

公交保修高手角逐"大工匠"

"防松劲，共抗疫情应知应会守规范"
竞赛活动

"北京大工匠"挑战赛

公交100年　　1996 年，开通 5 条旅游专线，在长城、定陵等景点间开设定时往返专线车

全心全意的守护

北京公交心系每一位员工，为员工举办丰富多彩的文娱活动，并及时关注他们的身心健康，定期帮扶困难员工和关爱女性员工，让每一位员工在北京公交人家庭中感受到温暖和幸福。

呵护员工健康

2020 年，我们联合北京人寿制定《员工健康关爱行动计划》，通过举办首批"EAP 专员"培训班、分批次家访活动等，加强对员工的心理疏导和人文关怀，并在新冠肺炎疫情发生初始，为全体员工免费增加 8 万元疫情意外保险，为执行特勤员工免费增加 50 万元疫情意外保险，提高员工身心健康和幸福指数。

员工心灵驿站

关爱员工生活

我们持续开展"两节送温暖、三八助单亲、五一关爱劳模、金秋助学"和"两确保一降低"帮扶活动，关心关注困难员工和女性员工的生活和家庭，通过走访调研、慰问等，为他们提供实质性的帮助。

多彩文体活动

我们积极培养和发现员工的兴趣爱好，通过举办职工文化节、嘉年华、乒乓球联赛、摄影大赛等活动，丰富员工的业余生活，使他们在活动中展现自我，增进彼此感情，实现快乐工作和生活。

"百年风采杯"篮球赛

困难员工帮扶资金投入
190 万元

困难员工帮扶人数
989 人

慰问帮扶困难单亲女员工
726 人次

慰问款物
44.52 万元

群英谱

全国劳动模范　第四客运分公司　常洪霞

北京市劳动模范

陈颖 第一客运分公司	郑立永 第一客运分公司	蔡艳旭 第二客运分公司	李春和 第二客运分公司
王艳 第二客运分公司	张聆琳 第三客运分公司	韩向东 第三客运分公司	倪亮 第四客运分公司
王雷 第四客运分公司	曹兰敏 第四客运分公司	朱建波 第五客运分公司	李红超 第六客运分公司

公交100年　1998 年，开通北京市首条 "6" 字头中巴线路，解决小区居民出行难问题

全国交通运输
系统劳动模范

第三客运分公司
刘宝中

第二保修分公司
侯兴光

魏新
第六客运分公司

刘春生
第七客运分公司

安德琪
第八客运分公司

何少花
电车分公司

鄂宏利
电车分公司

王峥
电车分公司

邱德运
保修分公司

赵凯仑
保修分公司

孟宪楠
第二保修分公司

郝亚革
鸿运承物业管理中心

杨洪亮
燃料供应分公司

齐士方
高级技工学校

倾听故事
问不倒的『教科书』

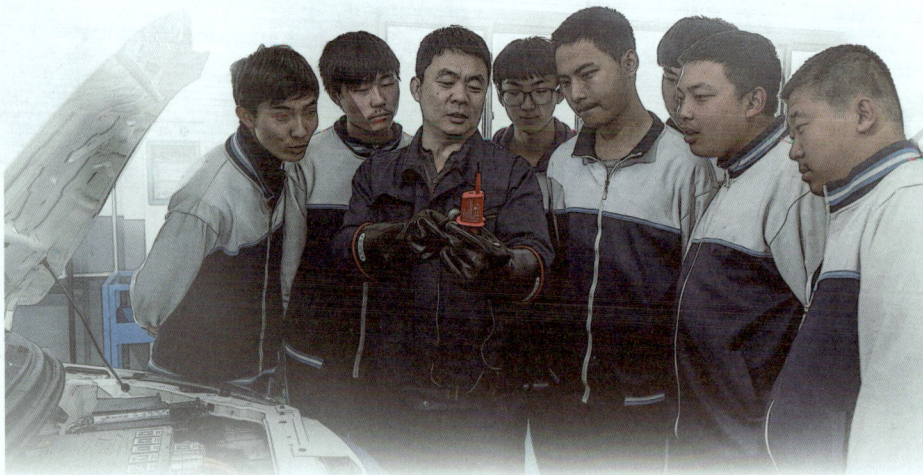

齐士方老师将实践运用到学生教学中

立德树人，精工砺行。北京市公共交通高级技工学校教师齐士方，27 年坚守三尺讲台，为公交行业培养大量汽修中高级工、技师等技术人才，2009 年荣获"北京市优秀教师"称号，2016 年被授予"公交大工匠"称号，2020 年被授予"北京市劳动模范"称号。

1993 年，齐士方留校任教，从最基础的实习老师开始做起。教学一两年之后，他利用业余时间开展调研，走访公交场站、4S 店，查阅资料等，最终根据实际教学经验总结出了一套"实践引导教学法"，在学校开展了第一个一体化教学试点，将理论与实操结合起来，使学生切实具备解决工作实际问题的技能。后来，齐士方又走上班主任岗位，他经过仔细观察，发现技工学校的学生们虽然不爱学习理论知识，但是思维活跃、敢说敢干。于是他经常带学生们参加各类活动，分享新奇的内容激发学生们的学习兴趣，开阔他们的眼界。27 年来，他为首都公交培养合格毕业生 5000 余人，并参与公交职工技能提升培训工作，为公交培训汽修中高级工、技师等 7000 余人次。

胸怀万里世界，放眼无限未来。2017 年起，学校开始筹建汽车新能源专业，齐士方当仁不让地担任组长。在这项充满未知又充满挑战的任务里，他带领团队从零做起，2017 年 9 月，新能源课程顺利开课。

辛勤的汗水换来的是腹有诗书气自华，齐士方被学生亲切地称为"问不倒的教科书""行走的汽车百科全书"。他爱汽车行业，懂学生，懂教学，呕心沥血，捧着一颗心来；兢兢业业，奉献半生精力，用自己的实际行动书写着北京公交人劳动模范的荣光！

100 本色笃行 100YEARS

净享每一程风景

北京公交坚持绿色发展理念，践行绿色出行，最大限度减少对生态环境造成的影响，用实际行动守护青山绿水，为国家碳达峰、碳中和目标的实现贡献公交力量。

绿色，最亮丽的底色

北京公交致力于为市民提供绿色环保、舒心舒适的出行选择，通过加快推进公交车辆新能源化，减少汽油、柴油等化石能源的使用和消耗，实现了"二环内线路及副中心内线路车辆新能源化"的目标。同时，加快新能源车辆配套设施建设，推进充电桩建设，构建绿色交通体系，让绿色成为首都的主色调。

新能源车辆

累计建设完成
212 处场站的
充电桩
1309 台

2020 年注册上牌
新能源车
2849 辆

新能源和清洁能源
公交车占比
87.34 %

案例

共同守护首都蓝天

北京公交在积极推进新能源配套设施建设的同时，充分发挥自身资源优势，积极服务于新能源汽车的推广应用。2020 年 6 月，海户屯充电站正式对社会开放充电业务，定向对北京市东城区环卫中心开放充电服务，满足环卫车辆的充电需求。未来，北京公交将逐步扩大开放力度和范围，为新能源汽车发展和节能减排贡献公交力量。

海户屯充电站对外开放

新能源车（辆）		7882
		10185
		13257
天然气车（辆）		7969
		7547
		7659
柴油车（辆）		6736
		4402
		3032

2018 年　2019 年　2020 年

电消耗量（万度）		38170
		48661
		46406
天然气消耗量（万公斤）		19013
		19520
		16906
柴油消耗量（万升）		18963
		13326
		8276

2018 年　2019 年　2020 年

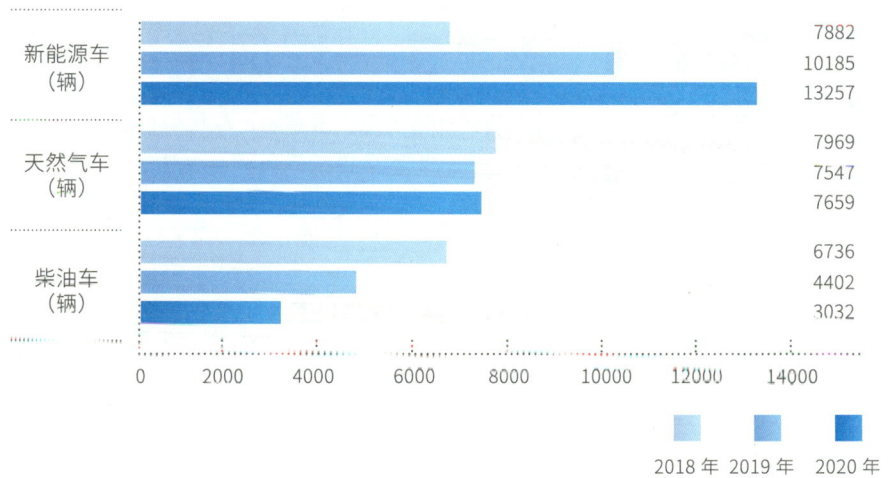

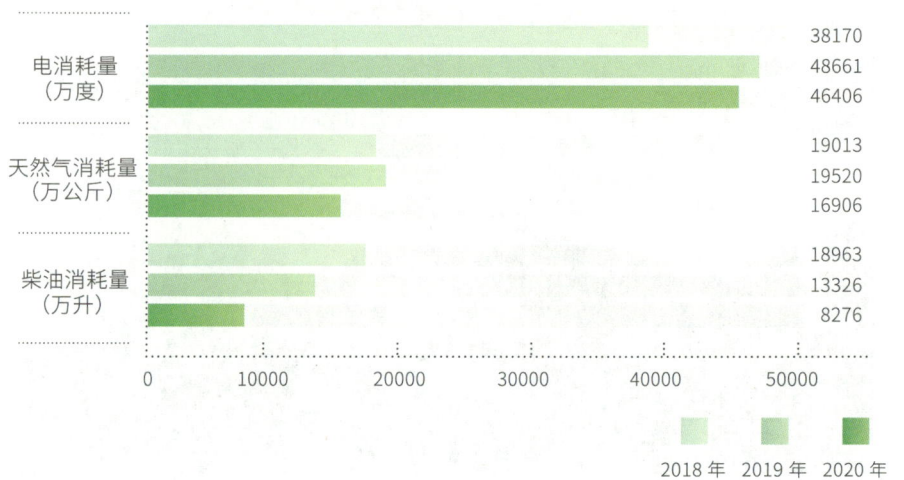

合规处理危险废物
1770.6 吨

减少氮氧化物、一氧化碳、碳氢化合物、颗粒物等污染物排放
1194.26 吨

通过节能降耗活动，年度减少燃料资金投入
7903 万元

更少的排放助力更可持续的发展

北京公交高标准、严要求加强污染排放管理，严格执行国家法律法规和行业的管理规定，加大对柴油车辆、天然气车辆尾气治理与监控力度，严禁排放不合格车辆上路运营。同时，规范处置危险废物，加快高耗能落后机电设备淘汰，采购节能环保设备，深入挖掘节能减排潜能，积极组织环境保护知识培训，提升员工节能意识与能力，推动集团高质量绿色发展，打造绿色公交。

指标	2018 年	2019 年	2020 年
节电（万度）	4591	4633	6163
节气（万公斤）	447	491	1157
节油（万升）	573	438	476

公交100年　2002 年，自行设计北京市第一个供环保型车辆使用的中心站——北京公交西黄庄中心站

点滴实践，让绿色同行

我们每个人每一次绿色行动、每一克低碳能量都是改变地球的力量。北京公交大力倡导绿色低碳的办公方式，深入推进垃圾分类活动和光盘行动，培养员工良好的节约习惯，鼓励员工积极参与环保宣传和绿色公益活动，做守护生态的践行者和倡导者。

参与垃圾分类活动

76592 人次

参与场站"桶前值守"

56547 人次

倡导垃圾分类

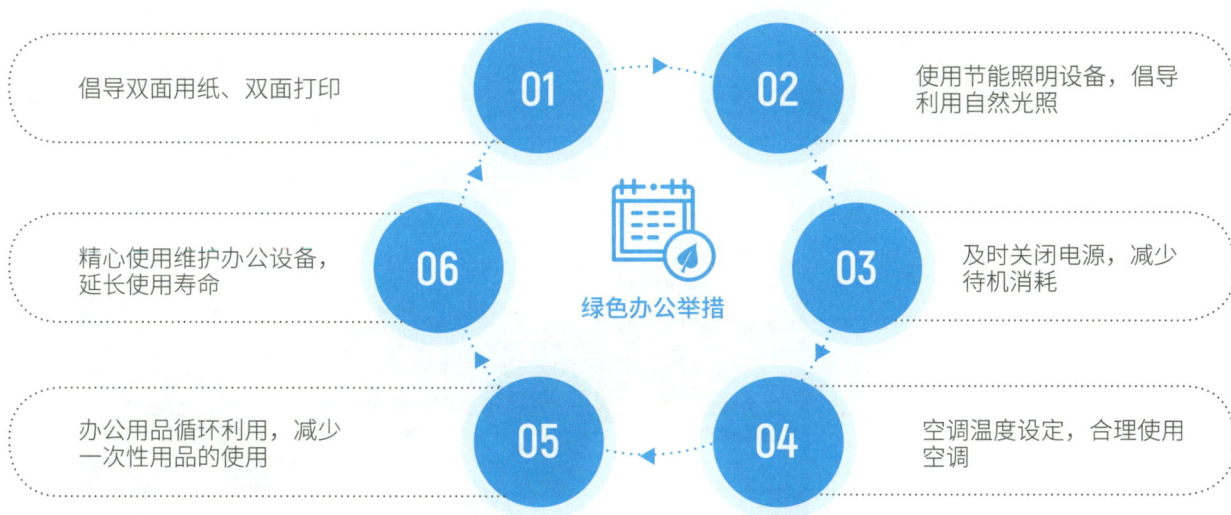

01 倡导双面用纸、双面打印

02 使用节能照明设备，倡导利用自然光照

06 精心使用维护办公设备，延长使用寿命

03 及时关闭电源，减少待机消耗

绿色办公举措

05 办公用品循环利用，减少一次性用品的使用

04 空调温度设定，合理使用空调

故事 倾听

守护绿水青山 践行绿色行动

近年来，全球气候变化已经成为人类发展的最大挑战之一。2020 年 9 月 22 日，习近平总书记在第七十五届联合国大会上提出，我国将加大力度应对气候变化，"二氧化碳排放力争于 2030 年前达到峰值，努力争取 2060 年前实现碳中和"。

一直以来，北京公交通过优化公交车辆结构、大力发展新能源公交车、加快充电桩建设、节约能源消耗等多种措施，最大限度地减少对环境造成的破坏，并于 2016 年已经实现碳达峰。鲜艳的红、明亮的黄、清爽的蓝、清新的绿，如今跑在路面上的这些新能源车和清洁能源车已经成为城市中一道亮丽的风景线。

北京公交将环境保护融入到企业日常管理当中，通过植树造林和垃圾分类，号召更多员工和社会公众，共同参与到节能减排和环境保护的行动中来。

北京公交于 2016 年 4 月与北京市延庆区绿化委员会签订《义务植树协议书》，认养延庆夏都公园 230 公顷的绿地面积，每年支付 100 万元的认养费用，用于延庆夏都公园的绿地建设、养护、保洁和管理。"十三五"期间，集团公司积极开展赴延庆义务植树活动，完成义务植树 32.4 万株。

2020 年，北京公交制定《生活垃圾分类工作实施方案》，成立以总经理为组长的生活垃圾分类工作领导小组，制定"八个一"专项行动，指导各二级单位结合实际拟定了"8+X"工作方案。通过选树生活垃圾分类"宣传大使"和"代言人"、拍摄主题宣教片、制作宣传海报、举办有奖知识云竞赛、主题征文评选等多种活动形式，激发员工参与热情，提升垃圾分类工作知晓率、参与率、正确投放率。此外，公司还组织垃圾分类志愿服务活动，开展"垃圾分类监督岗"和"垃圾分类示范岗"选树评比活动，确保全体员工应知应会、知行合一。

北京公交人通过实际行动践行绿色发展理念，守护我们共同的家园和长久的美好未来，让我们生活的环境更加绿色美好。

垃圾分类宣传活动

100 本色笃行 100YEARS

守望相助的感动

责任担当，百年如一。北京公交秉承公益性定位，在与合作伙伴保持和谐关系的同时，倡导文明出行，助力脱贫攻坚和乡村振兴，促进社会就业，热心公益慈善，与利益相关方共享发展成果，让爱一路同行，让温暖滋润梦想，共同创造更加和谐美好的社会。

让文明出行成为习惯

交通是城市文明的重要组成部分，共建畅通文明的首都交通环境，是我们每个人的职责。北京公交充分发挥自身专业优势，在每月 11 日排队日、22 日让座日和重大节假日开展站台服务等文明出行宣传活动，在路口、站台推广交通安全知识，倡导文明出行，营造更加和谐有序的道路交通环境。

2020 年 9 月，我们组织开展"绿色出行宣传月"和"公交出行宣传周"系列活动，让"绿色出行、低碳出行"的理念更加深入人心，凝聚全社会力量一起践行绿色出行理念，共建美丽中国。

开展文明出行宣传活动

负责任采购

共推绿色采购，共享共赢价值。北京公交积极构建公开、透明、可追溯的采购体系，完善供应商管理机制，制定指导性文件，并根据严格的供应商选择标准对供应商进行分类管理。2020 年，我们推广电商采购在集团范围内的全面应用，完成电商类、货物类、服务类供应商企业库的重建及合同签署。在疫情期间，采用视频会议的形式对入围供应商开展培训，传递最新的采购标准和要求，提高供应商履责能力，实现共同发展。

资质调查与考核

- 每年对供应商的资质文件进行备案
- 通过季度打分、年度评价的方式进行考核

供应商培训与沟通

- 通过培训和沟通会，向供应商传递最新的采购标准和要求
- 每个季度通过《供应商企业库使用情况调查表》，分析供应商供货服务情况，总结问题并与供应商进行沟通反馈
- 定期按照社会责任的相关政策和标准，帮助供应商发现社会责任提升点，增强可持续发展能力

供应商准入及退出机制

- 企业库内的供应商实行准入制管理，若供应商违反北京公交供应商管理相关条款，依规取消供应商资格

供应商管理举措

截至 2020 年底北京公交已
招收农村劳动力驾驶员

13789 人

提供农村劳动力乘务管理员工作岗位

1300 个

促进社会就业

北京公交不仅致力于促进首都公共交通健康有序发展，让城市交通生态更具可持续的生命力，还为低收入农民、残障人士、退伍军人等提供了大量就业机会，促进社会就业和区域经济发展，对社会进步发挥积极作用。2020 年，北京公交各公益性单位与北京外企服务集团有限责任公司（FESCO）签订助残就业劳务派遣服务协议，在依法依规的前提下，通过助残就业派遣服务的方式，帮助 468 名残障人士解决就业问题。

传递身边更多的美好

公益让世界更美好，在北京公交百年征程中，这不仅仅是我们坚守的理念，更是持之以恒的行动。我们主动回馈社会，积极参与公益事业，通过开展学雷锋、维护站台秩序、清理站杆站牌等志愿服务，用实践服务社会，促进社区发展。

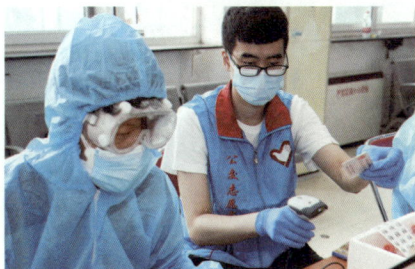

青年志愿者的身影活跃在各种活动中

志愿者注册人数
1.5 万余人

累计发动志愿者
20 余万人次

志愿服务活动
5.6 万余次

服务时长超过
69 万小时

脱贫攻坚，用心用情

2020 年是决战脱贫攻坚、全面建成小康社会的收官之年。中共北京公交集团党委坚决落实党中央和市委市政府决策部署，将"一企一村"结对帮扶工作作为重要政治任务，集团党委常委会定期研究扶贫工作，领导成员多次实地调研指导，并派驻帮扶工作组入村，加快推进结对帮扶村扶贫攻坚工作，多措并举助力河北、内蒙古、西藏、新疆、湖北等受援地区打赢脱贫攻坚战。

就业扶贫

- 安排低收入户村民在"南山乡居"民宿从事导游、保安员、服务员、厨师、园艺等工作
- 放宽用工招聘条件，雇佣南沟村低收入户村民担任驾驶员和乘务安全员岗位，解决低收入户就业问题

党建扶贫

- 促进村两委班子党建工作水平提升，集团领导走访慰问南沟村低收入户家庭
- 援助南沟村党员教育设施维修

◀ 北京公交团委赴南沟村开展"绽放战疫青春 坚定制度自信"团队共建活动

产业扶贫

- 援建南沟村"南山乡居"高端民宿，整合当地旅游资源，继续开发旅游民宿项目
- 与密云区经信局、农业服务中心等单位联合开发木耳种植项目，形成林下经济木耳种产销一体化

基础设施建设帮扶

- 推进南沟村纳入美丽乡村规划，与密云区文旅局完成南沟村旅游公共服务设施提升改造工程
- 改善村内人居环境，修缮破损护路坝和危险坝墙、便民街坊桥等
- 促进新农村建设，为南沟村安装充电桩，购置旅游观光车，并新建节能环保厕所

◀ 帮扶南沟村修缮破损的村间道路，方便村民出行

消费帮扶

- 帮助南沟村建立专业农业合作社，打造南沟村农产品特色品牌
- 发动员工用"以购代捐"的方式帮助南沟村销售红肖梨汁、核桃、木耳等农产品

开展"大爱公交，助力南沟"消费扶贫工程 ▶

北京公交南沟村"五位一体综合施策"帮扶模式

完成南沟村
110 户 **303** 名
低收入村民全部脱低任务

录用 **2** 名
国家贫困县建档立卡贫困
家庭高校毕业生

录用 **55** 名
建档立卡贫困户

建立消费扶贫产品供应商目录
采购受援地农产品
621 万余元

助力
3000 余名
建档立卡贫困户脱贫增收

为新疆和田地区中小学生
捐赠图书
8200 册

选派援藏干部 **1** 名
新疆和田教师 **1** 名

案例

积公交合力以扶贫，展国企担当之大爱

2020年9月，北京公交牵手北京消费扶贫双创中心，指导基层大力采购扶贫农副产品，支出工会经费521.54万元，为打赢脱贫攻坚战贡献了力量。北京公交积极通过活动引领广大公交员工，一同助力脱贫攻坚，做消费扶贫的助力者、传播者和践行者。北京公交党委常委、工会主席王秀英走进"公交集团工会'十一'员工普惠活动直播间"，为员工推荐"带货"，以直播形式，创新扶贫方式，为扶贫攻坚再添动力，在线观看人数峰值达3万余人次。

北京公交党委常委、工会主席王秀英首次网上直播

北京公交技校援疆教师裴怀宝欢送会

北京公交驻村干部宋振兴与农民一起收谷子

倾听 故事

到最需要 我们的地方去

吃完纯正的农家饭，从山间民宿的大门里走出来，左手一盒野生干木耳，右手一提篮新鲜的柴鸡蛋……这是目前游客们在密云区大城了镇南沟村的真实写照。然而，从前的南沟村尽管山清水秀、空气新鲜，但这样的"风水宝地"就是发展不起来。

2018 年 5 月，北京公交开始结对帮扶南沟村，向南沟村选派了驻村帮扶工作组。他们走遍村子里每个角落，带着村委会干部们梳理、了解和开发当地的旅游资源，协助修建村居民宿，联系城里的旅游休闲客源，还组织村民种植经济作物。经过多年的努力，现如今的南沟村成了远近闻名"脱低致富"的美丽乡村。

"南沟村村民赵大爷 60 多岁了，家里老伴儿和闺女走的早，一年到头挣钱全靠山上的苹果、红肖梨这些果木，我们帮助赵大爷解决了销售问题，赵大爷由衷地称赞'北京公交的帮扶就是实'。"说到南沟村村民的情况，北京公交驻村干部宋振兴如数家珍。自驻村以来，驻村工作组的每一位队员虚心向农村干部群众学习，扑下身子驻村，了解村情民意，用心用情为群众办实事、解难题。

他们引以为傲的，是能够脱口而出的各类扶贫数据，是烂熟于心的各种政策依据，是村村落落全部走遍的详细记录，是如数家珍的村情户情介绍……

南沟村旅游观光车

北京公交援藏干部王昊明（左三）帮助拉萨市交通产业集团
取得"牦牛出行"网约车运营资质牌照

在响应国家脱贫攻坚战略，向南沟村选派驻村干部之外，北京公交还积极参与国家援藏援疆工作，2019 年选派援藏干部王昊明对口支援拉萨市交通产业集团。"不援藏有很多种理由，但援藏不需要理由。"王昊明谈到援藏的初衷时这样说道。

他依托"首都资源"，借鉴"北京经验"，参与拉萨城市交通治理项目，帮助拉萨市交通产业集团开展运营车辆监控平台、运营调度指挥等信息化管理系统的建设及升级完善。此外，王昊明每季度赴拉萨市交通产业集团结对扶贫户进行扶贫工作，帮助购买日常生活物资，为他们的生活送去关爱。

"'舍小家为大家'是每一个共产党员的责任、担当和义务，更是用实际行动对全心全意为人民服务宗旨的响应。"这是王昊明对援藏精神的解读，这种精神也将一直延续与传承，激励鼓舞更多的人。

王昊明、宋振兴、裴怀宝……他们都是北京公交人的缩影，哪里需要他们，他们的青春便在哪里绽放。一瓶梨汁，一个岗位，一间民宿，一条线路，一次帮扶……是北京公交人守初心、悟初心、践初心的真实体现，他们以青春之我、奋斗之我，为公共交通未来的建设和发展、为国家的乡村振兴之路持续奋斗。

100

筑梦百年
100YEARS

流光一瞬，岁月成碑。北京公交穿行百年历史，在大数据发展新时代，展望"出行即生活"远景目标，努力将"人、车、站、网、云、数"转化为企业改革创新发展的强大服务能力、创新能力和竞争力，紧跟时代发展步伐，奔向下一个百年发展新征程。

响应联合国可持续发展目标

9 产业、创新和基础设施

11 可持续城市和社区

2020 年 12 月，中共北京公交集团党委三届七次全会审议通过《中共北京公交集团党委关于制定"十四五"发展规划和二〇三五年远景目标的建议》

"十四五"时期北京公交发展原则

坚持百年传承 服务为本

坚持跨界融合 协同发展

坚持发展定位 深化改革

坚持系统观念 安全发展

坚持创新驱动 数字转型

坚持党的领导 依法治企

北京公交"十四五"发展规划建议密码 121266123

一个新定位　**1**

两大主业　**2**

一个方针　**1**

两个目标　**2**

中共北京公交集团党委
关于制定"十四五"发展规划和二〇三五年
远景目标的建议

北京公共交通控股(集团)有限公司

6　六大原则

6　六大战略

12　十二项重点任务

3　三项保障措施

"十四五"时期北京公交发展战略

出行服务发展战略

产融融合发展战略

京津冀协同发展战略

生态圈共同发展战略

数字化转型发展战略

人才强企发展战略

100
筑梦百年
100YEARS

培育公交智库
——全国首个公交行业博士后科研工作站

人才是创新的核心要素、战略资源，博士和博士后人才是最具创新创业活力和发展潜力、加快实施创新驱动发展战略的生力军。实施人才强企战略是推动公交行业高质量发展的根本保证。

2020 年，经人力资源和社会保障部、全国博士后管理委员会批准，北京公交成功设立博士后科研工作站，开启公交行业建设博士后科研工作站先河。在此基础上，北京公交将聚焦新理念、新技术、新模式、新业态，坚持培养和使用相结合，深耕公交智能调度、高级别自动驾驶等行业前沿，精准集聚和培育一批具有现代城市交通运输理念和专业实践能力的数字化、智能化高素质人才队伍，打造全国公交行业示范性产学研用协同创新基地，建设具有全球视野、走在世界前列的新型公交智库和高端智库，提升科技创新能力，加速实现创新成果转化，以强劲的科技创新能力赋能公交数智化转型变革，加速传统公交企业从劳动密集型企业向高新技术密集型企业转变，引领公交行业创新发展。

北京公交成功获批设立博士后科研工作站

100 筑梦百年 100YEARS

打造"智慧公交"
——北京公交数字化转型

数字化转型是北京公交高质量发展和高品质服务的新动能。北京公交主动适应数字交通发展新趋势，以乘客为中心，以 5G、物联网、人工智能、区块链、云计算、大数据、边缘计算为新引擎，把握线上流量线下客流动态，推进组织变革、机制变革、管理变革、业务变革、流程变革，重塑运营生产、资产经营、产业协作新模式，培育客流、信息流、资源流新动能，加快城市客运出行各生产要素之间互联互通。以数字化转型释放的强大势能，加速北京公交现代化建设进程。

强化数字思维
主动适应数字经济，将数字化转型思维融入组织变革、管理变革，用数字化驱动业务变革、流程变革

强化数字治理
升级公交云平台、建立公交数据湖，打通业务体系和数字平台，提升网络通信能力、信息安全能力、数据治理能力和运维管控能力，实现"人、车、站、网、云"互联互通，努力打造公交智慧园区

强化数字赋能
打造主动安全、效率优先、体验一流的运营服务和经营管理新模式，实现智能规划、智能调度、智能驾驶、智能运维，智能治理

夯实数字基础
完善公交云平台，开展数据湖建设，形成一套数据中台体系，提升数据集成能力、分析能力、共享能力、展示能力、处理能力和应用能力

实现三大感知
通过移动终端设备，对一线人员实现"人联"；基于车载信息设备架构，对车辆和设备实时状态感知、存储和回传，实现"车联"；应用新技术，提升场站与中途站数据接入采集和处理、传输和存储、联动控制、状态监控、远程管理运维能力，实现"站联"

强化数字变革
运用数据决策、人机协同，加快传统服务向个性化、精准化、智慧化、场景化服务转变

北京公交大力推进数字化转型

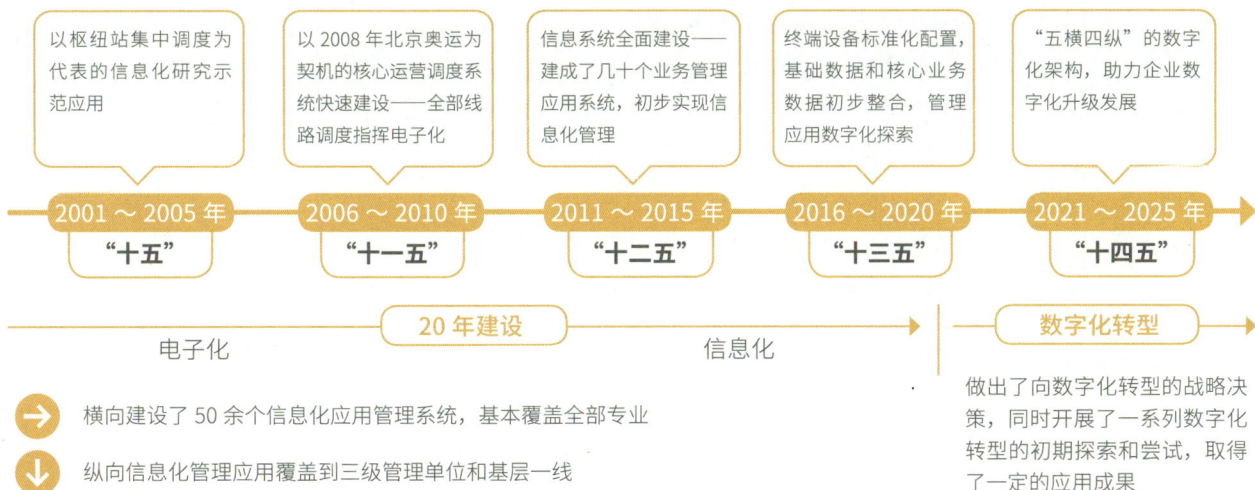

2001～2005 年	2006～2010 年	2011～2015 年	2016～2020 年	2021～2025 年
以枢纽站集中调度为代表的信息化研究示范应用	以 2008 年北京奥运为契机的核心运营调度系统快速建设——全部线路调度指挥电子化	信息系统全面建设——建成了几十个业务管理应用系统，初步实现信息化管理	终端设备标准化配置，基础数据和核心业务数据初步整合，管理应用数字化探索	"五横四纵"的数字化架构，助力企业数字化升级发展
"十五"	"十一五"	"十二五"	"十三五"	"十四五"

20 年建设 — 数字化转型

电子化 —— 信息化

→ 横向建设了 50 余个信息化应用管理系统，基本覆盖全部专业

↓ 纵向信息化管理应用覆盖到三级管理单位和基层一线

做出了向数字化转型的战略决策，同时开展了一系列数字化转型的初期探索和尝试，取得了一定的应用成果

北京公交信息化发展历程

100 筑梦百年 100YEARS

出行即生活
——城市的"移动会客厅"

在百年发展之际，北京公交提出了"出行即生活"（Mobility as Life，MaL）的新理念，公共交通出行装备不再仅仅是运载的工具，更是移动的生活场景，服务内涵更丰富、服务领域更广阔、服务方式更多样。乘客在这里可以办公、会客、娱乐……畅享数字化出行新生活。

展望 2035 年，北京公交将顺应数字交通发展新趋势，倡导 MaL 新理念，以乘客为中心，以 5G、物联网、人工智能、区块链、云计算、大数据、边缘计算（5iABCDE）为新引擎，重新定义公交，重塑运营服务新模式，新基建泛在应用，深度赋能发展，精准感知、精确分析、精细管理和精心服务，加快城市客运出行各生产要素之间互联互通，积极发展数字公交，为把北京公交打造成"城市移动会客厅"提供技术支持和物质基础。

北京公交积极开展自动驾驶测试运行，并通过大数据、手机信令等方式提升客运出行服务信息分析、处理、应用能力，持续优化公交供给，着力打造"智慧的车""聪明的站""数字的线""动态的网"，使城市"移动会客厅"的新蓝图成为现实。

未来，在"出行即生活"新理念的指引下，北京公交将主动适应消费向体验化、品质化和数字化发展新趋势，积极开发公交跨界经营平台，统筹全系统客运出行服务资源，将公共电汽车、出租车、旅游、高端出行、有轨电车等多种客运出行方式集成到"北京公交"App平台，为乘客提供多元化、门对门、一站式城市客运出行服务综合解决方案。充分开发乘客消费潜能，将餐饮、住宿、购物、旅游、娱乐引入出行服务和公交场景，为乘客提供衣、食、住、行、游、购、娱综合平台服务，助力国际消费中心城市建设，为满足人们对美好生活的向往贡献力量。

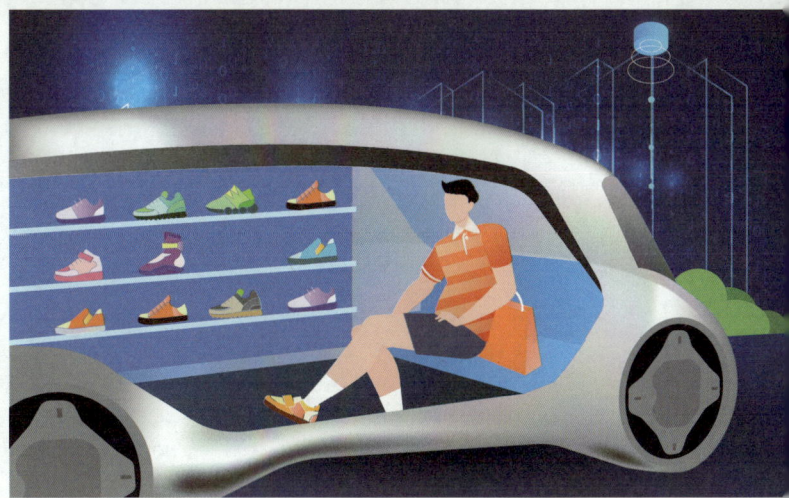

展望未来

2021 年是中国共产党成立 100 周年，是"十四五"开局之年，也是全面建设社会主义现代化国家新征程开启之年。这一年，北京公交即将迎来百年华诞，我们将坚持政治性、人民性、时代性、历史性、文化性，不断丰富和拓展企业社会责任的内涵和领域，提升责任竞争力和影响力，与利益相关方携手同行，创造更多价值。

坚持与品质服务同行

推进线网优化，加强常规公交、多样化公交等多种城市客运出行方式的协同发展，满足乘客的多层次、差异化需求，为广大人民群众创造更加美好的出行生活。

坚持与安全运营同行

持续深化安全理念，健全安全管理体系，增强科技创安能力，深入开展隐患排查，营造安全文化氛围，打造平安公交，用心守护乘客和员工的每一次出行。

坚持与绿色发展同行

积极参与国家碳达峰、碳中和行动，持续完善环境管理体系，加大新能源和清洁能源车辆占比，不断完善充电桩等基础设施建设，让青山绿水蓝天成为大国首都底色。

坚持与员工幸福同行

尊重员工价值，持之以恒地关心员工成长与发展，关爱员工健康与生活，为员工创造更多的学习发展机会，与员工携手共进，推动员工成长成才。

坚持与美好社区同行

继续贡献企业专业优势，在倡导文明出行、助力乡村振兴、促进社会就业、热心志愿服务等领域开展公益行动，凝聚更广泛的力量共建和谐美好的社会。

百舸争流，奋楫者先。站在下一个百年征程的新起点，北京公交将携智慧启程，与未来相约。我们坚信，梦想属于脚踏实地的实干者，属于奋进有为的创新者，属于同心同行的合作者。北京公交必乘势远行、勇往直前，努力打造国内领先、世界一流的现代城市客运出行综合服务商，为让更多的人享受更好的公共出行服务的企业使命不懈奋斗。

关键绩效

指标	2018 年	2019 年	2020 年
年营业收入（亿元）	94.16	98.02	74.58
企业总资产（亿元）	597.37	579.46	651.79
企业净资产（亿元）	352.70	387.03	410.72
资产负债率（%）	40.96	33.21	36.99
纳税总额（亿元）	3.38	4.76	3.40
在册运营车辆（辆）	30926	31959	34025
运营线路条数（条）	990	1162	1214
公共电汽车年行驶里程（亿公里）	12.07	12.79	10.68
公共电汽车年客运量（亿人次）	30.17	31.34	18.26
投诉响应率（%）	100	100	100
乘客满意率（%）	94.00	93.20	94.49
报告期内供应商审查覆盖率（%）	100	100	100
因社会责任不合规被否决的潜在供应商数量（个）	0	0	0
因社会责任不合规被中止合作的供应商数量（个）	0	2	1
供应商社会责任培训次数（次）	4	2	2

经济绩效

指标	2018 年	2019 年	2020 年
员工数量（人）	94946	97168	92264
劳动合同签订率（%）	100	100	100
社会保险覆盖率（%）	100	100	100
女性员工比例（%）	30.49	29.07	28.33
女性管理者比例（%）	36.50	37.00	39.34
人均带薪年休假天数（天）	9	9	10
员工体检覆盖率（%）	100	100	100
员工流失率（%）	1.13	1.47	2.50
安全生产投入（亿元）	25.14	25.00	23.30

社会绩效

续表

指标	2018 年	2019 年	2020 年
安全培训覆盖率（%）	100	100	100
安全演练覆盖率（%）	100	100	100
交通违法率（%）	0.31	0.35	0.29
甲方责任事故死亡率（人 / 百万公里）	0.00166	0	0.00375
累计志愿服务时间（万小时）	40	50	69
困难员工帮扶资金投入（万元）	214	338	190
困难员工帮扶人数（人）	1788	1705	989
疫情期间专项帮扶资金投入（万元）	-	-	858.40
疫情期间专项帮扶人数（人）	-	-	8552

社会绩效

指标	2018 年	2019 年	2020 年
车辆报废淘汰数量（辆）	3910	3941	2409
碳排放量（吨）	346491	334644	275587
二氧化碳排放量（吨）	1270466	1227029	1010484
非化石能源比重（%）	7.57	10.18	13.20
新能源和清洁能源公交车占比（%）	69.07	80.10	87.34
全年能源消耗总量（吨标准煤）	619729	586550	477415
单位产值综合能耗（吨标准煤 / 万元）	0.33	0.29	0.25
天然气能源使用量（万公斤）	19013	19520	16906
电力能源使用量（万度）	38170	48661	46406
柴油消耗量（万升）	18963	13326	8276
年度新鲜水用水量（万立方米）	207.49	250.56	202
氮氧化物减排量（吨）	130.50	114.70	186.25
颗粒物减排量（吨）	6.90	0.38	0.41
碳氢化合物减排量（吨）	24.30	22.10	40.93

环境绩效

指标索引

关于本报告

本报告是北京公共交通控股（集团）有限公司发布的第 8 份企业社会责任报告，旨在向利益相关方披露公司在可持续发展方面的理念、行动和成效，加强与利益相关方的沟通，共促可持续发展。

时间范围

2020 年 1 月 1 日至 12 月 31 日，为增强数据可比性、内容延续性，部分内容适当超出上述范围。

报告范围

本报告主要披露了北京公共交通控股（集团）有限公司践行可持续发展、履行社会责任的意愿、行动和绩效。为便于表达和方便阅读，报告中，"北京公共交通控股（集团）有限公司"也以"北京公交""集团公司"和"我们"等称谓之。

数据说明

本报告中所使用数据均来自集团公司正式文件和统计报告，所引用的数据为最终统计数据。财务数据如与年度审计报告有出入，以年度审计报告为准。我们保证，本报告发布前所有数据和内容已通过集团公司管理层审核。我们承诺，本报告内容不存在任何虚假记载、误导性陈述和重大遗漏，对报告中数据的客观性和真实性负责。

参考依据

本报告编写参照中国国家标准《社会责任报告编写指南》（GB/T 36001-2015）、国际标准化组织《ISO 26000：社会责任指南（2010）》、全球可持续发展标准委员会（GSSB）《GRI 可持续发展报告标准》（GRI Standards）、联合国《2030年可持续发展议程》、中国社会科学院《中国企业社会责任报告指南之公共交通运输服务业》（CASS-CSR4.0 之公共交通运输服务业），兼顾中国和国际准则。

编制过程

前期准备	报告撰写	内容审核	设计发布	反馈计划
• 组建工作小组 • 同行报告对标 • 收集报告资料	• 确认报告框架 • 编制报告内容	• 审核报告内容 • 确定报告内容	• 形成报告设计 • 公开发布报告	• 收集各方反馈 • 部署下步计划

报告获取

本报告有中文和英文两种版本，均以纸质版和网络版两种形式提供。您可以在北京公交官网 http://www.bjbus.com/home/index.php 下载和阅读 PDF 电子版报告，获取更多关于我们的社会责任信息。

联系地址：北京市丰台区莲花池西里 29 号

联 系 人：蒲晓敏

邮政编码：100161

联系电话：0086-10-63960088

扫一扫，期待您的反馈

一路同行 一心为您

Accompany You All The Way
Serve You Heart And Soul

北京公交 ®
Beijing Public Transport

地址:北京市丰台区莲花池西里29号

邮编:100161

电话:0086-10-63960088

传真:0086-10-63962003

网址:www.bjbus.com

100
ANNIVERSARY OF
BEIJING PUBLIC TRANSPORT
1921　2021
北京公交百年

北京公交
官方网站二维码

北京公交
官方微信二维码